爆款

THE SECRET OF BEST-SELLING

营销就是场景占领

陈向航◎著

中国经济出版社
CHINA ECONOMIC PUBLISHING HOUSE
北京

图书在版编目（CIP）数据

爆款：营销就是场景占领 / 陈向航著 . -- 北京：
中国经济出版社，2022.7
ISBN 978-7-5136-7010-4

Ⅰ. ①爆… Ⅱ. ①陈… Ⅲ. ①营销策略 Ⅳ.
① F713.50

中国版本图书馆 CIP 数据核字（2022）第 128346 号

责任编辑 贺 静
责任印制 马小宾
封面设计 久品轩

出版发行 中国经济出版社
印 刷 者 北京富泰印刷有限责任公司
经 销 者 各地新华书店
开 本 710mm × 1000mm 1/16
印 张 17
字 数 252 千字
版 次 2022 年 7 月第 1 版
印 次 2022 年 7 月第 1 次
定 价 59.00 元
广告经营许可证 京西工商广字第 8179 号

中国经济出版社 **网址** www. economyph. com **社址** 北京市东城区安定门外大街 58 号 **邮编** 100011
本版图书如存在印装质量问题，请与本社销售中心联系调换（联系电话：010-57512564）

推荐序一

中农创学院创始院长　付文阁教授

任何产品的价值都要在特定的场景中才能体现出来，现代文明的很多工具如果放到《鲁滨孙漂流记》中所描述的荒岛上，可能就无法体现出其价值。任何价值的体现都离不开“解决问题和满足需求”，只有在具体的场景中才会产生问题和需求，场景占领的意义就在于抢夺特定场景中的“被选择权”。一款产品在不适合的场景中就很难畅销，一旦找对场景，市场营销就会变得非常容易，这就像经营泳衣的企业，如果不找到需要游泳的场景，再好的泳衣也很难畅销。很多产品本身的价值并不明确，对应的场景也非常模糊，很难高频次唤醒消费者的需求，这些产品即使质量很好，但对于消费者来讲，却是可有可无的，这就很难畅销。如何将产品与一个高频的消费场景绑定，让消费者不断地经历这个场景并产生消费行为？这是一个视角独特的全新营销课题，也是《爆款：营销就是场景占领》这本书的价值主线。

“唯产品论”是传统经营思维的认知局限，会让经营者过度关注产品本身，而忽略了消费者的真实需求。营销的本质不是把产品卖给消费者，而是用产品为消费者解决问题，用产品价值满足消费者不同层次的需求。营销不是一个围绕产品做推广的过程，而是一个深入洞察消费者需求，并吸引消费者主动购买产品的过程。传统经营思维卖凉茶，发力点是“真材实料，量大实惠”，场景占领思维卖凉茶，发力点是将产品打造成“怕上火”场景下的刚需饮品。传统经营思维卖核桃乳，发力点是“真材实料味道好”，场景占领思维卖核桃乳，发力点是将产品打造成“经常用脑”场景下的刚需饮品。场景占领思维是对传统经营思维的颠覆，为企业经营者开辟了全新的营销解决之道，先从战略高度建立强大的消费势能，定义“消费需求”，再通过占领具体场景来满足消费者的需求。

场景占领就像一个神奇的转化系统，可以把一款看似普通的产品转化为“消费者的第一选择”，也可以把一款看似可有可无的产品转化为“刚需产品”，同时将一款低频复购的产品转化为“高频复购”畅销品。这一切听起来似乎有些不可思议，而这正是本书的价值和魅力所在。

人们的大脑会在不同的外部信息的影响下产生不同的反应，进而支配不同的行为，研究营销学就是要搞清楚，什么样的信息会更加高效地驱动消费者产生积极的购买行为。信息可以通过多种载体、以多种形式“输入”消费者的大脑中，一个标志、一款包装、一句广告、一张图片都是“信息”，这些信息又分为有效信息和无效信息、高能量信息和低能量信息，如果想实现理想的营销效果，就要“制造”出高能量的有效信息，用以影响和支配消费行为。

一款产品是如何被消费者记住的？是什么让消费者一次又一次地想起这款产品的？对品牌的信任感和对产品的好感是怎么建立的？这其中有太多的知识需要我们探索和学习。营销学的一端是庞大而复杂的理论体系，另一端是看似简单却神秘莫测的消费者“心智”。在市场营销的实践中，越来越多的企业意识到“真正的市场其实存在于消费者的心智中”。本书以非常通俗易懂的方式为大家开启了通往神秘“心智”世界的大门，全新的观点和实用的方法会给读者带来酣畅淋漓、“怦然心动”之感，因为我们可能从未如此近距离触摸营销的本质和真相。

陈向航老师是我们中农创学院的市场营销导师，本书也是中农创学院品牌营销系列丛书的第一本，当面临营销问题的时候，不妨打开这本书，在阅读过程中，也许就能找到答案和解决思路。

推荐阅读！

付文阁教授
中农创学院创始院长
中国农业大学 MBA 教育中心主任
中国农业大学校友股权投资基金董事长

推荐序二

沃顿倍力联合创始人　陆　伟

在当下，我们都能观察到，商业世界的产品极为丰富、竞争非常激烈，想要在同类产品的竞争中取得优势变得越来越难。从普遍经验来看，一般有两条路可供选择——“要么更好，要么不同”。第一条路：变得更好。要想变得更好，可以靠技术领先优势，但是技术突破的每一步都需要很大的投入，想凭借技术长久保持竞争优势是一件很难的事。第二条路：变得“不同”。如何不同？我们通常认为新奇特的营销创意才能让商品卓尔不群，但是后互联网时代是信息爆炸的时代，太多的新奇特产品都是在短暂流行后就变得默默无闻。反观那些长久保持畅销态势的成功品牌，无一例外，都是通过场景占领进入了消费者的心智，只要场景持续出现，需求就会被不断唤醒，销量就会得以保持。

我们都知道红牛的营销很牛，一句“困了累了，喝红牛”，让红牛功能饮品成了长途驾车必备饮料。记得 2008 年 5 月我们去汶川救灾，载着募捐来的救灾物资和药品连续驾车 44 小时，一路靠红牛对抗着“困”和“累”，顺利到达灾区开展救援工作。出人意料的是，近几年越来越多的朋友长途开车自驾时已经不再带红牛了，而是换成了东鹏特饮！一开始，我还挺吃惊，印象中东鹏特饮是“模仿红牛的饮品”，还有它的广告语——“累了困了，喝东鹏特饮”，和红牛之前用的广告语“困了累了，喝红牛”如出一辙。原来，红牛从 2013 年开始就逐渐放弃这句使用了多年的广告语，取而代之的是“你的能量超乎你的想象”。反倒是东鹏特饮“乘虚而入”，全力抢占“累了困了”这个场景，在消费者心智中建立“累了困了”和东鹏特饮之间的关联。有了场景占领营销策略的支持，再加上价格优势，东鹏特饮这些年深耕下沉市场，发展迅猛，企业也成功实现上市。

深挖其中缘由，到底是什么在支配人们的消费行为？这是营销学要回答的关键问题。陈向航老师在这本新书中，准确回答了这个关键问题——场景占领。有效的“消费场景”是一种稀缺资源，一旦有某个品牌的产品抢占了特定消费场景，其他品牌的产品就很难再挤入这个场景。这本书中分析了大量案例，并解构了操作方法和策略。如果我们想要将一款产品打造成爆款畅销品，首先要思考的不是“怎么卖”，而是消费者“为什么要买”。大家通常认为把产品的优点罗列出来，就是在回答“为什么要买”的问题。然而读完这本书你会发现，如果没有找到一个“超级场景”，罗列再多的产品优点也无济于事。

“场景占领”营销理论告诉我们，消费品是要通过消费场景来创造价值的，打造爆款畅销品的前提是找到“超级场景”。什么是超级场景？就是那些高频出现、强力吸引、持续驱动的消费场景。例如，“累了困了”“经常用脑”“对抗致病菌”“亲近时刻”“去除头屑烦恼”“感觉不在状态”等，找到并占领这些场景，是打造爆款畅销品的关键。怎么通过深度洞察发现这些超级场景？如何快速占领超级场景？答案就在这本书里。

在市场营销的实践中，越来越多的企业意识到“方寸之间见天地”，真正的市场其实存在于消费者的心智中。古代王朝“得民心者得天下”，现代营销“得心智者得市场”。书中以非常通俗易懂的方式为大家揭开了有关“场景占领”的秘密，比如，如何通过“强大词汇”传递品牌力量；如何通过“强大形象”影响消费者心智；如何通过“元认知”影响消费者的认知和行为；等等。这些全新的观点和实用的策略，会让读者感觉醍醐灌顶、茅塞顿开。

这本书通过5R模型讲透了场景占领营销精髓，观点独特、深度有料，凝聚了作者十多年的营销理论探索和实践精华，被称为新营销策划的“教战守则”。

作为陈向航老师十多年的搭档，我们一同操盘了诸多营销案例，我想说，这本书值得用心阅读，确实有心、有趣、有料、有价值，是企业进行营销实践的必读书籍。

陆　伟
沃顿倍力联合创始人
北京大学创业训练营导师
北京大学EMBA客座教授

P R E F A C E

前言

在本书即将完成定稿时，我的内心非常忐忑，越是修改调整，越是感觉不足之处太多。我特别担心有人在拿到这本书后，还没有看到后面的内容就已经放弃阅读了，因为我知道这本书的整体内容是一个价值递进的过程，越往后越精彩。我几次都想把后面的章节内容往前放，这样大家开篇就能阅读到最精彩的内容，但这样做会破坏原有的理论体系和整体逻辑，没有循序渐进的过程，很多理念和专业术语就不容易搞明白，也不利于对整体内容的掌握。经过再三思考，最终决定按场景占领营销理论体系和5R营销策划逻辑来呈现这本书，理论学习环节可能不会那么有趣，但在掌握营销方法论之后再阅读后面章节的内容，会感觉有趣、有料、有实战价值。

最初，我只是想全面梳理一下沃顿倍力的战略营销方法论体系，用于内部咨询顾问团队的学习和工作参考。很多年前，大家就一直在呼吁尽快梳理出这个方法论体系，将内部工作经验的传承变成标准化的理论体系，这样可以快速培养人才并为客户提供更高质量的咨询服务。由于工作节奏太快，我们几乎没有时间静下心来写作，只能以内部课件和小册子的形式来进行经验传承和团队学习。后来，这种呼声越来越高，大家已经不满足于原有的内部分享学习形式，都希望能有一本正式的著作来全面阐述沃顿倍力的战略营销方法论。

为什么呼声越来越高？是因为现实工作中出现的问题给大家造成了困扰。例如，一位曾供职于4A公司的设计总监，在提交一款休闲食品的包装设计方案时，被我们内部瞬间否决，方案修改了十几稿，大家拍桌子瞪眼，最后还是否掉了这些设计方案。这给设计总监造成了很大困扰。他的工作经验很丰富，专业水平也很高，怎么进了沃顿倍力就做不出符合要求的作品了？我们用两天时间对这位资深设计总监进行“爆款畅销品策划密码”课程培训和辅导，辅导结束时，他一拍大腿，说了一句：“早干吗了？入职时就应该先学习这些内容！”后来他自己否掉了前面所有的设计方案，按照“好卖第一，好看第二”的原则又出了一版方案，提案一次就通过了。长期以来，我们总以为这些都是行业常识，认为不用过多提醒，直接干活儿就可以了，这给内部的工作协同造成了很大困扰，老员工和新员工之间出现了很大的沟通障碍，这种障碍是由于营销理念的不同而导致的。

我们在全国各地有很多战略合作机构，这其中有多家设计公司，在系统学习沃顿倍力战略营销方法论体系后，实现了公司业务的全面升级，从设计业务开始转向中高端策划业务，业绩也实现了数倍增长。还有多家广告公司在系统学习沃顿倍力战略营销方法论体系后，及时进行了转型升级，围绕“场景占领”培养核心优势，精准聚焦用户，从广告服务商升级为战略营销服务商，业绩也实现了数倍增长。这些战略合作机构强烈希望我们能将内部营销方法论出版成书，这样便于进行快速传播，从而影响更多的企业家，让更多的企业受益，帮助更多的客户实现指数级增长！

“沃顿倍力战略营销方法论”为什么能受到这么多“内行人”的认同和追捧？它到底是什么？“沃顿倍力战略营销方法论”能受到认同和追捧，是因为这套战略营销方法论解决了营销中最难的、最关键的问题，就是“如何让产品和品牌走进人心”，我们称之为“场景占领”营销理论。

“定位理论”回答了“我应该是谁”。

“场景占领”回答了“如何让大家接受我”。

在掌握场景占领营销理论之前，“走进人心”要通过砸广告来实现。

在掌握场景占领营销理论之后，发现市场营销原来真的有捷径可走。

打开本书，开启营销智慧探索之旅，让“场景占领”成为一种营销信仰！

陈向航

2022 年 2 月 17 日于北京

导读

第一章是“理念导入”篇，讲到“日式恐怖片”为什么比“美式恐怖片”更恐怖，为什么“性功能障碍”的研究课题会让禁烟公益活动更有效，为什么基层下沉市场对高价奶粉的购买力超过了一二线城市，为什么家长比孩子更积极购买“六个核桃”，为什么说“步步高点读机”实际上是卖给大人的产品。这些有趣的思考都是为了帮助我们开启一扇通往“场景占领”的营销智慧之门。

第二章是“理论学习”篇，这个章节的信息量很大，主要围绕营销内核逻辑和5R营销模型进行阐述。一家企业是否真的懂营销，是否具备营销内核逻辑，如何从广告内容上做出判断？如何通过“三大定向”发现独特的市场机会和营销切入点？每一个营销策划高手的大脑中都有一个“思考系统”，掌握这个思考系统，就可以拥有强大的营销策划能力，5R营销模型就是这么一个思考、分析、判断和决策的“营销策划工具”。

第三章是“营销思维”篇，这个章节的内容是“传统生意思维”向“品牌营销思维”的升华过程。戴比尔斯如何将钻石打造成风靡全球的奢侈品？DR如何通过“场景占领”再造钻石营销奇迹？看似同质化的产品，如何通过不同的场景占领策略来实现差异化营销？什么是“玫瑰花模式”，这个模式是如何成就一个又一个营销奇迹的？滴露和舒肤佳有什么相似之处，又是如何通过差异化场景占领策略实现各自市场目标的？这个章节的内容将会引导读者产生深度思考，触摸商业的本质，洞察营销的真相。

第四章是“实战应用”篇，这个章节的内容主要是带大家进入“场景占领”营销实战，在市场营销的竞争和对抗中感受“场景占领”的策略威力。小鸟鲜燕为什么主攻“专业孕妇燕窝”？六个核桃如何通过场景占领打造超级大单品？东鹏特饮如何通过场景占领实现“牛口夺食”？强力去屑的竞品为什么撼动不了海飞丝的市场地位？这个章节的内容将让场景占领的营销理念“动起来”。

第五章是“深层解码”篇，这部分内容就像是营销背后的“源代码”，解释了各种营销现象产生的原理和方法。是什么在决定着消费者的“喜好”？是什么在影响着消费流行趋势？行为的背后是认知，谁能影响消费者的认知，谁就能轻松引导消费行为，而“元认知”就是认知背后的“支配力量”，这个概念会让人怦然心动，因为我们从未如此近距离触摸营销的真相。

第六章是“营销竞争”篇，这部分内容深入剖析和讲透了“以小博大，以弱胜强”的背后真相。诸葛亮辅佐草根刘备实现三国鼎立背后的真相是什么？“胡姬花”如何通过向“鲁花”借力实现快速发展？“大角鹿”如何通过一步狠棋抢了“简一”的流量，还让强大对手无法还击？旺顺阁鱼头泡饼、巴奴毛肚火锅、杨记兴臭鳜鱼、虎邦辣酱等，这些成功品牌共同遵循了 16 个字的秘诀，答案就在第六章。

第七章是“畅销密码”篇，这部分内容本不应该出现在公开出版的书里，有关“爆款畅销品策划密码”的内容一直被列入公司的保密文件范围，这是沃顿倍力战略营销咨询业务核心竞争力的重要组成部分。如何“制造”让消费者无法抗拒的“诱惑”？脉动、元气森林、仲景香菇酱、威猛先生、公牛插座等爆款畅销品共同遵循了哪些原则和规律？答案就在第七章。

第八章是“策略落地”篇，这部分内容以案例详解的形式对全书知识点进行了梳理和总结，清晰呈现出“场景占领”营销策略和 5R 营销模型的落地细节。“千禾”如何跻身酱油三大巨头，打破海天和厨邦的竞争局面？“简爱”如何从竞争激烈的乳制品赛道中脱颖而出？“山楂树下”如何将传统饮品做成超级爆款？“三棵树”如何重新定义健康漆？“江博士·健康鞋”如何独辟蹊径开创鞋类营销新模式？在第八章寻找关于营销的真相和答案吧！

C O N T E N T S

目录

CHAPTER 1

第一章

场景占领是撬动市场的支点

The Secret of
Best-selling

001 恐怖的“日式恐怖片”

爱看恐怖片的人会经常谈论到“美式恐怖片”和“日式恐怖片”，这两种恐怖电影的风格给观众带来的短期心理感受类似，但长期心理感受却有很大不同。“美式恐怖片”一般场面宏大、耗资巨大，但不会给观众留下什么心理阴影，在观看时会感觉恐怖刺激，例如，繁华的城市突然遭受外星人入侵、空无一人的城市突然冲出很多僵尸、高科技实验室出现失控的怪物等。在观看结束后，你开车在城市街头并不会恐惧外星人的入侵，漫步在大街上也不会担心突然冲出来一群僵尸，至于高科技的实验室，大家平时很少接触，也不会担心制造出什么失控的怪物。大部分“美式恐怖片”切断了现实场景和“恐怖记忆”的反应链，可以避免在现实生活中不断诱发这种恐怖感。“美式恐怖片”看完也就看完了，不影响独自睡觉，不影响独自上洗手间，也很少会在生活中联想到电影中的恐怖画面。

很多喜欢观看恐怖片的观众内心的阴影都是日式恐怖片留下的，这种影片的拍摄成本很低，但产生的恐怖感很强烈，甚至会让一些观众产生心理阴影和心理扭曲。“日式恐怖片”的拍摄手法通常都有很强的“代入感”，与“美式恐怖片”不同，“日式恐怖片”会有意建立现实场景与“恐怖记忆”的反应链，比如温馨的卧室、整洁的客厅、干净的卫生间、熟悉的厨房、地下停车场、窗外、楼道等，这些场景都是大家经常会看到的。“日式恐怖片”用这些常见生活场景制造惊悚、恐怖的画面，当观众产生短暂的“恐怖感”后，恐怖的记忆和熟悉的场景一起被储存到了大脑中。“日式恐怖片”最恐怖的感受不是出现在观看过程中，而是在观看结束后，片中的那些场景是每一个人都无法回避的，独自停车、独自睡觉，尤其是独自上洗手间，这些怎么回避呢？只要进入这类场景，胆小的人就会产生一丝恐惧感，然后大脑会迅速调出“恐怖记忆”，恐怖片中的场景就像5D电影一样进入了生活中，而且这种感觉是持续的、反复出现的。

是什么让“日式恐怖片”所制造出的“恐怖感”如此有后劲儿？是什么原理让这种“恐怖感”持续地、反复地出现？真正发挥作用的不是电影的故事情节，而是在生活化的场景中植入了恐怖信息。

从电影的观看体验和长期的心理感受来看，“美式恐怖片”采用的是一种不会产生心理阴影的电影拍摄手法，“日式恐怖片”以很低的拍摄成本让观众产生了挥之不去的、反复出现的“恐怖感”。从电影所产生的影响效果来看，后者具有非常明显的、不可思议的“优势”。如果能将这种“日式恐怖片”的原理应用到消费品营销中，就可以用很低的投入来快速影响消费者的心智，并产生长久持续的效果。我写这本书的目的就是为大家深度揭秘这个营销原理，让消费者在特定场景的影响下反复想到某款产品并持续购买，这就是“场景占领”！

002 戒烟广告可以更有效

越来越多的人意识到抽烟有害健康，但仍然有很多人在明知抽烟有害健康的情况下继续抽烟，这是为什么呢？因为“有害健康”这个结论并没有在这些烟民的心智中形成清晰可见的“场景”，看不见、摸不着的“有害健康”怎么能阻止他们对当下“抽烟快感”的渴望呢？

很多国家要求烟草公司在烟盒上印上足以引发人“恐惧感”的画面，用具体的“场景”来翻译“有害健康”这句话。手术中乌黑硬化的肺、因患口腔癌而做手术后的扭曲面孔、插管抢救的场景，总之，用恐怖的画面来警示吸烟的人群，让他们知道吸烟可能带来的危害和恐怖。即使是这样，仍然还有很多烟民对此视而不见，继续抽烟，似乎这些恐怖的画面跟自己没有太大关系。为什么这些烟民如此麻木呢？实际上，不是他们麻木，而是这些印在烟盒上的恐怖画面跟他们眼下的实际生活场景关联性太差，不容易引发他们的恐惧。

人们只在乎跟自己关联紧密的事物，过于脱离人们现实生活的“刺激”反而不会产生太明显的效果。在烟盒上印上恐怖画面的做法，其实有点儿像是“美式恐怖片”的拍摄手法，虽然恐怖但不能持续刺痛神经。要想取得更好的效果，就要借鉴“日式恐怖片”的拍摄手法，将抽烟的痛苦和现实中的痛点“连接”起来。

如果想劝阻年轻人抽烟，就要讲年轻人更在乎的话题，例如抽烟会导致发际线后移、掉发脱发、皮肤粗糙起斑、牙齿变黄变黑、口臭难闻等。一旦这些现象与“抽烟”关联起来，年轻人内心产生的顾虑和恐惧感会更强烈，这样劝阻抽烟的效果会更明显。

有一个关于禁烟的公益研究课题，以前研究的方向是关于“抽烟与癌症的关系”，不断地向人们证明抽烟会增加癌变的风险，结果发现对男士的劝阻效果不是特别明显。后来改为研究“抽烟与性功能障碍的关系”，向人们科普抽烟会影响性功能、尼古丁会导致阳痿等研究成果，结果发现对于劝阻抽烟尤其是劝阻男士抽烟的效果明显增强。按常规理解，癌症带给人们的恐怖感远超性功能障碍，可为什么用“癌变风险”劝阻抽烟的效果不如“导致性功能障碍”的劝阻效果明显呢？人们为什么更在乎“性功能障碍”呢？

“场景占领”营销理念不仅建议用“场景”来影响消费者，还建议在“设置场景”时，要考虑场景的有效性，如果场景不是高频次反复出现的和带有痛点的，产生的营销效果就不够明显。在上述劝阻抽烟的实践中，“癌变风险”虽然是一个非常恐怖的场景，但对于被劝阻人来讲，这是一个离自己很远的“风险”，当下没有痛点，就会产生侥幸心理，抽烟的行为就很难得到遏制。“性功能障碍”虽然不是什么病痛，但会影响一个男士的自信，而且这在夫妻生活中是会产生“痛苦体验”的，由于贪图“抽烟的快感”而牺牲了“性生活的快感”，这是男士们内心无法接受的，所以更多的男士会因此而选择戒烟。

“我为什么要听你的建议？”无论是公益活动还是市场营销，都要在给受众提出建议前先想清楚这个问题，只有先有效回答这个问题，才能确保提出的行动建议是有效的。我们要确保接纳建议的受众可以“获得利益”或“解决痛点”，就像刚才我们讲的禁烟公益活动一样，用“癌变风险”劝阻抽烟，这是一个未知的恐惧，并没有形成现实的痛点和困扰。而之后改用“性功能障碍”来劝阻抽烟，男士们首先就认为自己是存在这个痛点的，因为大部分男士都会担心自己在这方面能力不足，否则也不会出现那么多畅销的相关保健品和药物。有了痛点就有了顾忌，听从戒烟的建议或许要放弃“抽烟的快感”，但如果继续抽烟可能带来更多的尴尬、焦虑和对自己的不满，只有接受戒烟的建议才能避免痛苦并获得更多快乐，这样一来，戒烟的建议就有效了。

003 营销就要发出“惊人异响”

好的营销就要“守正出奇”。所谓“守正”，是指对正确价值观的坚守，一家企业只有坚持规范经营，走正道，做好产品，为消费者提供价值，才能具备干大事的根基，这也是做市场营销的基础。所谓“出奇”，是指对营销策略的有效应用，不能平平淡淡、中规中矩，一定要直击要害、精准犀利。“出奇”不是让企业去搞稀奇古怪的行为，而是要以最精准有效的方式与更多消费者建立稳定的“消费关系”。

把整个消费市场看作一个声音嘈杂的“大广场”，各种品牌、各种产品都想得到消费者更多的关注，有实力的企业在努力提高“品牌声量”，只要声音够大、够持续，就能引起更多消费者的关注，具体喊的是什么内容不重要，哪怕内容中规中矩，只要提高音量、坚持喊，就会有效果。这是有实力的大企业营销玩法，再好的营销策略对于这样的企业也仅属于锦上添花，三流的策划方案在这样的企业里实施也能得到“成功案例”。

如果另一家企业正好跟这家声音最大的企业是同行，但由于“广告预算”有限，不能跟对手保持一样的“品牌声量”。音量有限、持续的时间也有限，还想超越竞争对手，就要考虑在对手保持“声量”优势的情况下，用有效的策略快速获得更多消费者的关注，这是一般实力的企业面临的营销考验，中规中矩的营销策划方案很难发挥作用。

如果又有一家企业正好也在这个“大广场”上，恰巧做的产品跟前两家一样，但手里根本没有扩音器，消费者只有走近才能看到，远距离根本听不到声音，“品牌声量”几乎为零。这样的企业跟对手比“嗓门儿”是没戏了，再好的广告创意也“播”不出去，如果营销策略再中规中矩，那基本上就没有超越对手的可能性了。这类弱势的企业其实对营销策略的依赖性更大，就像当年刘皇叔要三顾茅庐请诸葛亮，就是因为实力不够，硬拼不行，光有胸怀解决不了眼下的实际问题，没有“出奇”的策略，就无法完成逆袭。

“出奇”的营销策略就是要让“品牌声量”不足的企业在嘈杂的市场环境中发出“异响”，让这个声音更具穿透力，让 100 万元砸出的“异响”盖过 1 亿元的“正常声量”，让一声“异响”吸引“全广场”消费者的关注。营销策划的本质就是要制造出这“惊人异响”。

三流的营销策略会让 1 亿元的市场投入看起来像是只花了 5000 万元；二流的营销策略会让 1 亿元的市场投入看起来就是花了 1 亿元；一流的营销策略会让 5000 万元的市场投入看起来像是花了 1 亿元；顶级的营销策略会让几百万元的市场投入看起来像是花了 1 亿元。

为什么越是成长型企业越需要高水平的营销策略？因为这个阶段的企业不能浪费、不能失败，还必须以有限的市场投入来撬动更大的市场回报。有物理常识的人都清楚一个道理，如果力量有限，手里的杠杆有限，还想撬动更大、更重的物体，要怎么办？找最佳“支点”。正确的“支点”可以将力量放大很多倍，错误的“支点”会导致力量的浪费，在市场营销领域，营销策略就是“支点”，好的营销策略就是要让实力有限的企业释放出超越大企业的力量！

004 用策划赋予产品灵魂

有效的营销策略不仅要解决产品“怎么卖”的问题，更要赋予产品与众不同的灵魂，让产品不再仅仅是物质的存在，更具备一种可以走进人心的魅力。一款产品的诞生犹如一个生命的诞生，我们要用策划赋予产品灵魂，让产品拥有自己的性格和特质。产品会成为哪些消费者生活的一部分，甚至是生命的一部分？产品会不断出现在哪些重要的时刻、重要的场景？这不是由产品本身决定的，而是由通过策划赋予产品的价值和意义决定的。如果产品不能走进消费者的生活，不能具备某种性格和特质，就很难俘获消费者的芳心，更谈不上拥有大批忠实的消费者。

我们服务过很多欧美客户，也服务了很多国内企业，发现国内企业的营销理念相比欧美企业仍然存在很大的差距，尽管大家都在不断地学习，但传统经营思想根深蒂固，一边在学习新的营销理念，一边还会在营销实践中受到很多陈旧观念的影响。国内很多成长型企业面临的严重营销问题之一就是产品没有灵魂，不能与消费者进行“情感沟通”，不仅很多成长型企业存在这种问题，一些老品牌大企业也同样会出现这个问题。

作为一家成熟的企业，应该尽可能保持产品灵魂的延续，广告创意可以换，代言人也可以换，但产品的灵魂要保持——有灵魂在，产品是活的，没了灵魂，产品就仅剩下物质的存在。

百岁山矿泉水的营销可以与欧美品牌媲美，在赋予产品“水中贵族”的灵魂后，不断强化产品的“人格”，让百岁山的贵族特质更出众。有了灵魂的产品就是一个个鲜活生命的存在，是一瓶水，但又绝不是一瓶普通的水，好产品可以表达情感，与消费者产生共鸣，从此决定了这瓶水会出现在一些重要的场景中。

如果百岁山是一位举止优雅的绅士，农夫山泉就是一位纯朴善良的农夫。一个诉说着贵族的故事，传承着高贵的品质；一个讲述着大自然的美，守护着那份朴实。产品有了灵魂，自然会与消费者进行对话和沟通，产品的知音越多、朋友越多，意味着企业获得的消费者越多。产品如果没有灵魂，就像一个人没有自己的特质和人格，又怎么能走进消费者的内心？

奥利奥已经在全球畅销一个世纪，广告创意不断迭代，包装不断升级，但奥利奥的灵魂没有变，这个穿上新衣服的“产品”仍然是最初给孩子们带来快乐的巧克力夹心饼干。在消费场景和情感表达层面，奥利奥始终没变，这个产品是有灵魂的、鲜活的，是其他夹心饼干无法替代的。

江小白以更年轻的灵魂和特质走进了年轻人的生活，定义了“青春小酒”，占领了更多都市年轻人聚会的场景，让白酒换一种面孔走进了年轻人的世界。

劲酒以健康自律的灵魂和特质走进了人们的生活，重新定义了“饮酒文化”，占领了佐餐独饮和朋友小聚的场景，让养生酒更高频次地出现在人们生活中。

胡姬花花生油以纯朴匠人的灵魂和特质走进了家庭生活，完美诠释了“古法小榨”，占领了追求品质生活的家庭厨房场景，让花生油品级上升到一个新高度。

综上可知，有魅力的产品都是有灵魂的，成功的产品都是有性格特质的，持续畅销的产品都是与生活场景相融合的。

005　占领场景才能抢占心智

所有消费品都是要为人们解决问题或带来价值的，消费品不能脱离消费场景而存在，产品只有与特定的消费场景进行深度融合，才能成为消费者在特定消费场景下的首选，这种与消费场景深度融合的营销策略，我们称之为“场景占领”。

很多企业对消费场景的理解还存在认知误区，认为消费场景是物质化的存在，实际上有效的消费场景只存在于消费者的心智中，只有通过“场景占领”才能有效抢占消费者心智。

“场景占领”与我们平时理解的“场景营销”是一回事吗？答案是否定的。我们平时提到的场景营销更多的是一种促销场景的搭建，比如节日促销场景、主题促销场景等，这种场景是外在的、可见的、物质化的。“场景占领”是指将某种可以唤醒消费者消费需求的场景与产品进行强连接，从而让消费者在遇到这种场景时可以立即想到某产品，进而形成持续的购买行为，这里说的场景是心智层面的。

我们在生活中会遇到各种“情景”，这些情景需要经过“营销转化”才能成为进入消费者心智的消费场景，有效的消费场景是消费者的一种认知和需求状态。企业要擅长发现各种现实场景中的“痛点或需求”，并提出一个特别容易让消费者接受的建议，用产品解决痛点或满足需求，然后让消费者习惯这个选择。

例如，红牛或东鹏特饮属于抗疲劳饮品，适用于长途驾驶、体育竞赛、熬夜加班等各种“场景”，但我们不能简单粗暴地说“长途驾驶喝红牛”或“熬夜加班喝红牛”，因为长途驾驶或熬夜加班并不必然产生对某种产品的消费需求。这些“场景”都是外在的，只有当外在的“场景”引发内在“需求”时，才会产生“消费场景”。长途驾驶、体育竞赛、熬夜加班会产生疲劳，疲劳的最直观感受就是“困了累了”，消费者需要对抗和消除“困和累”，就是外在“场景”引发的内在“需求”，所以真正有效的消费场景是“困了累了”，而不是“长途驾驶”等场景，“困了累了，喝红牛”才是对有效消费场景的占领。

在场景占领的过程中一定要避免复杂的语言，越简单直白越有效，一定要直接命中“需求”并提出明确的行动建议，就像“困了累了，喝红牛”“累了困了，喝东鹏特饮”“怕上火喝王老吉”“经常用脑，多喝六个核桃”，这些简单直白而又精准有效的语言才能真正深入消费者心智，实现场景占领。

“经常用脑”并不是一种外在“场景”引发的内在“需求”啊？很多企业家会提出这个疑问，认为“经常用脑”就是一种看得见的场景啊，并不是一种身体或心理感受。在这里我们要特别注意一点，一定要清楚到底要抢占谁的心智？简单来说，谁是花钱的主力，就抢占谁的心智。“经常用脑”的可见场景是复习备考、刻苦学习、加班工作等脑力工作场景，这些脑力工作的共性就是“经常用脑”，所以经常用脑是对脑力工作场景的提炼总结。不同于“困了累了”，“经常用脑”并不会产生非常直观的身体或心理感受，所以这类场景占领策略不能采用“感受＋建议”的模式。脑力工作者本人的“补脑”需求也并不是很强烈，但作为学生家长对“补脑”的需求远远超越学生自身的需求，即“爸妈认为你需要补脑”，并且这种心理感受是强烈的。

“经常用脑，多喝六个核桃”实际上是说给家长们听的一句话，抢占的是家长群体的消费心智，进而占领“用脑”的消费场景。类似六个核桃这样的产品与红牛、东鹏特饮、王老吉等产品的消费属性是不一样的，前者是“购买者自己不喝，喝的人自己不买”，消费者本身不是真正的“用户”，而后者是“自己买来给自己喝”，消费者本身就是真正的“用户”。这是一个很有意思的营销策划模型，在场景占领营销实践中应用得很广泛。

“步步高点读机，哪里不会点哪里，So easy！”

步步高点读机用的是不是场景占领呢？看上去这句广告语也没什么特别的，但却精准锁定了家长“辅导孩子学英语”的尴尬焦虑场景，尤其在田亮和女儿代言的广告中，这个场景刻画得非常精准到位。完整版的点读机广告中，通常是孩子问家长英语单词怎么读，家长以错误的发音教孩子读英语单词。注意，这个场景简直是精准命中几乎所有家长的痛点，对于那些根本不会英语的家长，这个痛点更痛。家长能因此拒绝辅导孩子学英语吗？不能。在辅导孩子学英语这件事儿上，家长们的尴尬和焦虑已经形成非常急迫的消费需求。在没有点读机之前，孩子们肯定是“哪里不会问哪里”，只要问，家长就有压力；有了步步高点读机后，孩子们“哪里不会点哪里”，而且还轻松地说“So easy”！广告里虽然是孩子说“妈妈再也不用担心我的学习了”，实际上却是家长们的内心在说“终于再也不用担心孩子问英语问题了”。你说步步高点读机到底是满足了谁的需求？表面上是满足孩子的学习需求，实际上满足的却是家长辅导孩子英语的需求。步步高点读机占领的是什么场景？表面上是孩子愉快学英语的场景，实际上却是家长尴尬辅导孩子英语的场景。

越来越多的场合开始禁止抽烟，那些寄希望于靠香烟来带来灵感或进行深度思考的人会逐渐失去抽烟的环境，他们需要换一种方式来获得灵感或进行深度思考。什么样的场景需要灵感？各种创造性、开放性工作场景，如设计、写作、绘画、决策、研讨等，都需要灵感。如果能满足此类场景下对“灵感”的需求，就等于对这类场景进行了有效占领。雀巢咖啡以“我的灵感一刻，我的雀巢咖啡”来实施场景占领，来满足消费者在创造性、开放性工作场景下对“灵感”的需求，这相比“味道好极了”这句传统广告语是一种巨大的进步。

006 消费心理深度洞察

对生活场景的洞察应该是营销的基本功，洞察的目的是发现客户需求和痛点，发现需求和痛点的目的是“解决痛点，满足需求，占领场景”。

一家做母婴行业大数据分析的机构负责人分享了基层市场婴幼儿配方奶粉消费的“怪现象”，按常规思维推测，下沉市场的消费人群应该对价格是相对敏感的，但是一项调查数据显示，县级市场和乡镇市场的“高价奶粉”的销售占比并不低。很多不知名的、售价偏高的进口奶粉产品，大部分业绩贡献来自下沉市场，到了一二线城市，消费者反而对品牌的关注度更高，对奶粉的消费更加理性。在这家大数据机构提供了这个消费数据线索后，我们组织团队对下沉市场的婴幼儿配方奶粉消费场景和消费决策习惯进行了调研和分析，发现这个“怪现象”确实存在，而且越是外出务工占比高的区域，高价位奶粉的销售占比越高。为什么常规思维理解的“购买力不足”的下沉市场反而对高价位的奶粉购买力更强呢？这是基于一个现实的消费场景，外出务工比例高的区域，很多孩子由爷爷奶奶带，爸爸妈妈不能亲自照顾孩子，就会有一种“心理补偿需求”，希望在其他方面给孩子最好的，尤其是吃奶粉。当孩子的爷爷奶奶打电话问“给孩子买什么奶粉”的时候，孩子的爸爸妈妈通常会说“买好的”，所以老人家去当地的超市或母婴店买奶粉的时候，就会选择“好奶粉”。然而对于什么是好奶粉却并没有一个统一标准，大家通常认为“好奶粉”一定贵，所以挑选价格高的奶粉应该是没问题的，于是高价位的奶粉就这样被买走了。

这就是一种消费场景，这部分消费人群不会上网查各种奶粉的口碑评价，品牌意识较弱，又想买“好奶粉”，他们最简单的决策依据就是“买贵的”，认为贵的奶粉肯定差不了，于是各种进口的、贵的奶粉就悄悄地在下沉市场闷声发大财了。你不能指望这部分人群快速具备理性的消费决策能力，也不能抱怨消费者不识货，这就是客观的消费场景，消费者需要贵一些的“好奶粉”。

在深入研究大数据和深度洞察消费心理之前，很多奶粉企业都是中低端产品走下沉市场，高端产品走一二线城市，这似乎合情合理。在对下沉市场婴幼儿奶粉的消费心理进行深度洞察后，才发现原来认为的“合情合理”实际上却是一种主观的错误认知，营销的较量终究是企业经营者认知能力的较量。

某奶粉品牌董事长在接受媒体采访时坦言，在几乎使用同样原料的情况下，推出价格翻了一番的“高端奶粉”反而更受消费者欢迎了，利润提高了，销量提升了，消费者也满意了。这是为什么？因为它解决了特定消费场景下的“选择焦虑”问题，消费者想选择“高端的好奶粉”，企业就要满足这个需求，推出新包装、新概念、高价格的产品，这样就能帮助消费者解决选择焦虑问题。

过多的“选择”会令人产生负担甚至焦虑。当消费者想给孩子买一罐奶粉的时候，站在琳琅满目的配方奶粉货架前，听各个厂家的促销员滔滔不绝地讲着各个品牌奶粉的优势，很多人都会感到一丝选择性焦虑：到底买哪个品牌是对的？很多消费者会产生这样一个想法，要是只有一个奶粉品牌该多好，选择就不会这么难了。聪明的厂家，要给消费者一个明确的、排他的、有力的选择理由，这个理由可以让大家快速摆脱选择焦虑，放心做出选择。婴幼儿配方奶粉属于非常成熟的品类，这个品类属于相对刚需产品，虽然全球都在积极倡导母乳喂养，但大部分孩子还是需要配方奶粉，对于这个品类，不存在要不要买、什么情况下买、什么时间买等疑问，最核心的消费场景就是“要给孩子买奶粉了，到底买哪个品牌的哪款产品才是正确的选择”。营销要点就是要解决消费者的选择性焦虑问题，让消费者轻松做出选择。消费场景必须精准有效，才能发挥作用，如果一种场景痛点不明显或需求不强烈，占领这样的场景价值就不大。例如，某奶粉品牌打出“剖腹产，用 ××× 奶粉”的广告，试图占领“剖腹产”这个消费场景，但对于大多数消费者来讲，他们并不认为剖腹产的婴幼儿和顺产的婴幼儿有什么区别，反而认为这是厂家搞出来的营销噱头，这样的场景占领难度就比较大，不属于精准有效的场景占领。对消费场景的洞察是做出正确营销决策的前提，准确迎合消费者在特定消费场景下的心理需求，才能有效影响消费者的决策。

如果一个产品属于非刚需消费品，“场景占领”营销策略的制订就更具挑战性，因为非刚需产品不能仅仅解决“选择焦虑”问题。一家卖凉茶的企业不能假设消费者一定会购买凉茶，而要假设在消费者不会主动购买凉茶的情况下，策划出有效的场景让消费者主动购买。如果假设消费者一定会购买凉茶，就会重点突出某个凉茶产品的卖点优势，例如“喝凉茶，就选 ×××，味道醇正更正宗”，但实际上，凉茶这个品类在成长初期是要经过一个普及过程的，大多数人还没有形成喝凉茶的习惯，“喝凉茶”本身还不算是一个高频次出现的消费场景，凉茶也不属于必需品，所以这个场景占领营销策略就是无效的。

根据凉茶的产品属性，最核心的产品价值就是“泻火”，如果将消费场景设定为“上火了，就喝 ×××”，一是局限了消费人群，不上火的人会感觉没必要喝；二是拉高了消费期望值，消费者会非常关注产品泻火的效果，这就不是大众饮料的消费场景了，而是变成保健品或药品的消费场景了。

应将消费场景设定为“怕上火，就喝 ×××”，因为“怕上火”的场景出现的频次远高于“上火了”，消费者会在很多场景下有“怕上火”的心理感受，例如吃辣火锅、吃烧烤或吃其他容易上火的食物，一旦“怕上火”就想到要喝 ××× 凉茶，这就是对“怕上火”场景的占领。凉茶不是“必需品”，但“怕上火”是真实的痛点，一旦某个产品成为解决某种真实痛点的“第一选择”，这个产品就间接成为“生活必需品”，具备了高频刚需的消费属性。“场景占领”是让非刚需消费品具备高频刚需消费属性的“唯一路径”。

一家企业如果能将“非刚需消费品”卖给更多的消费者，并能让消费者高频次进行复购，就相当于挖到了一个巨大的、取之不尽的金矿。本书会有专门的章节推导剖析六个核桃的营销策略。六个核桃就属于典型的将核桃乳这种“非刚需消费品”通过占领“经常用脑”这个消费场景，打造成了高频刚需属性的产品。核桃乳本身并不是“必需品”，但家长给孩子“补脑”的需求属于广泛存在的“刚需”，六个核桃通过满足这种“补脑”需求，间接成为“必需品”，也就具备了高频刚需的消费属性。

本书会用大量的实例来印证消费品进行“场景占领”的重要意义，如果没有占领有效的消费场景，一大堆产品可能也养不活一家企业，如果能占领一个有效的消费场景，一个单品就足以成就一个伟大的品牌。

007 不要去“教育”消费者

永远不要试图去“教育”消费者，这是一个荒谬的想法！

是否听过类似以下这些话？

这罐核桃乳的核桃数量根本没有六个，我们的核桃乳纯度更高……

这罐凉茶就是糖水，我们的凉茶才是道地本草熬制……

我们生产的抗疲劳饮品成本比红牛高多了，而且长期喝更健康……

小罐茶就是卖个包装，我们的茶比小罐茶好多了……

我们的酱香酒口感比茅台还好，售价还不到茅台的 1/3 一……

我们的奶粉用的是 ×× 品种奶牛的奶，质量比 ×× 品牌的好多了，价格还比它们低 50%……

在十几年的营销咨询生涯中，我们发现一个怪现象，越是做得小的企业，越是对自己的产品特别“自恋”，讲起自己的产品，用“神奇”二字已经不足以形容。难道那些做大的企业都是在昧着良心偷工减料吗？那些实实在在做产品的企业最后都被埋没了吗？难道消费者如此“愚昧不识货”，都被那些大品牌忽悠了吗？实际上完全不是这么一回事。

在营销的世界里没有真相，只有认知。一个没有营销意识，更没有品牌意识的企业经营者，只能使劲儿讲自己的产品有多好，这是陷入了“唯产品论”的思维怪圈儿。有品牌营销意识的企业家都清楚一个真相——产品是用来满足消费者需求的，不能满足消费者需求的产品就没有价值。

一罐不能让家长放心的奶粉，无论企业怎么标榜自己的原料有优势，家长也不愿意拿自己的孩子做试验，让消费者在选购产品的时候放心、安心、省心，这就是一罐奶粉应该附带的价值。

一瓶杂牌子的饮料，哪怕同样可以抗疲劳，但如果年轻人感觉拿在手里不够酷，也不会愿意积极购买，让消费者拥有它时感觉很酷，这也是一瓶功能饮品应该附带的价值。

虽然大家都知道瓶装水本质上都是一样的，一瓶售价 2 元的矿泉水和一瓶售价 20 元的进口矿泉水本质上并没有什么区别，可是当有人拿进口矿泉水招待你的时候，内心还是多了一些喜悦和感慨，这就是多出的那 18 元所对应的价值。很多人一边说小罐茶卖的就是包装，简直是在收割智商税，一边在收到别人送的小罐茶后感觉很开心，潜意识认为对方送的礼品还不错，这就是小罐茶能够畅销的真相。虽然大家都知道私家车就是一个代步工具，但仍然会关注别人到底开的是什么车，开价格越高的车，内心越感觉有面子，这就是高端车畅销的原因。

不要试图用“产品真相”来教育消费者，而要用“营销真相”来满足消费者。不要试图改变消费趋势，而要努力抓住机会来顺应消费趋势。如果企业与消费者之间的沟通成本太高，那一定是营销模式出了问题，越是成熟的品牌，与消费者的沟通越简单，简单的沟通基于对消费需求和消费心理的准确把握。越是不懂营销的企业，与消费者的沟通成本越高，当一家企业每次都需要老板像讲师一样去讲产品才能获得订单和销量的时候，这家企业的营销基础一定非常薄弱。

008 场景占领是个技术活儿

如果不以“场景占领”为准绳，我们很难判断一个产品的包装好不好、广告创意行不行、营销策略是否到位。为什么很多策划公司最怕给甲方讲方案？因为没有判断标准，大家只要角度不同，判断的结论就不同，到底谁说的是正确的，根本讲不清楚。正是因为不在一个沟通频道，没有一个判断标准，在产生争执后，甲方企业经常骂策划公司是大忽悠，策划公司则怒斥甲方老土，最后双方各让一步，对营销方案来了一个折中式修改，变得不伦不类。

企业在与营销咨询或策划机构合作之前，一定要先将对方的“营销方法论”彻底学明白，确保双方在营销认知层面先达到同频，然后再一起完成企业营销策略的升级和营销方案的制订。如果说企业与咨询机构正式合作就像结婚，那么完整学习“营销方法论”的过程就是在谈恋爱，有了良好的恋爱基础，婚后才不会出大的问题。

“场景占领”不是玄学，不是抽象的广告艺术，而是有具体判断标准的技术活儿。在品牌定位、产品包装和广告创意方面，营销专家之间经常会出现不同意见，不同咨询机构之间也会互相嘲笑、批判对方，但一讲到“场景占领”，大家就很容易形成统一的判断标准，因为这是技术活儿，是否合理、是否准确、是否有效，这个不能含糊，也无法用抽象的语言掩盖问题，好就是好，不好就是不好。

一个资深策划人，可以用各种创意来展示“经常用脑，多喝六个核桃”，但不得不承认，要想让六个核桃稳定占领“用脑”场景，不能轻易改变这句话，这句话在场景占领层面的价值和营销的有效性方面是显而易见的。一个资深的定位理论专家，可以给王老吉和加多宝各种“第一”或“唯一”的定位，但不得不承认，要想替代“怕上火，喝 × × ×”这句话太难了，因为这句话就是对“怕上火”消费场景的占领，营销有效性显而易见。品牌定位可以变，消费场景不能丢。

如果说“定位”是从品牌战略高度定义了“我是谁”，那么“场景占领”就是从日常消费角度来定义“什么时候买”。“定位”是不能替代“场景占领”的，前者是品牌战略，后者是营销落地策略。

有效的“消费场景”是一种稀缺资源，一旦有某个品牌的产品抢占了某个消费场景，其他品牌的产品就很难再挤入这个场景。比如“去除头屑烦恼”这个消费场景，在海飞丝强势占领这个场景后，其他品牌的洗发水即使同样拥有很棒的去屑功能，也很难再有效占领这个场景，人们在日常生活中遇到头屑烦恼会首先想到海飞丝，所以这种消费场景资源是非常稀缺的。再比如“怕上火”这个消费场景，王老吉强势占领这个场景后，人们在日常生活中一遇到担心上火的场景，立即就会想到王老吉。后来加多宝与王老吉的竞争焦点其实本质上并不是红罐之争，而是对“怕上火”这个消费场景的争夺。值得一提的是，当年和其正凭借大包装、量更大等特点暂时获得了一定的市场，不断强调“做人要大气”“瓶装更尽兴”等，但在“怕上火”的消费场景中始终没有抢占到任何资源，在加多宝与王老吉竞争最激烈的时候，和其正的市场份额受到了严重冲击。

一旦真正搞明白“场景占领”营销学，企业的营销主线脉络就清晰了，品牌定位、产品包装、广告创意都要以“场景占领”为目的。“场景”不清晰，营销配称就会混乱，“场景占领”的实施路径清晰了，营销配称与落地执行就会更加高效。

“场景占领”是有规律可循的“营销工程设计”，是经过市场验证的营销方法论，是可以清晰呈现结果的策划技术活儿，是消费品企业实现品牌营销升级的必由之路。

这是一个产品过剩的时代，同时也是一个消费者注意力严重分散的时代，谁能获得消费者更多的注意力，谁就能获得更好的业绩增长表现。那么如何获得更多的消费者注意力呢？答案便是要抢占消费者心智。除了砸重金打广告外，还有更有效的策略可以抢占消费者心智吗？我们发现营销业绩表现良好的品牌都无一例外遵循了“场景占领”的原理——非常明确地将自己的产品与某一特定消费场景进行了“强连接”。这个规律的发现解决了消费品营销的一个重大难题，这意味着“场景”是产品与消费者心智之间的载体，只要能找对场景，并将产品与消费需求进行精准匹配，就可以赋予产品高频刚需的属性并产出惊人的营销业绩。

“场景”是营销策划的主线，也是整个营销系统的魂。场景已经存在于消费者的心智中，我们要做的事情就是发现并快速占领有效的消费场景。

第二章

场景占领营销的内核逻辑

CHAPTER 2

The Secret of Best-selling

001 用营销逻辑指导决策

成熟的企业在选择营销咨询机构的时候会非常关注“营销方法论”，只有把一家咨询机构的“营销内核逻辑”搞清楚，才能真正探清这家机构的功底。所谓内核逻辑，不是大家都在谈论的流行观点，也不是各种知名理论的概念组合，而是一种解决问题的根本逻辑，是指导咨询机构进行咨询策划的核心方法。广告公司、战略咨询公司、设计公司、品牌公关公司都有自己的“基因”，如果找到定位系公司，它们的内核逻辑就是“定位”；如果找到广告公司，它们的内核逻辑就是“创意”；如果找到设计公司，一切都围绕“美学”；如果找到品牌公关公司，它们的内核逻辑就是“传播”。现在很多企业在选择咨询机构时都面临一个困扰，因为以上这些机构通常都宣称自己可以做全案策划，表面看上去都差不多，再看服务内容列表也差不多，很难区分清楚。如果你面临的是“营销”问题，想真正找到一家适合自己的营销咨询机构，一定要搞清楚对方的“营销方法论”。

我们在顾问团队内部营销方法论培训上，有一个不断更新完善的“雷区与误区”，即所有经过学习的营销咨询顾问都应该避开的一些常见的营销雷区与误区，其中有一个 10 年前就写进去的“建议”：谨慎使用教育成本太高的新概念。还有一条“建议”是：与其更好，不如不同，尽量避免口号式的“更好”。

以下是诺贝尔瓷砖在进行品牌重新定位后推出的广告，我们姑且不评价这个品牌定位是否有助于诺贝尔瓷砖抢占消费者心智资源，单从营销的有效性角度考虑，这个广告内容就有很大的提升空间，至少有两处属于“硬伤”。

营销追求的是让企业宣传的内容高效转化为消费者的认知，进而形成全新的消费决策依据。我们为什么强调不要用口号式的“更好”，因为这是力量最弱的广告表达。就像一个人站在你面前不断强调“我是好人”，你信吗？换一种方式，如果一个人告诉你“我是慈善义工”，你马上会想到“他是个好人”。所以“好人”不是直接用来标榜自己的，“更好”也不是直接用来标榜产品的。格力电器原来的广告语是“好空调，格力造”，后来升级为“格力掌握核心科技”，新的广告语是对“好”的诠释，这是把口号改为有效占领消费者心智的“定位”。

不要用“教育成本太高的新概念”，尤其不要使用替代品类名称的新概念，因为这会导致消费者产生“信息接收阻力”——听不懂、记不住。滋源策划出一个“洗头水”的概念，在消费者心里这还是洗发水，非得教育消费者把叫了几十年的“洗发水”改为“洗头水”，消费者会觉得没必要、太麻烦。除非产品本身发生革命性变化，成为新的品类，可以起一个新的名称，如果不是这种情况，还是不要随便给品类改名字。我发现媒体报道滋源品牌时也会出现“洗发水”和“洗头水”分不清楚的情况。媒体这么严谨还会混淆两种名称，想让消费者在内心接受这个新概念更难。

“瓷抛砖”就是这么一个新概念，瓷砖就是瓷砖，可以在“瓷砖”前面加概念，类似公牛安全插座，但不要生硬地把“瓷砖”改为“瓷抛砖”，一个消费者不接受的新概念，在从营销角度来说就没有太大价值。

002 场景占领前的三大定向

第一步：消费人群定向

在制订场景占领营销策略前，先要进行“消费人群定向”。《孙子兵法》曰“知彼知己，胜乃不殆；知天知地，胜乃不穷”，这句话后来演变成人们常说的“知己知彼，百战不殆”。在营销角度，当我们听到这句话时，往往会把“知彼”理解成是对竞争对手了解，其实比了解竞争对手更重要的事情是“了解消费者”。

我们必须要清楚营销的“沟通对象”是谁，搞错了沟通对象，就不能精准把握对方的心理，判断不准对方的需求，也就很难打动对方的心。

当年商鞅主导秦国变法之前，深入百姓遍访秦国，在制定出变法方案后，熟悉秦国基层情况的商鞅被一个现实问题所困扰：秦国百姓大多数都目不识丁，而那时候的官方媒体主要就是张贴到各个城门的榜文，文字形式的内容很难得到有效普及，怎么做才能让变法的“好处”迅速传遍秦国呢？只有先让百姓都知道变法对百姓有好处，才能让更多的百姓支持变法、了解新法。官方媒体解决不了传播问题，就要想办法用“自媒体”。秦国那时候也有“自媒体”，就是人人都有的一张嘴，只要搞出一个疯狂故事，“自媒体”很快就可以将其传播开来，而且对于目不识丁的秦国百姓来说，从“自媒体”获取信息没有障碍。于是经过苦苦思索后，商鞅亲自担任总导演，策划了一出“城门立木”的好戏。当然，活动是策划的，奖励是真给的，拿到重金赏赐的“猛男”迅速成为传奇人物，通过“自媒体”的快速传播，故事迅速传遍整个秦国，从此百姓都知道“变法是个好事儿”。你看，搞清楚“沟通对象”是不是很重要？当年红色根据地的百姓看得懂红军刷在墙上的标语和演出的戏剧，听不懂国民政府的“新生活运动”，就是因为红军了解百姓，国民党不懂人民。

一切营销活动的本质都是在与消费者进行“沟通”，沟通的目的就是希望得到更多消费者的关注和认可，要想进行高效的沟通，必须先搞清楚要跟谁沟通，然后用他们喜欢的风格、听得懂的内容、习惯的方式来进行沟通，这就是消费人群定向的意义。

消费人群定向不是简单地给客户画像，也不是单方面地定义客户特征，而是一种对消费群体的全面深入分析和研究，是一个不断探索和确认的过程。消费人群定向可以帮助企业打破原有的认知束缚，发现全新的消费群体。

如果不清楚谁是真正的消费者，就很难策划出有效的营销策略，清晰定义消费人群是制订有效营销策略的前提。

一家做建材的企业长期使用针对 C 端用户的营销策略，因为他们的产品是用于家装的，想当然地以为沟通的对象就应该是 C 端的消费者。当我们对这家企业的销售终端进行调研后，发现他们的实际消费人群并不是 C 端家庭消费者，而是装修公司的工人师傅，这家企业的终端销售人员所展示的一系列产品卖点都是针对 C 端家庭消费者的，而这些卖点并不是工人师傅感兴趣的，这就属于典型的搞错了营销沟通的对象。为什么有的建材品牌营销沟通对象是 C 端消费者，有的建材品牌营销沟通对象就要锁定 B 端的工人师傅呢？这个与产品品类有关系，通常“看得见”的建材采购是由 C 端消费者主导的，比如瓷砖、卫浴、涂料、吊顶等，而“看不见”的建材采购则通常由 B 端的工人师傅来主导，比如瓷砖胶、腻子、防水材料等。C 端消费者关注什么？是产品的质量、性价比、美观度、耐用性等。B 端工人师傅关注什么？是施工简单、省力和验收效果好。

在重新进行消费人群定向后，我们指导企业调整了原有的一系列营销策略，从 B 端工人师傅的需求角度，主推施工更快捷、省力和效果验收更轻松等产品优势，并且为工人师傅提供施工手册和培训视频。新的营销策略很快开始发挥作用，这家企业在 2018 年销售额突破 30 亿元，连锁门店数量突破 3000 家。

消费人群定向是指聚焦某一部分特定的、精准的消费人群，六个核桃表面是要卖给“经常用脑人群”的，其实大部分花钱购买六个核桃的人是学生家长，这个群体并不是“经常用脑人群”，却是直接贡献营销业绩的人群，在营销策略制订时要充分考虑这个群体的需求。足力健聚焦的是“追求品质生活的老年人”，实际上很多情况都是老人的儿女来购买，足力健吸引老年人的卖点是轻巧、舒适，吸引儿女的卖点则是安全。在传播内容策划上，老年人穿上足力健老人鞋后健步如飞和参加体育运动的场景是给老年人看的，这个并不能有效打动老人的儿女们，但下雪后老人穿上足力健安全行走的场景却有效影响了儿女们，因为在这样的场景下，儿女们最担心的就是父母的安全，这是儿女们的痛点和需求。

消费人群定向就是要对真正的需求者、决策者、付费购买者进行精准界定，把表面消费者人群和实际消费人群区分清楚，并且进行精准定义。

第二步：消费需求定向

“消费需求定向”是对传统经营思维的一种颠覆，传统经营者习惯拿产品说事儿，认为好东西就应该得到消费者的认可，实际上好东西不一定受欢迎，承认你的产品是好东西和持续购买你的产品是两回事。2012 年我们辅导了一家食品企业，他们生产各种饮料，其中有一款饮料是番茄汁，他们的番茄汁很浓、很纯，高温加工，不添加防腐剂和任何添加剂，同样包装规格的产品，他们的生产成本比竞品高出 50%。看到这里，你是不是感觉这个产品不错？是的，我刚开始也感觉不错，直到我打开了一罐番茄汁，那种味道让我真的不想再喝第二口，我知道有很多人喜欢醇正番茄汁的独特味道，但这个人群一定属于小众人群，因为这个味道太特殊了。这家企业的老板坚持认为番茄汁就应该是这样的，这才是真正健康、醇正的番茄汁，我建议他调整番茄汁的口感，他跟我讲有很多“领导”喜欢这个口感，他自己也非常喜欢喝这种番茄汁。

我们安排对市场上正在销售的同类产品进行调研，发现销量较好的竞品番茄汁味道轻、不浓稠、偏甜，这种口感的番茄汁相对更容易让消费者接受。或许是经常听厂家讲番茄汁的营养价值和养生好处的原因，我开始尝试让自己喜欢上番茄汁，尤其是喜欢上这款更醇更浓的番茄汁。有一段时间厦门航空的航班上是供应这款番茄汁的，一般乘客不太注意有这款饮品，空乘人员也不主动推荐，我只要乘坐厦门航空的飞机就会主动要一罐番茄汁，每次我要番茄汁时，邻座的乘客可能是出于好奇，也会要一罐番茄汁，但每次都发现他们倒出的一小杯番茄汁都剩下了，还用奇怪的表情看我一眼，好像在说："怎么会有人喜欢这个味道？"

后来我喜欢上了这款"更好"的番茄汁，但拒绝了给厂家策划这款饮品，因为要想让更多的消费者喜欢上这款番茄汁简直太难了，这不符合人性。消费者想要一款让自己愉悦的饮料，在获得愉悦的同时，最好饮料的成分是健康的，如果一款饮料是醇正的、健康的，但喝起来的感觉是不够愉悦的，那就很难成为一款畅销品。

第一次受邀品尝元气森林，我们就判断这款饮料可以火，这个不是马后炮，是从消费者需求层面进行过分析和判断的。很多年轻人为了保持健康和好的身材都尝试"控糖"，有的甚至尝试"禁糖"，这个是需要很强的毅力的，很多人在短时间控糖或禁糖后就开始出现情绪低落和急躁，感觉不爽、不愉悦，最后抵制不住甜蜜的诱惑，又开始摄入含糖食物或饮品。除非有特殊的健康问题导致不得不控糖或禁糖，否则一般人很难长期对抗这种诱惑。对"甜"的追求是符合人性欲望的，对抗"甜"是违背人性的，"控糖""控卡"是一个非常大的市场需求，但一定是替代糖而给人们留下"甜"，无糖的"甜"是对大脑的"欺骗"，但仍然不影响大脑产生多巴胺给人们带来愉悦，这是顺应人性欲望的。

如果让我给未来的消费品营销趋势做一个预测或判断，我会建议大家做健康且顺应人性的产品，谨慎做健康但违背人性的产品，不要做有害健康的产品，不管这个产品是顺应人性或违背人性，有害健康的东西都不要做。

元气森林属于健康且顺应人性的产品，"0 糖 0 脂 0 卡"符合人们对健康的追求，因为有气且有代糖成分，所以喝起来又爽又甜，自然心情愉悦，这是对人性的顺应，既抓住了健康的趋势，又迎合了人性的欲望，这样的产品就很容易做成爆款畅销品。

一个能在消费品领域有大成就的企业，一定是彻底洞穿人性且能用产品迎合人性欲望的企业，放眼全球，无一例外。

消费者更愿意为看得见的利益付费，更愿意为眼下的利益买单，我们必须要非常清楚地了解这个事实。

当公牛生产出质量更好的插座后，并不是一开始就聚焦“安全”的，而是先从“结实耐用”这个角度进行营销，告诉消费者，这是一款“用不烂”的插座，非常结实耐用，但需要消费者为此付出 3 ~ 5 倍的费用。普通插座不够结实耐用，这的确是消费者面临的一个问题，但他们是不是愿意为解决这个问题而多花钱呢？是选择支付 3 ~ 5 倍的费用来获得更结实耐用的插座，还是少花钱获得一个普通插座，等用坏了再换一个新的？后者显然更符合大多数人的心理。

消费者是需要质量更好的插座，但不会因为结实耐用就愿意加倍支付费用，这也是整个插座品类陷入价格战的原因。要做质量更好的插座产品，还要让消费者愿意接受更高的价格，就不能只盯着“结实耐用”，而要研究更符合消费者人性的“更大需求”。

凡是可以用钱来衡量的东西，消费者就会算成本账。“结实耐用”是指产品的使用时间，消费者不愿意花更多的钱去换取“更长的使用时间”，因为那是未来的、未知的利益，而眼下的利益是“省钱”。凡是不可以用金钱来衡量的东西，消费者就不会算成本账，比如“生命”。一个质量差的插线板最大的问题不是不够结实耐用，而是因此产生的用电安全隐患，劣质插线板可能导致烧坏电器、火灾、触电等情况，危及消费者的生命财产安全。相比“结实耐用”，安全问题更能触动消费者的内心。质量好的插座价格是贵一些，但可以避免生命财产损失，考虑到对“安全”的需求，购买插座的费用可以忽略不计。

在洞察到消费者这一需求和消费心理后，公牛调整营销策略，不再主攻“结实耐用”这个方向，而是聚焦帮助消费者解决安全用电问题，推出“公牛安全插座”，设定的场景是“保护电器，保护人”。

消费需求定向是指挖掘特定消费人群的核心需求，前提是要对目标消费人群进行深度洞察和分析，确保消费需求定向的准确。

一瓶山楂汁到底能满足消费者什么需求？山楂是开胃的，大部分山楂汁产品都在往“开胃”这个消费需求上靠拢，但这类饮料的主力消费人群是年轻人，“开胃”是年轻消费人群的迫切、广泛且真实的需求吗？

对于年轻人来讲，“开胃”是一个不迫切、很小众的伪需求，年轻的消费群体实际上是一个“矛盾综合体”，一边不要命地熬夜，一边特别惜命地养生；一边想减肥保持身材，一边想用美食犒劳自己；一边胡吃海塞，一边想排毒……年轻人都在期待一种神奇的东西——“后悔药”。

“后悔药模式”帮助很多消费品获得了巨大成功，专门用来解决“矛盾场景”——“吃多了，不想长胖”“熬夜了，还想健康”。山楂树下就是根据年轻消费群体这种“矛盾的需求”，应用了“后悔药模式”升级了营销策略，以“山楂树下，多吃不怕”来满足消费者“吃多了，不想长胖”的心理需求。

想要精准把握目标消费群体的真实需求，需要经过大量的调研和深度的分析并绘制出一张清晰的“消费心智地图”，这样做出的判断才是准确有效的。

第三步：产品价值定向

消费需求定向和产品价值定向是紧密关联的，在完成消费需求定向后就要配套完成产品价值定向。例如，前面我们讲到的“公牛插座”，在消费需求定向为“质量好”时，产品价值定向就围绕“结实耐用，用不烂”展开了，在这种情况下，企业就不会将主攻方向放在防触电、防雷击等方面，因为专注的是“更结实、更耐用”。当洞察到消费者“更具购买力”的需求后，消费需求定向调整为“安全”，产品价值定向就围绕“防触电，防雷击，保护电器，保护人”展开了。由此可见，消费需求定向决定产品价值定向。

在洞察到消费者对手机快速充电的需求后，OPPO 手机将产品价值定向为“快速充电，超长待机”，并将场景设定为“充电 5 分钟，通话两小时”。

在洞察到非洲消费者对手机自拍的独特需求后，传音手机专门攻克黑皮肤、暗光线自拍问题，成为备受非洲年轻人喜爱的手机品牌。

在元气森林的营销获得成功后，无数饮品企业开始跟风“0 糖 0 脂 0 卡”，但很少有企业用心洞察消费者人性和消费需求趋势，所以产品价值定向不清晰，想成为爆款还有很多工作要做。

某药企旗下出了一款易拉罐装普洱茶饮料，我第一次品尝后就判断这个产品的营销做起来很难。药企的思维是解决健康问题，重视产品保健养生功能，很少考虑产品是否能给消费者带来愉悦体验，是否顺应人性、满足欲望。消费品的产品价值定向一定不要偏离消费品的基本属性，一定要确保给消费者带来的是“愉悦”，难吃、难喝、难用的东西本身就不符合消费者追求愉悦的人性，首先要让消费者出于本能就想吃、想喝、想用，然后再考虑能给消费者带来什么附加值。

2015 年一家做面膜的企业邀请我去参加他们的新品发布会，他们花了几百万元策划了一款“分时面膜”，想教育消费者在早起、中午、晚上等不同的时间使用不同的面膜，问我怎么看这个产品。我说“分时面膜”的确很有创意，但归根结底并没有用“分时”而给消费者额外解决问题和带来价值，似乎还会给消费者带来负担。可能是我当时表述得太委婉了，这家企业依然按原计划开始了市场推广和广告投放，后来的事实证明，消费者对“分时面膜”的态度不够积极，这个项目取得的成绩距离预期目标相去甚远。

直到现在，我每次讲到这个案例，仍然有企业家会若有所思地说道“这确实是个好创意啊”。看来不怪这家面膜企业的老总固执，因为大家都觉得这个创意不错。可我为什么就断定这个“分时面膜”的项目做不起来呢？因为从“营销内核逻辑”来判断，这个项目违背了人性的“懒”，一个不顺应人性欲望的项目，是不会顺利为消费者贡献价值的。“分时面膜”本质上是把消费者一贴面膜可以搞定的问题给设计成了 3~4 贴才能搞定，不用“分时面膜”前，一位女性消费者出差或旅游，带上一盒面膜就够用了，自从用了“分时面膜”，出差或旅游需要带上三四盒面膜，每次使用时还要注意看面膜种类，这简直太麻烦了。这是在给消费者解决问题、带来快乐吗？这分明是以营销为目的在给消费者制造麻烦。产品价值定向一定要以给消费者解决问题、带来方便和快乐为原则，不能单纯以营销为目的“标新立异”，遵循这个原则才能做好营销。

有企业家问我，为什么樊文花把面膜分了10种，却成功地把这个面部护理项目做成了头部品牌？为什么“分时面膜”只把面膜分成三四种就给消费者制造麻烦了？从产品价值定向角度看，樊文花根据皮肤问题把面膜分成10种，属于“分肤面膜”，是为了让终端门店对10种面膜进行组合使用，更标准化地为消费者解决不同的皮肤问题。虽然看上去是分成了10种面膜，但区分的目的是“简化操作，解决问题”，实现终端门店面部护理技能的标准化复制，真正到消费者手里的，可能就是一两款面膜。这个产品划分的角度和目的都是更好地传递价值，“分肤面膜”与“分时面膜”有着本质的区别。

台湾艺朵是木石结合文化茶台的开创者，最初的产品价值定向是“文化”，乌金石的桌面可以创作出各种更有文化内涵的作品，既可以喝茶，又可以欣赏。从文化品位角度，木石结合的茶台远远超越了普通茶台，但是价格也高了不少，消费者是不是愿意为了“文化”而承担这多出的价格呢？喜欢归喜欢，消费归消费，喜欢但不愿意消费的东西，说明价值传递不够。在我们的辅导下，台湾艺朵将产品价值定向为“风水”，每一张茶台的乌金石桌面都雕刻了具有风水寓意的图案，有官运亨通、金榜题名、招财进宝、家庭和睦等主题，每一张茶台从形状上、尺寸上、台面图案上、茶宠摆件上都有“有依据”的风水文化寓意。调整产品价值定向后，各地经销商突然发现终端卖货变得容易了，消费者不再纠结价格了，主动找总部签约的经销商越来越多，因为全新的产品价值定向更加迎合了消费者的需求。到目前为止，台湾艺朵已经稳居中国文化茶台第一品牌将近 9 年。

每一种产品都有自身的根本属性和特征，以矿泉水为例，矿泉水相比纯净水的特征就是含有天然的矿物质，能够产生的基础价值就是解渴，但如果一款瓶装水包装精致、售价较高，这款水满足的就不再是“解渴”的生理需求，而是社交需求和尊重需求。一瓶矿泉水可以用来解渴，也可以用来满足对健康的需求，还可以用来展示品位和获得尊重。满足消费者不同的需求层次，决定了这瓶水的品牌定位、包装格调、产品概念、零售定价等相关配套策略。

产品价值定向，是一项非常重要的营销策划基础技能，是“三大定向”形成闭环的关键。

003 场景占领营销制胜的五个关键点

在“三大定向”工作完成后，我们应该如何应用这“三大定向”的结果呢？“三大定向”是方向性分析判断，还不是具体的营销策略，我们要找到这三大定向的“交集”。在完成消费人群定向后，需要进一步完成消费需求定向，企业要聚焦特定消费人群的特定需求，而不是一概满足，同时这个特定需求是要符合产品属性且充分发挥产品优势的，这个就是产品价值定向。大家可能会有这样的疑问：为什么不是先进行产品价值定向呢？有了产品价值定向，才知道产品能满足哪些特定需求，再研究哪些人群有相应的需求，这样不是更容易分析吗？

先进行产品价值定向容易陷入“唯产品论”的思考误区，会限制对产品价值的思考与挖掘，而且容易曲解、误解消费者的需求，进而陷入“产品怎么卖”的传统经营思维怪圈。反过来，当我们从消费人群定向开始思考时，其实是有一个大前提的，这个定向一定是基于某个行业或品类的思考，并不是毫无边界的发散思考，而是在一个大的行业或品类思考框架内进行消费人群定向，而且这种定向分析的过程要不受任何“局限性”的束缚。

只有先进行消费人群定向，再进行消费需求定向，才能精准把握和判断消费需求的真实性和迫切性，才能跳出产品的思考框架发现消费者更深层次的、更准确的需求。

以核桃乳为例，如果从产品角度来思考，就很难发现家长群体的“教育焦虑”，“把核桃乳当作普通营养饮品来卖”和“用核桃乳来缓解家长群体的教育焦虑”本质上有很大区别，这是两种完全不同能量级别的营销逻辑，也将直接导致一系列配套营销策略的差异。只有对直接消费群体和关联消费群体进行深度洞察和分析，才有机会发现他们真实且迫切的需求，如果以产品价值为起点进行思考，就很难洞察到这些需求点。

注意这句话：发挥“产品的价值优势”来满足特定消费人群的特定需求。为什么要强调产品的价值优势？这个优势不仅是指产品的“功能层面”优势，还有“认知层面”优势。

例如，有一家做净水机的企业，把净水机卖出了“玄学”的味道，这家企业的董事长非常擅长演讲，讲起话来滔滔不绝，谈古论今、旁征博引，从金庸武侠小说聊到量子力学，最后能把自己企业生产的净水机给讲成“包治百病”的神器，连我都被他给说激动了，感觉世界欠他一个诺贝尔奖。这样的企业有前途吗？这叫误入歧途。或许是我的认知水平有限、知识储备不足，没有真正悟透这位“大师”讲的内容，或许他讲的很大部分的内容是有科学依据的，但我想表达的是：连我们都被讲晕了，消费者听完会是什么感受？董事长卖一台净水机需要滔滔不绝讲上 3 个小时，公司其他人员和经销商可讲不了这么“玄”的内容，这样的模式怎么能做企业呢？我当场点了这家企业存在的问题，这位董事长一边红着脸，一边唉声叹气地说：“没办法呀，咱们产品定价高，经销商卖一台产品能顶其他同类设备好几台的利润，要是不讲得这么专业，消费者凭什么花两万多块买一台净水机啊？”这家企业属于典型的“入错了行”，要是不卖净水机，改炒作保健品，估计能干成更大的生意。

我们婉言谢绝了跟这家企业的合作，因为双方价值观不同，品牌营销不是忽悠，营销策划是为了更好地将企业创造的产品价值“传递”给更多的消费者，如果产品价值基础有问题，“传递”做得越好，对社会的负面影响越大。这家净水机企业偏离了产品本身的属性，以一种挑战消费者“认知”的方式进行产品销售，这是违背营销常识的。净水机首先需要满足的是消费者的饮水需求，与饮水有关的基本认知是安全卫生、口感好。饮水对健康有直接的影响，尤其是弱碱水、小分子水对人体健康的益处是被公众所接受的，这是消费者已经具备的认知，企业要做的是“借市场大势”，满足“消费者需求”，而不是将自己的净水机宣传成包治百病的“神器”。消费者对认知水平以内的信息非常容易接受，对超出认知范围但合情合理的信息也能够接受，但对于超出认知水平“玄而又玄”的信息是会质疑和排斥的。

“借市场大势”是营销策划应该坚持的基本原则，善借市场大势的营销策略犹如顺水行舟，非常容易获得成功。

我们看六个核桃是如何成功借势的。吃核桃能补脑这个“大势”是六个核桃（养元）炒起来的吗？当然不是。吃核桃能补脑的说法在民间流传已久，这是在消费者大脑中已经形成的“常识”，是一种无须引导的“大势”，所以当六个核桃打出“经常用脑，多喝六个核桃”时，不会有人质疑这句话，因为这句话是“符合常识”的，即使有人质疑，也是在质疑一罐核桃乳中是否有“六个”核桃。

对消费者心智的洞察是营销决策前的重要工作，在制订一个营销方案前，一定要看“借势了吗？顺势了吗？逆势了吗？”如果对“势”的判断出现失误，市场营销所面临的阻力就会非常大。一切看似是企业营销行为所开发出的市场，其实背后都是对某种“认知常识”的巧妙借力和对消费趋势的精准把握。

国内某知名集团企业投巨资炒作蓝莓，十几年前全国就出现多款蓝莓饮品，主打功效就是保护视力。据说因为蓝莓含有大量花青素对眼健康有帮助，有的蓝莓饮品打出“经常用眼，多喝 ×× × 蓝莓汁”的广告，产品包装也传递出非常专业的护眼保健形象。按常规思维推测，这应该是一个不亚于六个核桃“用脑”市场的超级品类，因为相比“补脑”而言，“护眼”的需求更迫切、更刚需、更有痛点。而事实上呢，蓝莓饮品赛道至今也没有出来一个类似六个核桃这样量级的企业，蓝莓饮品并没有被炒热。问题出在哪里呢？是青少年护眼市场不够大吗？是家长们对孩子的视力不够重视吗？是眼健康的需求不够迫切吗？都不是。真实的原因是这个品类的“势能”不够！

与“吃核桃补脑”最大的区别是，“喝蓝莓饮品护眼”是一个完全需要靠企业行为来推广的新理念，而前者不需要企业推广，人们已经形成根深蒂固的认知。六个核桃是借助这个已经形成的认知在做营销，而蓝莓企业需要不断解释“为什么蓝莓能护眼”，一个如顺风扬帆，另一个如逆水行舟，看上去相似的市场，本质上却大不相同。

第二个区别是，“多吃核桃补脑”的常识不需要解释是什么成分有利于补脑，中国人有“以形补形”的认知，至于为什么核桃能补脑，没有人会深究这其中的原理。“多吃蓝莓护眼”则往往会拿蓝莓所富含的维生素 A 和花青素说事儿，而富含维生素 A 和花青素的食品有很多种，人们可以通过其他食物来给孩子补充维生素 A 和花青素，蓝莓不具备独特性和唯一性。

第三个区别是，“吃核桃补脑”不需要对硬指标负责，消费者一般不会寄希望于孩子喝了一段时间核桃乳后智商出现明显提升，也不会因为孩子近期考试成绩不理想就不给买核桃乳了，“补脑”功能是一个无法用量化指标来衡量的概念。而对于“护眼”这个功能，是很容易用量化的指标来衡量的，如果在食用或饮用一段时间的蓝莓产品后，发现孩子的视力问题并没有得到改善，家长就很容易得出结论说“不管用”，也就很难保持信心继续购买。

由此可见，对产品优势价值的研究和对市场势能的把握是非常重要的工作，这是制订有效营销策略和打造爆款畅销品的必备前提。

“三大定向”的交集就是对消费者“需求”的精准判断，这个需求不再是定向研究，而是精准的判断，前面的“消费需求定向”是方向性判断，这里讲的“需求”则是准确的判断和表述。在准确判断消费者“需求”后，我们要做的不是简单粗暴地试图把产品直接卖给消费者，这是行不通的，现代化的营销需要我们以更精准有效的方式来完成“价值”的传递。

每当我用一个又一个成功的营销案例来展示“场景占领”的价值时，就会有很多企业家迫不及待地问我：“怎么才能占领一个有效场景？”很多在营销策划领域干了二三十年的资深策划人也会问这个问题，他们觉得“场景占领”更多的是直觉和灵感的“创意”产物，没有一个“公式”和“算法”能指导策划有效的“场景占领”营销策略。

营销领域的很多专业人士经常说，“营销看上去是一门科学，但越接近营销内核的东西越像玄学，尤其是创意、灵感、直觉的产物”。当我们发现“场景占领”的“公式”和“算法”后，这相当于将一门有关营销的“玄学”变成了“科学”，既然是“科学”就要经得起反复验证，所以我们10多年来一直将其作为内部咨询顾问的“方法论”，用于指导营销咨询顾问开展工作并形成对客户有直接价值的营销策略和执行方案。我们看到很多优秀的企业因为“场景占领”意识的缺失而误入营销歧途，也看到一些企业通过“场景占领”获得巨大成功后又因为放弃对场景的控制陷入市场困局。更令人担忧的是，很多知名的咨询服务机构在帮助客户做重大品牌战略规划和营销策略制订时，居然与“场景占领”的理念背道而驰，这一系列的现象说明“场景占领”对于很多企业来讲属于“认知盲区”。必须尽快帮助更多企业消除这个“盲区”，建立专业的“场景占领”营销决策体系，这样才能从根本上避免企业出现营销策略失误。

“场景占领”的营销策划方法论不是一个课堂理论模型，而是一个用于指导专业人士制订有效营销策略的策划工具。大家在学习认识这个工具的时候也要本着实用导向，结合实际案例进行理解并练习掌握这个工具。“场景占领”营销策划方法论模型由内环和外环构成，内环是“三大定向”，这个我们在前面的内容已经详细剖析过了，外环是5R场景占领营销策划模型，简称“5R营销模型”，是制订有效“场景占领”营销策略的5个步骤和操作方法，由5个以字R母开头的英文单词组成，分别是：Requirement（需求）、Reason（原因）、Respond（响应）、Reputation（信誉）、Retain（保持）。接下来我们一起来学习下这个营销策划方法论。

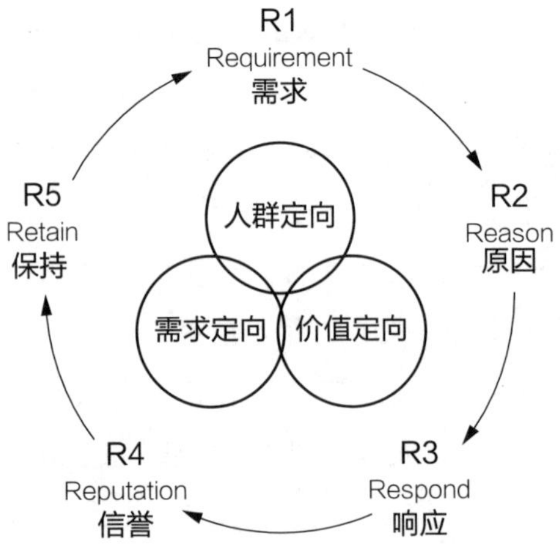

R1：Requirement（需求）

R1：Requirement（需求），是指消费者需要什么样的产品和服务。R1是基于“三大定向”后对“需求”的分析和判断，这是5R营销模式的开端，更是有效的营销策略的起点，这个起点如果出错了，产生的营销策略就会低效甚至无效。想当然地认为自己非常了解消费者，这是很多企业家或策划人容易“拍脑门做决定”的一大原因。我们必须有一个前提假设，假设我们不了解消费者的需求，假设有一个特别高价值的“需求”被表象所掩盖了。

要想树立正确的营销意识，第一步就要对消费者需求做出准确的判断，首先要意识到，作为企业经营者，我们往往属于“沉浸”状态，对自己的产品是有感情的，由于长期沉浸在企业内部，主观上会喜欢自己的产品，且潜意识认为消费者也会跟自己一样。经营者往往在产品质量上不断努力改进，久而久之，自己也被这种努力所感动，从而想当然地以为消费者也应该为此而感动。当我们沉浸其中的时候，就不再是一个客观的消费者，就像我在前面讲到的那个做番茄汁的企业，他们陶醉于自己的产品，又听到很多身边的人赞美自己的产品，从而沉浸在对这款番茄汁的热爱中，这种热爱会让企业根本感知不到消费者的真实需求。

数年前一家大健康企业找到我们，希望我们能帮助策划他们的主打产品“冷敷贴”。这是一个系列产品，他们说“可以解决各种疼痛问题，不同的疑难疼痛症状，只要按穴位一贴就可以快速止痛”，这一点引发了我们巨大的兴趣，如果真有这么好的效果，这将是一个超级爆款产品。等到与客户见面时，发现对方的研发负责人是一位中医，经验很丰富，也很健谈，声称冷敷贴产品的止痛有效率已经达到98% 以上。我问他这个有效率是怎么统计的，他说是按照他诊疗过的病人进行统计的，找他看病的人如果恰巧有疼痛，他就会送给病人几贴，让病人按照说明进行使用并定期反馈效果，大家几乎 100% 反馈有效。我一听，就估计这个反馈结果不一定准确——他是中医，病人对他非常信任，赠送冷敷贴之前又讲了一番原理，大家感觉这个东西很神奇，信心很足，冷敷贴又是白送的，让反馈效果，即使出现效果不明显的，估计也得反馈说“有效”。后来我们找了 100 组志愿者做效果测试，按照标准用法使用，反馈的效果很不理想，测试结果反馈给这位中医后，他说要亲自给这些志愿者贴冷敷贴，但我们终止了这件事，因为这属于典型的用“沉浸”状态来要求消费者，得到了非真实的效果反馈，这样的项目盲目进行市场化是有很大风险的。

我前面讲到的那个做“分时面膜”的企业，老板是一个面膜狂人，敢把自己企业生产的面膜里的液体给喝了，并宣称这是可以吃的面膜，他讲了很多明星在不同时间敷面膜的情况，并出了一本《面膜白皮书》，用事实和数据告诉我“分时面膜”绝对是一个大风口。我认真看了那个白皮书，里面的内容真的很专业，估计一开始是想用白皮书给经销商加油打气，后来白皮书出来后，这家企业还专门邀请了一位行业专家进行权威解读，这本“歌功颂德”的白皮书不仅影响了经销商，也彻底影响了这家企业的老板，结果自己把自己给忽悠了。消费者会因为这个白皮书而消费分时面膜吗？消费者会为了这个面膜而专门跑到企业来学习吗？目标消费人群都像那些明星那样有钱、有闲、有助理吗？很多已经获得阶段性成功的企业家会比较相信自己的“直觉”，他们更愿意用“直觉”来代替专业判断，并选择性接收外部信息，潜意识只挑选那些支持自己的观点的“积极信息”，所有的不同意见会被当作“消极信息”，这种情况下做出的判断往往会出现很大偏差。企业请外部咨询机构不是为了让对方证明自己的想法都是正确的，而是要用专业咨询机构的客观立场和专业能力来消除企业的决策盲区，从而确保做出的营销决策是正确的。这家面膜企业就属于典型的将自己的信心和热情“强加给了”消费者，误认为消费者和自己有着一样的“需求和认知”，类似这样的决策方式让很多企业滑向了深渊。

在 R1 环节，我们一定不要想当然地、自我催眠式地去理解消费者的需求，信心是要有的，但不能用信心来替代专业的判断，更不能先靠直觉下结论，然后用各种方式证明自己决策的正确性，这都属于自欺欺人的行为。对消费者需求判断失误的原因有多种，企业家过于相信自己的直觉是常见原因，因为不专业而做出错误判断也是一部分原因，还有一种原因是“错误的营销观念”，这是必须纠正的认知。我们多次强调“唯产品论”是一种传统的经营思维方式，是营销意识缺乏的表现；但还有一种经营思维方式是属于另一个极端，就是“唯销售论”，认为一切东西都是可以卖出去的，只要懂销售，“稻草都能当黄金卖”，只要懂销售，消费者就会购买他们原本不需要的东西……被成功学类的销售观念洗脑后，经营者满脑子都是“稻草都能当黄金卖”的极端销售观念，这不是营销的正道。

营销应该是一种合理价值的持续传递和变现过程，我们不能一边忽视消费者的真实需求，一边又希望把东西卖给消费者，这不是可持续的营销，也不是令人尊重的企业行为，会因忽视消费者需求而导致市场风险极高。

十几年前有家企业因为做有机蔬菜项目而陷入困局，希望我们能提供营销策划支持，我们了解当地市场后，发现消费者是“很认”有机蔬菜的，都知道有机蔬菜是好东西。但观察消费者的购买行为后才发现，他们虽然认可有机蔬菜，但并不愿意花更多的钱去购买有机蔬菜，因为价格高出了很多。消费者对有机蔬菜的“需求”还没有形成真正迫切的消费需求，因为普通蔬菜也没有让消费者产生直接的痛点，他们花两三倍的钱去购买有机蔬菜的“动力”是严重不足的。这家企业只能将卖不动的有机蔬菜按普通菜的价格进行处理，消费者还要看菜够不够新鲜，如果不够新鲜，消费者宁可选购普通的更新鲜的蔬菜。这家企业是如何稀里糊涂地投资有机蔬菜项目的呢？是因为老板在她自己的社交圈子里经常听到大家对有机蔬菜的强烈需求，大家说起农药残留的问题个个都非常焦虑，似乎这是一个急需解决的巨大消费痛点。这一系列的“积极信号”其实有很大的误导性，她交往的圈子非富即贵，大家当然有意愿也有能力消费有机蔬菜，普通消费者虽然也对农药残留问题有担忧，但不一定就愿意为此去承担更高的菜价。事实证明，第一批有机蔬菜投放市场后，大部分的有机蔬菜是卖不动的，东西是好东西，但市场需求并不成熟。

我们在市场调研中发现，大部分消费者对无公害、绿色、有机标准是分不清楚的，大家几乎都认为绿色无公害就是有机，无公害和绿色是一回事，总之对这些概念标准的理解一塌糊涂。如果这家企业将有机标准下调至绿色或无公害，产品成本可以降低很多，在价格上就不会比普通蔬菜高出太多。接受调研访谈的消费者也反馈说，如果蔬菜有明显的品牌，确实是比普通蔬菜安全健康，而价格又不会高得离谱，他们可能会专门买给家里的孩子吃。我们在经过大量的市场调研和分析后，建议企业将现有的有机蔬菜产能用于运作“会员制礼品模式”，发售不同面额的有机生活 VIP 卡，VIP 卡不记名，拿到卡的人拨打客服电话激活 VIP 卡，新鲜的有机蔬菜组合套餐就会每周送到持卡人家里。有机蔬菜这类产品，自己买来吃觉得太贵，直接拿来送人又感觉价值感不够，重新策划的会员制礼品卡有面值、有品牌手册、每次送菜有礼盒，价值感非常足，而且一张会员卡可以收到三个月、半年、一年的有机蔬菜，对于维护重要关系很有帮助。这是对有机蔬菜“消费需求”的深度洞察：直接卖给消费者，价格是个障碍，包装成礼品，卖的就是品牌和服务，价格障碍就消除了，将出钱购买的人群和吃有机蔬菜的人群分开，满足的就不再是对蔬菜的普通消费需求，而是一种社交需求。

“会员制礼品模式”只能用于销售有机蔬菜，大量的蔬菜销售还要靠商超零售终端，于是我们又帮助企业另外策划了一个品牌，与有机蔬菜品牌区分，用于做“绿色”蔬菜，价格略高于普通蔬菜，在商超设专柜，蔬菜按份独立包装，品牌识别度很高，很快便培养了一批高质量的消费群体，这家企业也从此逐步摆脱了经营困境，后来用赚到的钱投资了房地产。据说我们策划的“会员制礼品模式”让这家企业获得了大量的沉淀资金，后来他们将这个模式改造后用于更大范围的“融资”，那是我们合作结束以后的事情了。很多传统企业在战略上都是多变的，我们以为企业做的是事业、是品牌，其实他们可能做的只是生意。就拿这家做有机蔬菜的企业来说，如果他们坚持把“会员制礼品模式”做大，用这个模式整合更多生鲜产品，用互联网模式服务更大范围的客户，很有可能会做出比“本来生活网”更值钱的高端生鲜电商平台（本来生活网在2020年已经实现估值70亿元）。

我在这里讲这个案例并非想展示我们的策划实力，而是想告诉大家，错误地判断消费者的需求可能会导致企业陷入经营困境，我们不能仅凭身边的朋友和小范围的社交圈反馈的“积极信息”就贸然做出判断。虽然以上这个合作案例从营销策划角度讲是有一定亮点的，但我们非常不提倡这种“救火式”的合作。因为这家企业的老板是我们总裁班的学员，我才硬着头皮当了一次“救火队员”，如果现在再遇到类似“因错误判断消费需求而上马的项目”，我们可能会拒绝合作，因为这类项目市场营销难度太大。

消费者到底需要什么样的产品和服务？消费者其实根本不需要任何产品和服务，他们需要的是价值，是需求被满足，是问题被解决。消费者需要的不是钻头，而是打在墙上的孔；需要的不是洗衣液，而是干净的衣服；需要的不是一张面膜，而是更好的皮肤；需要的不是一块夹心饼干，而是美好的亲子时光……

消费者需要产品吗？如果不是想要产品带来的价值，他们根本不需要产品。当我们畅想着自己的产品会畅销时，一定要问自己：我们的产品畅销，能给消费者带去什么价值、解决什么问题？

在R1环节，大家一定要清楚一个规律，消费者的需求不是被企业创造出来的，实际上没有任何企业可以单方面创造消费需求，而是需求本来就在那里，只是有企业率先发现了这个需求，并用自己的产品和服务满足了消费者而已。不是所有的需求都会转化为消费行为，从消费需求的萌生到演变成消费行为，这个过程是要突破一定的“阈值”的，如果一种需求还没有上升到成为普遍消费行为的时机，企业就不要贸然进入这样的领域。如何判断一种消费需求是否突破了“阈值”呢？就看大家是否愿意为了这个需求而付出购买行为。

成功的品牌，诸如DR钻戒、六个核桃、士力架、奥利奥、滴露、舒肤佳等优秀品牌，都是精准把握消费者“需求”的典型案例，表面卖的是钻戒，本质满足的是“一生只爱一人”承诺的需求；表面卖的是核桃乳，本质满足的是“缓解家长对教育焦虑”的需求；表面卖的是巧克力，本质满足的是运动场景下快速补充体力的需求；表面卖的是夹心饼干，本质满足的是玩在一起的快乐需求；表面卖的是除菌产品，本质满足的是对家人健康呵护的需求……

研究消费需求，就是研究消费者面临的实际问题和对美好生活的追求，就是研究如何用产品和服务帮助消费者解决问题和满足消费者对美好生活的追求。

R2：Reason（原因）

R2：Reason（原因），是指消费者产生购买行为的驱动因素。对消费行为背后“驱动因素”的研究是启动“场景占领”的重要操作步骤，只有真正搞清楚消费需求背后的一系列驱动因素并找到其中最强劲的一个，才能构建直接有效的消费场景。

研究消费驱动因素看上去是一件枯燥无聊的事情，但一旦搞清楚“驱动因素”的运作规律，就会马上被这个环节所吸引。这就好像是游戏界面背后的源代码，看上去是枯燥无聊的，但如果可以通过代码来实现对游戏的修改和控制，就会变成一件非常有趣的事情。

一位家长无意间在朋友圈看到一个关于“少儿编程”的广告，一位资深的专家在告诉大家让孩子从小学习编程的好处，重点强调了对提高逻辑思维能力的帮助，家长顺手把广告关了，因为这个广告没有触动家长选择少儿编程课背后的“驱动因素”。少儿编程对孩子的逻辑思维能力提升有帮助吗？当然有。有没有孩子因为逻辑性不够强而影响学习和日常表现的？当然有。家长是否想提高孩子的逻辑思维能力，改善孩子因逻辑性不够强而导致的一系列问题？当然想。那为什么看到少儿编程课程广告的家长顺手关掉了广告，没有表现出任何兴趣呢？因为广告的内容是抽象的，是缺乏场景的，是不能让家长联想到自己孩子的问题的。专家强调孩子从小学习编程对提高逻辑思维能力有帮助，而家长并不能很快完成这句话的“翻译”，如果语言和文字不能通过“翻译”变成消费者脑海中的“画面”，这些语言和文字就没有营销激发作用。

家长如果要给孩子选择少儿编程课程，这个消费行为背后的“驱动因素”会是什么呢？一定是少儿编程课程能解决家长焦虑的问题。家长在孩子教育方面的焦虑点有很多：学习成绩问题、理解能力问题、学习兴趣问题、写作业效率问题等。有句话叫“不辅导作业母慈子孝，一辅导作业鸡飞狗跳”，能让家长瞬间崩溃的莫过于给一个拖拖拉拉的孩子辅导一次作业。逻辑性提升后，学习能力会不会提高？写作业的效率会不会提高？注意这句话，这是“翻译”的过程，家长不在乎什么“逻辑思维能力”，家长在意的是学习能力和写作业的效率，如果能有一种方式让孩子写作业不拖拉、对学习更有兴趣、学习力更强，那么家长没有不感兴趣的。提升逻辑思维能力不是家长选择少儿编程课程的目的，这个也构不成有效的消费驱动因素，提高写作业的效率和提升学习力，这才是足够强大的“驱动因素”。

在发现这个问题后，少儿编程课程的推广内容就要改变一下了，不能让一位专家在那里讲“学习少儿编程的好处”，不管这个专家多有名气。换一种方式，用“消费场景”来替代“产品说明”，首先出现的画面是家长辅导孩子作业，孩子拖拖拉拉，总是出错，家长急疯了，孩子也哭；然后出现的画面是有人建议孩子学习少儿编程；最后出现的画面是孩子主动高效完成作业，生活中也越来越有条理，再也不拖拖拉拉、马马虎虎了。

推广内容由高大上的专家名人形象变成了很接地气的“俗”内容，家长一看是辅导孩子作业的场景，不由自主就看了起来，一看“鸡飞狗跳”的画面，简直太有体会了，到最后发现人家的孩子居然能主动高效完成作业，条理性更强，学习效率更高，这简直是每一位家长梦寐以求的“和谐场景”。从“鸡飞狗跳”的痛点到“和谐场景”的美好，只需让孩子学习少儿编程，你说这个课程是不是值得学习？事实也证明，修改后的推广内容转化率更高、效果更好。

做营销一定不要太含蓄，一定要直击消费需求，精准掌握消费驱动因素，让消费者无须经过大脑思考就能瞬间意识到“我需要这个产品”。对消费驱动因素的迎合越准确、越直接，产生的消费驱动力越强大，营销效果越好。

因为有洗手的需求，所以才有使用香皂和洗手液的需求，那香皂和洗手液背后的消费“驱动因素”是什么呢？哪一种“驱动因素”具备更强的消费促进作用呢？舒肤佳选择了“对抗致病菌”这一驱动因素，这是在洗手场景中使用香皂和洗手液最直接的驱动因素。我们为什么要使用香皂或洗手液，因为想洗得更干净。洗得更干净的目的是什么？防止致病菌的危害。如何有效对抗致病菌？不仅有效洗去致病菌，还能有效抑制致病菌滋生，长效呵护家人健康。如果不是出于“对抗致病菌”的需求和“呵护家人健康”的目的，所有的香皂和洗手液似乎区别都不大，但舒肤佳率先抓住了“对抗致病菌”这一消费驱动因素，有力占领了洗手的消费场景。“洗得干净”和“对抗致病菌”都属于香皂和洗手液的消费驱动因素，很明显后者的驱动力更强，能够激发出的消费潜力更大。

欧美国家成熟的品牌在市场营销活动中很少使用含糊的形容词，它们深谙消费驱动力的应用之道，尽量避免因为含糊的用语而影响关键信息的传递。

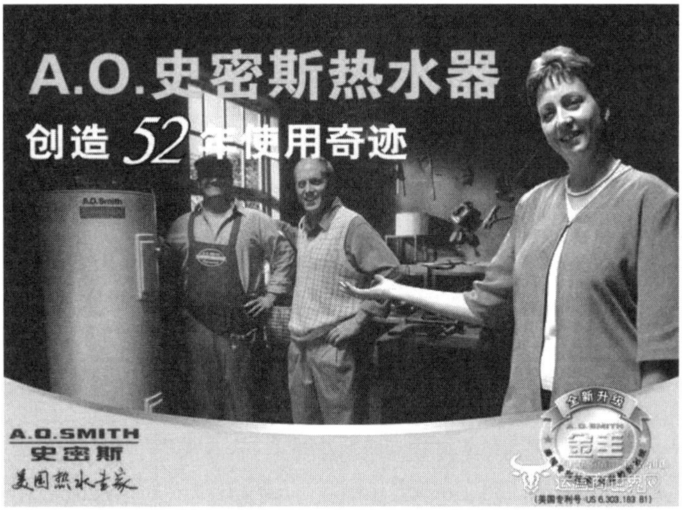

例如，A.O. 史密斯热水器的最大优势就是“结实耐用”，在购置电器产品时，“结实耐用”的确是一个非常重要的消费“驱动因素”，因为“结实耐用”通常意味着更卓越的质量。但 A.O. 史密斯热水器并没有使用“结实耐用”这样的形容词，而是用“创造 52 年使用奇迹”来向消费者传递一个非常具体而清晰的画面。这句话中没有出现“结实耐用”的字眼，却很好地发挥了“结实耐用”这一消费驱动因素的作用，给消费者留下了深刻印象。

在热水器的消费方面，有没有比“结实耐用”更有力的消费驱动因素呢？有热水器品牌曾尝试通过“便捷性”来打动消费者，一进家门，打开热水器，1 分钟后就可以洗上热水澡了，这个引导方向导致了一部分消费者的不满，他们被 1 分钟洗热水澡的广告所打动，然后真的只开 1 分钟就开始洗澡，结果发现水温和热水量都不能满足要求，于是指责品牌方忽悠消费者。现在的很多家庭都已经实现了 24 小时热水供应，很多热水器都已经具备保温功能，品牌方也建议消费者，如果每天都要使用热水的话，就不要总是关闭热水器，因为再次加热消耗的电量比保温消耗的电量更大。在这样的理念影响下，很多家庭都是全天开着热水器，一进家门，根本无须等待 1 分钟，随时都可以洗上热水澡，热水器的使用便捷性已经不构成消费者的痛点，不再是一个有力的消费驱动因素。虽然电热水器之所以能比太阳能热水器更快、更大范围普及，确实是因为“便捷性”明显优于太阳能热水器，但如果同是电热水器之间的竞争，“便捷性”就不再是一个明显的消费驱动因素了。

电热水器有“便捷性”的优势，也有消费焦虑点，媒体不断爆出使用热水器洗澡导致的触电、爆炸烫伤等负面新闻，导致消费者在使用电热水器的时候内心是“充满不安和焦虑”的，这种焦虑感逐渐演变成一种影响消费体验的“痛点”。每次洗澡的时候都要记得关掉热水器，洗完澡后又忘了开热水器，下次洗澡的时候发现没有热水，时间久了就会发现，这种因不放

心而采取的“防范措施”形成了一种负担。在基本安全问题都得不到解决的前提下，结实耐用和便捷性都很难成为亮点，安全是刚性的基础需求，结实耐用和便捷性是锦上添花，如果能解决安全问题，“安全”将成为购买热水器时首先考虑的因素，这是第一有力消费驱动因素。在这样的竞争态势下，海尔热水器没有走“结实耐用”的路线，也没有走“便捷性”的路线，而是选择为消费者解决“安全”问题，让消费者用电热水器洗澡，不用断电却又不用担心触电。海尔推出专利“防电墙”技术，重新定义“安全的热水器”，让“防电墙”标志成为“安全热水器”的识别标志。“安全”这一消费驱动因素比“结实耐用”和“便捷性”更直接有力，让海尔热水器的营销以及“防电墙”技术的推广获得了巨大成功。

对消费行为背后的驱动因素进行研究会让营销策略更加有效，如果缺乏这样的营销研究基础，单纯从品牌定位和传播角度来思考，营销策略的准确度就会被大大削弱。我们看到很多品牌在获得阶段性成功后，都开始将广告内容“升级”为非常类似的“口号式”内容，“高端销量遥遥领先”已经有很多品牌在使用，以前“×× 行业领导品牌”也有很多品牌在同时使用，“×× 高端品牌，出口欧美 ×× 国家”这是一种被经常套用的格式，“更好、更适合、更多人选择”这也是“撞衫”概率比较高的品牌定位和传播内容。这些“口号式”的定位语相比精准把握消费驱动因素的“创造 52 年使用奇迹”“安全用水专家”“有防电墙的热水器，更安全”等营销表达，在场景占领和心智影响方面的作用不可同日而语。

R2 环节最大的价值就在于让大家明白所有消费行为的背后都有“驱动因素”，营销的目的就是找到关键的、有力的驱动因素，通过对消费驱动因素的有效激活来实现产品畅销。如果忽视消费驱动因素的作用，就很难制订精准有效的营销策略，导致企业不断地打广告做宣传，消费者却感觉不知所云、不感兴趣，从而造成企业市场营销投入的大量浪费。“驱动因素”是产生消费需求的“原因”，是隐藏在消费行为背后的消费心理密码，是有效占领消费场景的关键营销举措。

R3：Respond（响应）

R3：Respond（响应），是指企业如何满足消费者的需求。对消费者需求的响应方式决定了产品是否能够畅销以及成为消费者的第一选择，很多企业要么没有洞察到消费者的真实需求和消费驱动因素，要么是在洞察到这些后却选择了错误的响应方式，响应行为不同，营销结果就会大不相同。

什么叫响应方式呢？举个简单的例子。

假如三位男孩在追求同一位女孩，有一天，女孩儿说：“我肚子疼。”

第一个男孩说：“着凉了吧？喝点儿热水。”然后继续玩儿游戏。

第二个男孩赶紧倒了一杯热水端了过去，说：“喝点儿热水。”

第三个男孩赶紧跑出去买了姜汁红糖和即食红枣，顺带还买了一个暖宝，冲了一杯姜汁红糖水，说：“喝点儿姜汁红糖水吧，这两天少吃生冷食物了，想吃零食就吃这个红枣吧，还能补气血，用这个暖宝暖一下，看会不会好一些……”

假如在三位男孩的基础条件一样的情况下，哪位会成功追求到心仪的女孩呢？

答案太明显了，因为三个男孩做出的“响应”水平差距非常大。我们曾经根据这个场景专门策划过一款女孩儿红糖＋红枣的组合，销量非常好，据经销商反馈，在大学校园选购这个产品组合的消费者占比，男生比女生高，产品所针对的场景和引导的方向也是让男生学会正确关心女生。

在市场营销活动中，品牌方需要对消费者的需求做出有效“响应”，才能俘获消费者的芳心，如果“响应”级别不够、方式不对，消费者就会去找别的品牌产品。

消费者说：“我洗澡时怕触电。”

A 品牌说：“请勿在通电状态下使用热水器。”

B 品牌说：“洗澡时请切断电源，以防触电。”

海尔热水器说：“放心，为了您的安全，我们专门研发了防电墙技术，确保您的用水安全，做您的安全用水专家，请放心使用，不会触电的。”

这就是对消费者需求的不同“响应”，结果差距显而易见。

消费者说："我担心孩子手上有细菌。"

A 品牌说："用我们的洗手液，用正确的方式洗手，不用担心。"

B 品牌说："用我们的洗手液，同时要用流动水洗手 1 分钟以上。"

舒肤佳说："我们采用迪保肤 + 科技，含有安全有效的抗菌抑菌成分，不仅可以有效洗去致病菌，还能长效抑制致病菌的滋生，专业呵护您和家人的健康。"

消费者一听，还是专业抗菌洗手液更省心，可以消除自己对细菌的恐惧，还是购买专业的抗菌洗手液吧。

消费者说："最近特别容易累。"

A 品牌说："你需要补气血了。"

B 品牌说："你需要补充维生素了。"

C 品牌说："吃点儿六味地黄丸吧，我们还有肾宝。"

东鹏特饮说："累了困了，喝东鹏特饮！"

消费者说："我还年轻，不是药罐子，我只是有点儿累，不是有病，来瓶饮料足矣，年轻就要醒着拼！"

关键是，东鹏特饮对"累了困了"的响应非常直接，这是消费者最容易理解、接受并形成消费习惯的。

消费者说："年轻人小聚，无酒不欢，好酒太贵，次酒没面子。"

A 品牌说："放下虚荣，年轻人，喝点儿补酒吧。"

B 品牌说："老一辈都喜欢这味儿，你们也尝尝。"

C 品牌说："我们是大品牌出的低端酒，专供草根享用。"

江小白说："年轻人小聚，就喝年轻人专属的白酒，这跟价格无关，不要在意别人的眼光，来，喝下这瓶青春小酒，活出年轻该有的样子。"

消费者说，还是喝江小白吧，这是年轻人的专属青春小酒！

消费者说："坏了，又吃多了。"

A 品牌说："喝点儿山楂汁吧，开胃。"

B 品牌说："喝点儿山楂汁吧，解腻。"

山楂树下说："吃多了怕啥？山楂树下，多吃不怕！"

消费者说，来一瓶山楂汁，要"山楂树下"的。

消费者说：“媳妇怀孕了，要补充营养。”

A 品牌说：“吃燕窝吧，我们的燕窝孕妇也可以吃。”

B 品牌说：“买我们的燕窝吧，我们的燕窝是纯进口的。”

小鸟鲜燕说：“怀孕吃燕窝，就选专业孕妇燕窝，小鸟鲜燕，专业孕妇燕窝品牌。”

消费者一看，既然有专业的孕妇燕窝，为了放心，还是给媳妇吃孕妇燕窝吧。

大家看出 R3 的“响应有效性”规律了吗？

首先，响应需精准，直接解决问题。

其次，响应需专注，专门为你而生。

再次，响应需合理，感觉顺理成章。

最后，响应需简单，无须多加考虑。

对消费需求的响应一定要“攻心为上”，要比竞品表现得更专业、更专注、更用心，这样才能从根本上超越竞品，成为消费者的首选。

当企业计划对某个特定消费人群的消费需求做出“响应”时，这个响应方式一定不是“口号式”的。例如，某品牌的红酒喊出“年轻人的红酒”这一口号，除了这句口号外，我们没有看到更多迎合年轻人、吸引年轻人的内容，这是一种单方面的定义，不太容易获得年轻人的认可。其实企业真正应该做的并不是直接喊出“年轻人的红酒”这一口号，而是要让更多的年轻人喜欢上这款红酒，进而让年轻人感觉：就应该喝这样的红酒！“年轻人的红酒”应该是消费者对品牌的认知而非企业喊出的口号。

当 DR 决定做高端求婚钻戒时，为了避免与各个钻石品牌直接产生竞争关系，DR 需要精准“响应”消费者的独特需求。求婚是人生重要时刻，一颗钻戒到底能不能表达终身相伴的决心？DR 希望做全世界最能代表“真爱承诺”的求婚钻戒，为此，DR 果断舍弃了一切“复购”的可能性，每位男士凭身份证一生只能定制一枚 DR 求婚钻戒，购买记录终身不能删除、修改。DR 没有声称自己是最能代表男士求婚决心的钻戒，但用具体的规则和标准诠释了 DR 高端求婚钻戒的独特价值和真爱内涵，这样的“响应”方式才是有效的。本书会有专门的篇幅介绍 DR 钻戒的营销策略，在此暂不作过多讲解。

R4：Reputation（信誉）

R4：Reputation（信誉），是指消费者为什么接受和认可这个品牌。我们如何检验一家企业是否已经具备“品牌效应”呢？同类的产品在货架上出现，有一批消费者只选择这家企业的产品，在竞品降价促销时，仍然会有足够多的消费者坚持选择这家企业的产品，这才是“品牌效应”的表现。“品牌效应”是一种对企业的信任、对产品质量的信心、对品牌的认可，品牌是用于区别于竞品的，是有溢价的，是能够促进消费者形成长期购买行为的。

某企业率先推出“本色纸巾”，食品级、可入口、零添加、纯天然植物纤维制作、获得美国 FDA 和欧盟双认证，这种本色纸巾一上市，销量一路飙升，供不应求，经常断货。很快市场上出现竞品，包装卖点与这家企业的“本色纸巾”完全一样，消费者的关注点在“本色纸巾”这个品类上，没有形成对品牌的认知，于是竞品也很快畅销，开始瓜分市场份额。再接下来，大量本色纸巾开始出现在市场上，价格越来越低，虽然没有强调食品级、可入口，也没有获得美国 FDA 和欧盟双认证，但消费者只要看到颜色差不多的纸巾就潜意识认为都是一样的东西。本色的纸巾比白色的纸巾更卫生、更健康，于是大量消费者开始以纸巾颜色作为识别标准，而不管是什么品牌的，只要说的是“原浆、本色、原色、不含荧光剂”就通通认为是一样的东西。本色纸巾的品类竞争开始越来越激烈，品牌被逐步弱化，领先推出这个品类的企业没有及时强化品牌识别度，导致面对如此多的竞品时非常被动。

很多企业都经历过产品领先的阶段，也经历过市场业绩一路飙升的阶段，但在这种情况下，大部分企业会将产品领先的优势误认为是品牌效应。只要是因为产品创新而获得的优势，这个优势都是会逐步衰减的，尤其是一旦有大的竞争对手推出同类产品，马上就会形成激烈的竞争，甚至会很快反超原创企业。我们通常会认为只有小企业才会去模仿大品牌的产品，大品牌是不会模仿小企业的产品的，这是一种太单纯的想法，其实“仿”也是很多大品牌的“研发手段”。很多地方小企业，产品很有特点，但营销做得不温不火，没有形成大品类，也没有形成品牌效应，一些大品牌就喜欢到处“采集”这样的信息，进行“口感微调”、概念创新后，推出一个新产品迅速占领市场，这比研发中心凭空研发新品靠谱多了。

小企业习惯于“商标是商标，品类是品类”，例如，×× 牌汽水、×× 牌夹心饼干、×× 牌巧克力、×× 牌氨基酸饮料……

大企业习惯于“商标就是品牌，品牌就是品类”，例如：可口可乐、奥利奥、士力架、脉动……

大品牌如果率先炒热了某个品类，其他企业只要跟进，消费者一眼就能看出是“仿品”，比如除可口可乐和百事可乐之外的各种“可乐”。小企业如果率先炒热了某个品类，大品牌一出手，反而是小品牌变成了“仿品”，除了实力悬殊外，更多还是因为品牌营销意识的差距导致的。

当然，也有很多成长型企业在自己发展初期就已经开始具备“用品牌占领品类”的意识，例如“老干妈”，竞品就算注册个“亲妈”商标，消费者还是认老干妈，老干妈已经成为一个细分品类的代名词；再例如“米老头”，当你第一次吃到这种休闲食品的时候就管它叫“米老头”，米老头既是品牌又成了品类代名词；还有“养乐多”，一句“今天你养乐多了没？”就是用品牌代表了这个乳酸菌饮品，其他大企业推出同类小包装的乳酸菌饮品后，消费者长期认为这是模仿养乐多的“仿品”。

消费者对一个品牌的接受和认可分为几个维度：

信任维度：相信一个品牌能对产品质量负责，要么这个品牌属于大品牌的旗下，有大品牌血统；要么这个品牌有很强的专业背书，比如美国牙医协会推荐、中华医学会推荐、某知名医药大学研发等；要么这个品牌有含金量很高的认证，比如美国 FDA 认证、欧盟有机认证等；要么这个品牌获得过很高殊荣，比如获得国家科技进步奖、被选为英国皇室御用产品等。一个品牌不管大小，都要有自己的信誉资产，要将这个信誉资产和品牌符号一起打进消费者的心智，建立信任关系。

精神角度：从一个品牌创始人的粉丝到这个品牌产品的用户。“烟王”

褚时健在云南哀牢山开荒种橙子的精神感动了很多人，这里成了很多创业者的精神朝圣之地，“褚橙”也成了一种顽强不屈的创业精神符号，所以大家愿意购买褚橙、传播褚橙品牌故事，这是一种精神角度的接受和认可。“硅谷钢铁侠”埃隆·马斯克带有冒险风格的创新创业精神打动了全球很多人，他的很多成果都是极具颠覆性的，一个向往太空并成立太空探索技术公司的人，如果他要制造一辆汽车，这辆车一定不是普通的汽车，所以在“特斯拉”新能源汽车正式量产之前，这个汽车品牌就已经快速走红了。因为马斯克的传奇色彩，特斯拉的诞生也带有一丝神秘，这是一种来自创始人的品牌信誉资产。现在忙着直播带货的罗永浩曾经也是一个“手机狂人”，他倾力打造的“锤子手机”虽然有各种不尽如人意的“瑕疵”，但也拥有了一大批用户，这些消费者更多是从精神角度认可“老罗”这个人，才间接对“锤子手机”产生认可，要是手机产品有足够竞争力，说不定老罗就不用去当直播带货的网红了。

主张角度：当一个品牌提出某种主张可以引发消费者共鸣时，这种共鸣也可以演变成对品牌的接受和认可。例如劲酒的广告语：“劲酒虽好，可不要贪杯哦！”在这个广告语刚出现时，酒桌的劝酒文化还比较猛烈，“把对方灌倒”的劝酒文化让很多人苦不堪言，以致因劝酒而引发的悲剧数不胜数，就是在这样的大环境下，劲酒提出“不要贪杯”的健康、文明饮酒主张，快速引起消费者的共鸣，进而演变成对劲酒品牌的接受和认可。另一个酒品牌的“难舍最后一滴”，虽然是为了表现消费者对酒口感味道的喜爱，但又容易使人产生“喝不干净不罢休”的理解，形成“贪杯”的印象。劲酒本质上是对“健康饮酒，文明劝酒”消费场景的占领，在对广告内容进行创新升级时，仍然保持始终如一的品牌主张，保持对“健康饮酒，文明劝酒”消费场景的占领。在劲酒的一个广告中，一位男士给自己倒酒，旁边的朋友赶紧拦住，提醒不要倒那么多，一句“不比酒量，比体谅”温暖人心。生意场上或酒肉朋友可能是使劲儿劝你多喝酒，而真正的好朋友会劝你少喝一些，如亲人般体谅你，这样细致入微、震撼人心的场景怎能不引起消费者的共鸣？劲酒的品牌主张升级为“少喝一点为健康”，本质上和“劲酒虽好，可不要贪杯哦！”都属于文明健康饮酒主张，新的主张一语双关，不仅劝消费者“不要过度饮酒”，还让消费者将劲酒和“健康”关联了起来，强化了劲酒“养生酒”的品牌形象。

我有一个朋友，为人豪爽，平时应酬多，酒量也不错，每次都与大家开怀畅饮，但自己回到家里就感觉各种难受，一整夜不睡觉在客厅来回踱步，以缓解身体的不适，应酬饮酒已经成为他的负担和痛点。为了减少这种痛苦，他最近每次参加应酬都自带“劲酒”，别人喝再好的酒，他也不喝，只喝劲酒，如果大家愿意，可以跟他一起喝劲酒，如果大家不喜欢，那他就自己喝劲酒。他说想让大家通过看到劲酒缓解一下“劝酒的冲动”，也希望大家能为了健康少喝一些。他说也不知道是劲酒养生的作用，还是自己开始限量饮酒的效果，反正最近身体好多了，不那么难受了。你看，一个品牌的消费主张影响力有多大，不仅可以直接吸引消费者购买，还能让消费者帮助品牌进行二次传播。

识别角度：当一款产品具备足够的识别度时，这种基于产品的识别度就会演变成品牌识别度，如果这种识别度代表着一种品质标准，就会演变成消费者对品牌的接受和认可。“简爱”这个酸奶品牌刚出现在终端货架上的时候，很多消费者不了解这个品牌，“简爱”这个商标也起不到“品牌背书”作用。但简爱酸奶包装上出现了“裸酸奶”的概念——“0 蔗糖酸奶，生牛乳、乳酸菌，其他没了”。消费者并不是被“简爱”二字吸引驻足停留的，而是被“裸酸奶”和“生牛乳、乳酸菌，其他没了”这样的产品独特性给吸引的。不管消费者是否了解“简爱”，但一款只有生牛乳和乳酸菌的“裸酸奶”应该差不了，因为很多大牌子的酸奶配料表中都是一大堆各种添加物，而这款“裸酸奶”居然只有生牛乳和乳酸菌，这种“认知反差”很容易引起消费者的关注，然后消费者会进一步关注“简爱”这个品牌。“简爱”不是靠品牌给产品做背书的，而是靠产品给品牌做背书的，一款策划到位、识别度足够的产品就可以让品牌获得更多消费者认可。

元气森林的“0 糖 0 脂 0 卡”也属于以产品独特的识别度反向定义品牌的营销操作，在消费者刚看到这款产品的时候可能不知道“元气森林”，但一定知道“0 糖 0 脂 0 卡”的价值，一款有各种口味的苏打气泡水居然是“0 糖 0 脂 0 卡”，这种“认知反差”也很容易引起消费者的关注，然后大家只要一提起“0 糖 0 脂 0 卡”就想到“元气森林”，使品牌被产品的特性定义。很多企业后来也纷纷推出各种“0 糖 0 脂 0 卡”的产品，虽然这种描述并不具备排他性，但在消费者的心智中“元气森林”跟“0 糖 0 脂 0 卡”的关联太紧密了，其他产品再用这个表述，很容易被消费者潜意识判定为是“仿元气森林”的。

柳絮粉条的“五块大地瓜，一斤好粉条”是独特的产品识别标签，定义了柳絮粉条的品牌价值；胡姬花花生油的“古法小榨”是独特的产品识别标签，定义了胡姬花花生油的品牌价值。

以上只是一部分操作思路，在 R4 环节营销操作的最大目的就是让消费者接受和认可一个品牌。不同量级的品牌、不同的成长阶段、不同的创业背景，企业所拥有的基础信誉资产是不一样的，我们需要根据不同的情况来策划不同的方案，以实现品牌与消费者之间良好信任关系的建立，形成常态化的消费场景占领。

R5：Retain（保持）

R5：Retain（保持），是指如何保持良好而稳定的消费关系。一个品牌可能会慢慢被消费者所抛弃，也可能突然之间就被抛弃，从长远来看，一个品牌被消费者所抛弃是必然的，因为品牌也有生命周期，跨越一个生命周期需要付出很多努力，需要品牌进行不断的自我革新来满足更新一代消费者的消费理念。很多品牌面临的挑战并不是跨越生命周期，而是如何在一个生命周期内健康存活，我们看到过很多曾经红极一时的品牌早早就退出了历史舞台，不是因为市场淘汰了这些品牌，而是这些品牌长期保持一种风格和姿态，时代进步了，消费观念更新了，新一代的消费人群有新的理念了，但品牌仍旧在原地踏步，不与新一代消费者对话，不去迎合新的潮流，这样的品牌被淘汰是必然的。

一个品牌要想长期充满活力就不能与新一代的消费者产生“代沟”，品牌与消费者之间的“沟通”就像人与人之间的沟通，年龄不是产生“代沟”的关键原因，观念更新的停滞才是产生对话障碍的原因。一个年龄大的人如果总是希望年轻人来理解自己，那双方就很可能会产生沟通障碍，但如果一个年龄大的人可以与年轻人“疯在一起，玩在一起”并试图站在他们的视角来认知这个世界，那双方就不会产生沟通障碍，所以产生“代沟”的主要责任应该在于年龄大的人。一个品牌如果与消费者之间产生“沟通”障碍，那责任一定在于品牌方，这是无须辩驳也无法辩驳的事实，因为消费者在抛弃一个品牌的时候根本不会听企业解释什么。

一些基础很好的品牌总是无法与年轻消费群体对话，当我们与这些品牌的核心决策团队进行沟通后才发现，他们的思想已经“衰老”到根本无法与时代保持同步，不仅是年龄的老化，关键是消费观念和营销思想的老化。你无法想象让一帮“看不惯年轻人”的人在一起讨论如何出一款“让年轻消费者喜爱”的新产品，他们不懂年轻人，不愿意迎合年轻人，甚至误解年轻人，却还想让年轻人来掏腰包购买他们的产品。

在我们的营销咨询团队中有几位资深的营销专家都属于“老顽童性格”，干工作一丝不苟，玩儿起来也很疯，玩蹦极、玩电竞、玩单板滑雪和单板冲浪，换下西装革履穿上很潮的衣服，与年轻人玩在一起，他们与年轻人对话没有任何障碍。当我们要操盘一个品牌或策划一款新品时，一旦消费人群画像确定后，咨询顾问们会尽可能让自己融入目标消费人群，只有彻底融入这个群体，才能了解他们的需求和痛点，才能真正找到营销的机会和突破口。

一位国外的服装设计师来到中国，看到一片城中村的房子上都写着大大的“拆”字，还带个圈儿，设计师问一位当地居民：这是什么意思？这位居民很幽默，告诉设计师，这个字代表财富和更美好的生活，设计师赶紧记下了这个“拆”字，并将这个字作为“中国元素”融入他的服装设计作品中。这就属于不深入洞察了解一种现象而搞出的笑话。

一家酒企想策划一款中高端的商务用酒，找到一家擅长美工设计的机构做了全案策划，这家机构给酒企提出“色彩营销”的主张，建议酒企一定要抢占一种色彩，一看白色、蓝色、红色、黑色、黄色都有竞品抢占了，就建议全力抢占“粉色”。一通“色彩营销”理论把这家酒企给讲得信心满满，包装定稿后，只见酒瓶粉色带花、瓶体婀娜倾斜如跳舞的宫女，一群大男人在一起开心地把方案给敲定了，他们认为每一个男人都应该喜欢这种感觉。新品投放市场后，广告砸了不少，终端销量不行，这才想到要与目标消费群体进行沟通，消费者的反馈是："那玩意儿是正经男人喝的酒吗？粉了吧唧的，一看就没劲，适合喜欢花酒的那种男人喝。"不对啊，不是说大部分男人都会喜欢这种感觉吗？其实这是对"男人"饮酒心理尤其是商务场合饮酒心理的严重误解。哪个男人不希望自己有阳刚之气？哪个男人不希望被人尊重？谁愿意说着豪情壮志的话，喝着不像男人的酒？记得有个消费者说"这玩意儿适合卖给日本男人，中国的爷们儿不太喜欢这种感觉"，简直是一语中的啊。

品牌营销的本质都是"粉丝经济"，我们平时习惯于将"粉丝经济"理解为某个明星的粉丝，实际上品牌效应一旦形成，每一个消费者都是品牌的粉丝。粉丝对偶像的追捧和崇拜是"非理性"的，除了喜欢某个明星的影视作品或音乐专辑，对于明星在日常生活中的表现也非常关注，一个明星在某活动现场"趴在地上为一位老阿姨签名""主动带走了喝完水的矿泉水瓶""扶起了摔倒的粉丝"等这些看似很简单的举动，在粉丝心目中都会引发更强烈的爱与崇拜，甚至比明星出了更好的作品还有圈粉效应。品牌营销也要借鉴这个规律，非正式的品牌活动如果传递的是积极信息，会非常有利于保持良好而稳定的消费关系。

华为手机品牌的崛起与特定阶段的爱国热情迸发有着非常大的关系，华为公司的责任与担当引发了消费者的认可与共鸣，人们将满腔的爱国热情转化为了支持国货、支持华为的消费行动，这不是通过正式的市场营销活动来实现的市场份额，而是通过一系列看似与华为手机无任何关系的"华为公司的行为"激发了人们的热情，因爱国而爱国货，因认可华为而认可华为手机。华为手机的确也没让国人失望，产品质量不断优化，手机性能不断提高，使用体验越来越好，这是华为手机能稳定占领市场的重要原因。

公益活动是"非正式品牌活动"的重要形式之一，一提到公益活动，大部分企业想到的都是"慈善捐赠"。汶川地震发生后王老吉的慷慨捐款让红罐王老吉快速走红，人们将"全国一心，抗震救灾"的爱国热情转化为对爱国品牌的消费行为，在产品快速普及后，结合“怕上火，喝王老吉”的有效消费场景占领，形成了持续畅销的市场局面。公益活动是品牌营销的有效传播形式，但打造持续畅销的爆款产品还需要通过场景占领来实现，仅有公益活动引发的消费热潮，没有保持这种消费热情持续的配套营销策略是不行的。鸿星尔克在河南暴雨救灾捐赠中爆红，直播间都被挤爆了，但由于缺乏配套的品牌营销策略支持，这种短暂的消费热潮很快就过去了，并没有转化为品牌营销长期势能。

我们这里要讲的“公益活动”不仅仅是这种大手笔的“救灾捐款”，也可以是细水长流、可持续的品牌公益活动。例如舒肤佳长期坚持的“教会孩子正确洗手”的公益活动，树立了舒肤佳良好的品牌形象，高效传播了舒肤佳品牌，让舒肤佳“专业对抗致病菌”的产品价值和品牌主张深入人心。奥利奥呼吁家长“再忙也要拿出时间陪伴孩子成长”的公益活动也引起了很好的社会反响，让奥利奥品牌形象与“快乐亲子时光”关系更加紧密。

当一个品牌能让消费者感到“自豪”的时候，这就是一种非常积极健康的消费关系，也是品牌给予消费者的消费附加值。让消费者发自内心感觉一个品牌是有良知的、专业的、用心的，这是维护一个稳定的消费群体必须要做的工作，为此我们建议所有品牌建立常态化的公益活动机制，用“非正式”品牌活动来为品牌营销赋能。

CHAPTER 3

第三章

场景占领创造营销奇迹

The Secret of Best-selling

001 钻石，20 世纪的营销传奇

当钻石矿被开采出来之后，人们并不是第一时间就知道这是可以作为奢侈品的“宝石”，彼时的钻石唯一的价值就是“足够坚硬”，这样的价值角度注定它只能被作为工业原料进行销售，用于制作钻头或其他切割工具。从营销角度来看，钻石的市场价值并没有被充分发掘，如果钻石可以跻身“稀有宝石”行列，那么这些钻石矿的商业价值将会成千上万倍地增长。宝石的价值是一种被赋予某种意义的无形价值，而不是宝石本身的实用价值，如果想让钻石跻身稀有宝石行列，就不能只围绕钻石本身的实用价值做研究。钻石的特征除了非常“坚硬”，还有非常“纯净”，这种纯净是一般宝石所不具备的。对于这种不带有色彩、坚硬而纯净的“矿石”该如何通过营销手段卖出宝石的价格呢？

玫瑰花作为一种鲜花，正是因为被赋予“爱情”的特殊意义，才获得了比普通鲜花更高的身价。只要人们经历与爱情有关的场景，诸如情人节、求婚、婚礼、结婚纪念日等场景，都必须有玫瑰花的出现才够完美，少了玫瑰花就少了浪漫，换成月季花不行吗？当然不行。为什么只有玫瑰花有这样的寓意，为什么玫瑰花占领了几乎所有与爱情有关的场景？作为消费者，很难搞清楚这些事情。玫瑰花通过“场景占领”与“爱情”建立了高强度的连接，这并不是玫瑰花与生俱来的价值，而是人为策划的结果，我们习惯于将这种“人为赋予爱情意义”的营销策略称为“玫瑰花模式”。钻石不能单纯通过炒作来提升价值，也必须像玫瑰花一样，通过“场景占领”与“爱情”建立高强度的连接，才能实现身价暴增。钻石资源背后的财富

家族正是通过这种方式来营销钻石的。

1888 年戴比尔斯联合矿业公司成立，开始围绕“钻石”进行营销。戴比尔斯的触角深入钻石行业的全产业链，从矿石开采加工到批发再到终端零售，每个环节都有戴比尔斯的身影。戴比尔斯还成立了一个“国际钻石交易推广中心（DTC）”，专门在全世界各地为钻石做广告推广。我们见过有专门的财团为蓝宝石、翡翠等做广告推广的吗？没有，好像只有钻石有这样的“待遇”。为什么呢？因为钻石的流行是财团营销推动的结果。

1948 年，戴比尔斯公司委托一家广告公司策划出一句话——“Diamond is Forever”，这句话就是我们耳熟能详的“钻石恒久远，一颗永留传”的英文版。就是这句话开启了戴比尔斯钻石商业帝国的征程，从此，戴比尔斯把钻石打造成“爱情的象征”，使钻石成为结婚新人必备的“信物”。通过强有力的营销传播，越来越多的女性渴望在结婚的时候戴上那一枚代表纯真爱情的“钻戒”，至于钻石产量是不是很大、能不能保值，这已经不重要了。

在戴比尔斯公司的巅峰时期，这家公司经营着全球 19 个矿区，生产超过全球 80% 的钻石，这些钻石全都是通过戴比尔斯在伦敦的交易中心批发给全球各地零售商的，而且戴比尔斯公司仅授权 125 个钻石切割公司来为他们专门切割钻石。钻石的批发价格完全是由戴比尔斯公司单方面决定的，零售商没有讲价空间，只能选择按要求经营钻石生意或者改行。即使到了现在，除了戴比尔斯，还有阿罗萨、必和必拓等多家巨头进入钻石市场，它们之间也早已形成某种默契和合作模式，所以钻石不太可能因为市场竞争而贬值。

002 钻石营销的本质是场景占领

今天我们回顾钻石这个品类的传奇营销史，要从中得到什么启发呢？戴比尔斯公司能将钻石打造成“稀缺珍贵”而又如此畅销的产品，绝非只靠一句广告创意这么简单，而是因为戴比尔斯公司非常清晰地将钻石的消费场景聚焦在“爱情与婚姻”上——纯洁而恒久，这不就是世人所向往的爱情吗？让一颗钻石成为爱情的见证，让一颗钻戒表达对爱的忠诚，钻石虽贵，但爱情无价，让全世界的女人都梦想着在走向婚姻殿堂的神圣时刻能戴上一枚钻戒，这样的“场景占领”是如此的集中而有力。

钻石还是原来的样子，但因为占领了结婚戒指的“场景”，成为越来越多新人结婚时的必需品，随着电影电视剧中越来越多地出现与钻戒有关的场景，这种“场景占领”已经不再是一种广告行为，而形成了一种社会共识。如果仅仅是通过广告来营销产品，广告停了，业绩就会下滑。如果是通过占领一个有效的场景来营销产品，一旦在消费者心智中这个场景与产品产生强连接，即使是广告停了，消费者已经形成的认知也不会变，市场业绩也不会下滑，这就是“场景占领”营销的魅力所在。如果没有清晰的消费场景，钻石不会成为刚需产品，如果没有象征爱情的意义，钻石不会有如此高的溢价，一颗售价一百万元的钻戒，其中九十九万元都是来自营销赋予的“价值”，值钱的不是钻石，而是钻石在特定场景中的“意义”。

很多人称“钻石”为20世纪最大的“营销骗局”，但既然是“营销”又何来“骗局”呢？如果按照这种逻辑，岂不是所有奢侈品营销都成了骗局？有人说钻石的产量挺大的，产量这么大的矿石又卖这么贵，不是骗局是什么？这样的判断逻辑都是“非营销思维”，很多人习惯用“实用价值”来衡量产品的价值，而往往忽略了“不实用的价值”才是更值钱的部分。

一个售价5万元的名牌包，它的实用价值部分就是装东西，一个售价一百元的包也同样具备这个实用价值，高出的价格部分对应的价值是什么？是品牌，是身份，是心理满足，这都是不实用的价值，但消费者却愿意为了这部分不实用的价值支付更多费用。

一辆售价200万元的轿车，它的实用价值就是代步工具，另一辆售价30万元的轿车也同样具备这个实用价值，高出的价格部分对应的价值是什么？是品牌，是身份，是心理满足，与名牌包的消费心理一样，消费者同样愿意为了这部分不实用的价值付出更多资金。

我们不会去批判路易威登或古驰是营销骗局，也不会去批判保时捷或兰博基尼是营销骗局，那就不应该去批判“钻石”是营销骗局。

003 换个角度正确认识营销

传统企业家最应该补上的一课就是“非实用价值的经营”，如果眼里只有产品的物质状态和实用价值，而不去了解消费者内心的需求，就很难搞清楚为什么同样质量的产品却卖不出同样的销售业绩。企业家们应该清楚一点，一家为消费者提供产品或服务的企业，其价值不仅仅体现为提供有形的产品和基本的功能，更高的价值应该是“满足消费者对美好生活的向往”，无形价值比有形价值更重要，非实用价值比实用价值更重要，心理感受比身体感受更重要。当然，我说这些并不是让大家忽视产品或服务的基本质量，一切品牌营销的前提是产品或服务质量有保障，虽然无形价值比有形价值更重要，但有形价值是无形价值的载体和基础。

很多实体企业的经营者喜欢表现自己“反营销”的一面，公开宣称自己不喜欢“营销”，认为所有营销都是忽悠人的，坚称只要自己扎扎实实做好产品和服务，让更多的消费者喜欢上自己，生意就会越来越好，根本不需要搞营销。持有这类观点的企业家其实分两种情况：一种是很懂营销，又希望向外界传递务实憨厚的形象，不希望被贴上“很会搞营销”的标签，虽然公开“反营销”，实际又很会搞营销，这种情况很多。另一种是真的不懂营销，所处的行业和所经营的产品几乎不存在“品牌溢价”，挣的也是比较辛苦的种植或生产加工的利润，这种经营者如果公开“反营销”，那通常是真的不懂营销，只有真正进入竞争激烈的、高品牌溢价的领域才能逐步具备营销意识。

在一次营销论坛活动现场，一家做初级农产品的企业经营者上来就讲“营销其实很简单”，他认为最好的营销就是不搞营销，还以自己的企业为例，说每年产的苹果都会被抢购一空，根本不需要任何营销策略，踏踏实实种好苹果就可以了。这种“反营销”的观点其实挺误导人的，有辨别力的企业家会一笑而过，心里很清楚营销的重要性，辨别力不够的企业家就特别容易被误导，一头扎进“唯产品论”的死胡同。

没有赚取品牌溢价的企业是不能随便谈“营销”的，即使是产品不愁销路甚至供不应求，也不足以谈“营销”，因为这跟营销没有半毛钱关系。

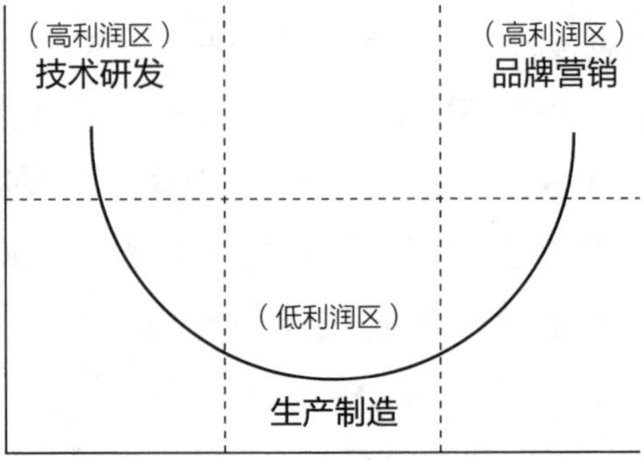

很多做初级产品的企业，其实处在微笑曲线的中间，也就是产业链中利润最薄、资产最重、风险最大的环节，而品牌营销处于微笑曲线的右顶端。这个用通俗的语言怎么理解呢？就像这家种苹果的农业企业，他们将苹果以 2 元 / 斤出售给某会员制电商平台，这个平台实际上以 30 元 / 斤的价格销售给了终端客户，种植苹果的企业每斤赚取 1 元左右的利润，而这家会员制电商平台则每斤赚取超 20 元的利润。前者感觉自己根本不需要“搞营销”，因为他们根本就没有赚取跟营销有关的利润，如果你问这家会员制电商平台，观点就恰恰相反，因为“营销”才是他们的生命线。

004 DR 再创 21 世纪钻石营销传奇

钻石整个品类因为神奇的营销策略而被称为“20 世纪最大的营销骗局”，在长达半个世纪的钻石营销市场似乎一直延续着最经典的营销策略，没有太大的营销创新举措，这种平静终于在 2010 年被一家注册在深圳的公司打破，这家公司推出 DR 钻戒品牌，并应用“场景占领”营销模式获得了巨大成功。

高端求婚钻戒品牌的诞生：

求婚这个场景当然是钻戒使用频率最高的场景，如果没有进一步的“场景设计”，DR 这个品牌定位就没有太大的实际营销价值。如何让 DR 与“求婚”场景产生“强连接”呢？这就需要赋予 DR 一个特殊的价值寓意，让 DR 自带“求婚”场景属性。

接下来我们要用 5R 营销逻辑来解读“场景占领”。先来回顾一下 5R 营销模型的基本结构：

R1：Requirement（需求），是指消费者需要什么样的产品和服务。

R2：Reason（原因），是指消费者产生购买需求的驱动因素。

R3：Respond（响应），是指企业如何满足消费者的需求。

R4：Reputation（信誉），是指消费者为什么接受和认可这个品牌。

R5：Retain（保持），是指如何保持良好而稳定的消费关系。

5R 营销模型是众多知名品牌都在实践的营销黄金法则，解决了抢占消费者心智的路径和方法问题，如果定位理论告诉大家“应该给猫脖子上挂个铃铛”的话，那么 5R 营销模型就是告诉我们“如何给猫脖子挂上铃铛”。

DR 在将自己的品牌定位为“高端求婚钻戒品牌”后，如何让这个定位真正深入人心呢？这就需要通过一系列营销举措让 DR 有效占领“求婚”场景。接下来我们以 5R 营销逻辑来进行策略分析。

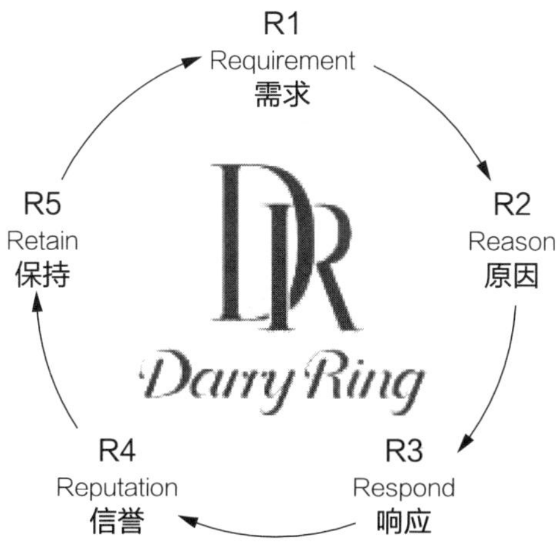

R1：Requirement（需求），是指消费者需要什么样的产品和服务。

我们来看钻戒消费市场，在 2010 年的中国市场，钻石品牌已经有很多个，消费者可以有多种途径买到相同品质的钻戒，此时，消费者的真实需求已经不再是“买到钻戒”，而是“买到与众不同的钻戒”。如何将相同的钻戒卖出不同来，这是 DR 要思考的营销问题。

R2：Reason（原因），是指消费者产生购买需求的驱动因素。

钻石的情感属性非常清晰，与“爱情”和“婚姻”的关联非常紧密，钻戒在整个感情过程中最早出现的场景应该是“求婚”，很少有情侣在恋爱时就拿出钻戒，往往是在感情到了一定阶段后，需要求婚时，钻戒才开始出现，所以钻戒是一种非常重要的“求婚”信物，“求婚”是产生购买钻戒需求的主要“驱动因素”。对于专注钻戒经营的 DR，锁定消费者“求婚”阶段的购买需求是正确的决策。

R3：Respond（响应），是指企业如何满足消费者的需求。

企业应该如何满足消费者对“求婚”钻戒的需求呢？“求婚”最应该表达的是什么？当然是“真爱”。够不够用心，够不够专注，是不是下定决心相爱陪伴一生，这都是求婚要传递的信息。很多男士只会激动地说一句“我爱你，嫁给我吧”，别的没词儿了，不能把内心世界的那种强烈的感觉表达出来，这就是很多消费者的痛点。企业要如何满足消费者的需求？不是仅仅卖一枚钻戒给消费者，而是要帮助消费者更有力量地表达这份爱，体现这份爱的用心、专注和决心。

R4：Reputation（信誉），是指消费者为什么接受和认可这个品牌。

消费者可以通过多个渠道买到相同品质的钻石，钻戒上并没有明显的品牌标志符号，这对于钻石品牌的营销是一个巨大挑战。要想打动消费者，除了让消费者在钻戒的保真和品质方面放心外，还要赋予这个品牌特殊的含义，并且通过一种严谨的机制来确保这种特殊含义更加可信。

R5：Retain（保持），是指如何保持良好而稳定的消费关系。

当 DR 提出某个主张或制订某种规则，并且通过这个主张或规则来赋予 DR 品牌特殊含义，同时又强化了钻石本身自带的寓意后，这个主张或规则的坚守和不断强化，就是 DR 品牌与消费者之间保持良好关系的前提。

通过以上 5R 营销分析，我们可以赋予 DR 这样的品牌属性：

不是轻易可以买到；

能够表达用心、专注和决心；

具有特殊寓意；

能够强化钻戒本身价值；

代表一份神圣承诺。

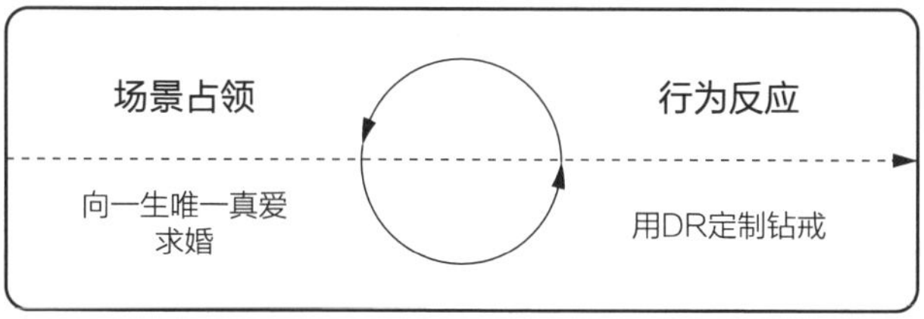

于是 DR 钻戒立下浪漫规定：男士凭身份证一生仅能定制一枚，寓意一生唯一真爱。同时，DR 还为消费者提供了一系列浪漫服务。

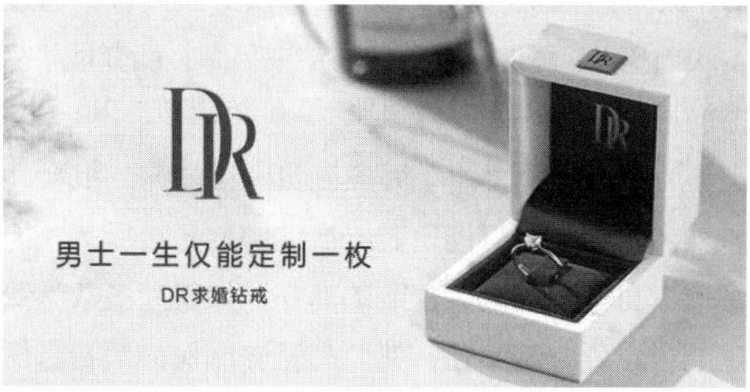

1. 绑定身份 ID

每位来此定制 DR 钻戒的男士，均需提交身份 ID，与所购买戒指的唯一 DR 编码对应，确保一生仅能定制一枚真爱戒指，赠予此生唯一挚爱之人。

输入男士身份证号 + 账户密码 + 手机验证码即可查询购钻信息，如果已经购买过 DR 钻戒，则查询结果会显示出相应的购买信息与赠送信息，显示出购买者为爱人制作的专属页面，作为勇敢表达真爱的证明，接受亲朋好友的见证与祝福。

2. 真爱协议

购买 DR 钻戒前须签订一份真爱协议，证明将此承诺给予了最爱的一人。一旦签订，购买记录与赠予人姓名将被记载，承诺此生真爱不变。此真爱协议将随 DR 钻戒一同赠出，可供恋人收藏或装裱展示，让每份幸福与承诺得以永久流传。神圣的契约在此刻生效，需要相爱之人终身信守承诺，相互呵护。

3. 专属空间

成功定制 DR 钻戒之后，DR 会在官网上为恋人打造浪漫专属空间，记载下独一无二的幸福时光。在这里，恋人可以记载这枚特殊意义钻戒的信息，写下一段动人的真爱宣言，并上传与心爱之人的每个浪漫瞬间，分享甜蜜的婚纱照、生活照，让全世界都可以见证每一份真爱所带来的喜悦和感动。

以上是 DR 公开为消费者提供的“浪漫服务”内容，通过这个服务内容我们发现，DR 已经不再是一个单纯的钻戒品牌，而变成了一种“真爱文化”和“求婚仪式”的服务商。

表面看上去，好像 DR 丢掉了很多消费者和复购的机会，不排除有些消费者对这种实名制、一生只能定制一次的钻戒是排斥的，但做营销要看整体市场。钻戒本身不属于高频复购的商品，如果大多数消费者认同和接受这种“一生唯一真爱”的文化，就会有足够比例的消费者愿意“一生定制一次”，这个市场已经是足够大的了。这个营销策略很有力地实现了对“求婚”场景的占领，构建了与其他钻石品牌的差异化营销路径，让“高端求婚钻戒”的品牌定位有效深入消费者心智。

互联网界有句话，所有的传统行业都值得用互联网思维重做一遍，这是“互联网 +”思维。我在这本书里也要反复表达一个观点，如果大家掌握了 5R 营销模型，具备了“场景占领”的思想，所有的传统行业都值得用场景占领思维重做一遍，DR 在传统钻石零售行业获得的巨大成功就是非常好的见证。

005 哈根达斯的场景占领营销模式

哈根达斯 1989 年从欧洲起步，以比普通冰激凌贵 5 ~ 10 倍，比同类高档冰激凌贵 30% ~ 40% 的价格，成为顶级冰激凌品牌。哈根达斯为什么能以如此高的定价获得不错的市场业绩？因为它也是“场景占领”营销模式的典范。哈根达斯的定位是满足追求高贵消费心态的顶级冰激凌，但仅仅有这么一个定位，消费者是不会买账的，要想让消费者积极买单，就要找到适合哈根达斯的“消费场景”。让热恋中的男生买给女生吃，这个再贵也会有人买，于是哈根达斯打出这么一句广告语：“爱她，就请她吃哈根达斯！”这个营销思路和钻石、玫瑰花的模式如出一辙。

哈根达斯所设定的“消费场景”是品牌定位的延续和落地，“满足追求高贵消费心态的顶级冰激凌”这个定位决定了哈根达斯的格调和价格，如果一款产品明显很贵但还要鼓励更多的消费者购买，就要赋予这款产品特殊的意义，走情感路线显然是一个营销捷径，一旦能与爱情产生联系，价格就不再是问题了。

“爱她，就请她吃哈根达斯！”

这是一个非常直白的消费主张，也设定了一个非常清晰的“消费场景”，吃哈根达斯和送玫瑰花一样能表达爱，对于处于热恋中的消费者来讲，吃哈根达斯就是一种表达爱的机会和方式，会留下恋人们美好的回忆。钻戒可能只买一次，哈根达斯却可以经常吃。

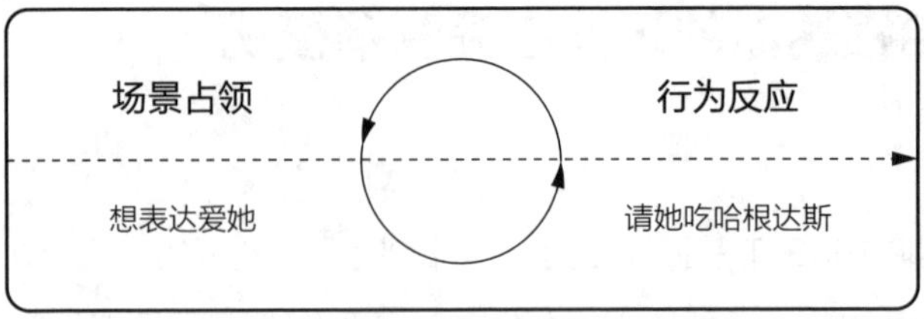

从场景占领营销角度看，哈根达斯这句广告语不是一种叫卖，而是一种消费行动建议，同时也精准聚焦了消费人群。这个消费人群不是按年龄、性别、收入水平等来界定的，而是一种情感状态，满足了这个消费人群对自己所爱的人表达情感的需求。这一句广告语，让哈根达斯变成了冰激凌领域的钻戒和玫瑰花，“爱她”是消费者心理感受，“就请她吃哈根达斯”是哈根达斯对消费者的行动建议，这就是非常经典的场景占领。

006 区分“品牌定位”与“消费场景”

很多企业家乃至营销专业人士区分不清楚“品牌定位”和“消费场景”，很多定位理论的爱好者也经常将“消费场景”用定位理论来解读，认为“消费场景”就是“定位”。以大家耳熟能详的“加多宝和王老吉”为例，其品牌定位是“中国凉茶领导者”“正宗凉茶”“凉茶始祖”等，两者从定位角度是在抢夺“谁是销量最大的凉茶”和“谁是正宗凉茶”，这个是非常明显的“定位之战”。但很多定位专家却又说“怕上火”是红罐凉茶的定位，其实“怕上火”根本不是品牌定位，而是基于产品特性所策划出来的“消费场景”。如果“怕上火”是定位的话，那么“中国凉茶领导者”“正宗凉茶”“凉茶始祖”等这些又算是什么呢？如果“怕上火”是定位的话，那为什么很多“定位经典案例”根本没有策划出一个具体的“消费场景”呢？比如定位专家经常谈到的东阿阿胶“滋补三大宝”，这个分明是“品类傍大款”的技巧，让阿胶与人参、鹿茸并称“滋补三大宝”，是借助人参、鹿茸的影响力塑造了阿胶的价值，并没有清晰的“消费场景”。从这个角度来看，“品牌定位”和“消费场景”是有本质区别的，不能牵强附会地用定位理论去解读所有成功品牌。

从战略层面，我是认可定位理论价值的，我们在服务企业的过程中，也不断从定位角度建议企业进行品牌战略聚焦，这个是正确的。对于面临激烈市场竞争的企业，定位是划定市场领地、抢占消费者心智、战胜竞争对手的有效战略。我之所以特别强调“品牌定位”和“消费场景”的区别，就是希望大家能了解“定位理论”也有适用范围和局限性，不能用定位理论来无边界解读所有营销案例，也不能用定位观点来掩盖成功品牌背后的营销真相。

007 营销是企业价值变现的桥梁

缺乏具体消费场景的产品都是“裸产品”，裸产品卖的就是产品的基本功能和价值。如果钻石没有占领爱情场景，就只能发挥坚硬的价值，作为工业原料来销售；如果哈根达斯没有占领爱情场景，就只能被当作普通冰激凌来销售；如果王老吉没有占领“怕上火”的场景，就只能被当作普通茶饮料来销售。裸产品能够创造的市场价值是非常有限的，一款产品除了实用价值，还有满足心理和情感需求的更高价值，一旦这种更高的价值形成一种可以反复遇到的“消费场景”，消费行为就会被反复唤醒和激活，产品就会出现惊人的销售业绩和品牌溢价。

很多传统企业家都热衷于“创造价值”，其经营的底层逻辑是“工厂化思维”，认为只要能造出好产品就不愁销路，“唯产品论”的思想根深蒂固。在“创造价值”和“价值变现”的中间有一个巨大的鸿沟，这个鸿沟就是“价值传递”，如果不能将产品的价值高效传递给消费者，就无法实现价值变现，这个传递价值的过程叫“营销”，价值变现的结果是“利润”。跨越“价值传递”的鸿沟需要一座桥，这座桥就是企业所选择的营销战略和策略，建造这座桥需要进行“工程设计”，在营销领域这个工程设计的工作就叫营销策划。营销策划不是搞搞包装和广告创意，而是要通过严谨而系统的设计来确保“营销”这座大桥的贯通，这是一个系统工程。

从“唯产品论”到“客户需求论”是一种巨大的进步，这意味着传统企业家开始具备营销意识，不再固守产品，只研究产品怎么卖，而是换个角度研究客户到底需要什么，如何通过自己的产品来满足消费者需求。“客户需求论”是一种站在消费者角度思考营销的全新理念，但又会让企业陷入被动，因为客户需求是多样化、动态变化的，以客户需求为导向的营销理念无疑又走向了另一个极端。在实践中，一种更实用、更有效的营销理念出现了，就是通过一种有效的消费场景将企业的产品和消费者的需求“连接”起来，从而兼顾企业产品特点和消费者需求，我们称之为“场景占领”营销。场景占领营销有着非常扎实且完整的营销理论支撑，就是我们前面讲到的 5R 营销模型。

008 5R 营销模型与“场景占领”实践

定位理论要解决的问题是“我应该是谁”。

5R 营销模型要解决的问题是“我怎么让大家接受我”。

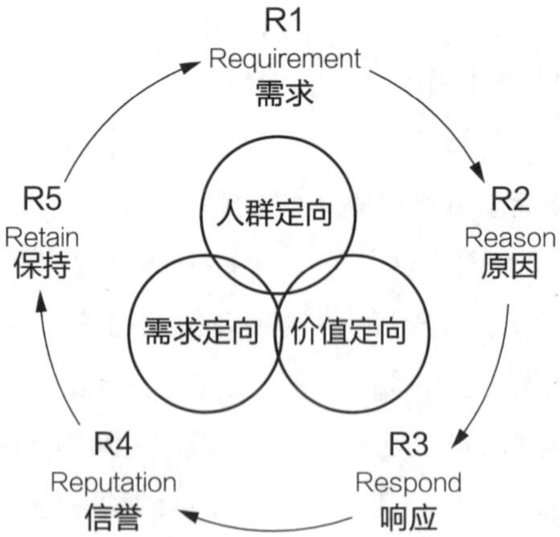

场景占领营销的本质就是让品牌定位真正深入消费者心智，从而产生强大的购买力和持续的购买习惯。

当我们深入研究 5R 营销模型并将这个理论和全球众多成功的营销案例进行对标后，惊喜地发现 5R 营销模型居然是众多知名品牌都在实践的营销法则，而且解决了抢占消费者心智的路径和方法问题，这个发现让我和我的团队惊喜不已。于是我们开始辅导客户进行 5R 营销模型的实践，并以 5R 为指导形成一整套营销策划模型，在诸多企业的品牌营销实战中取得了令人满意的成绩。

相信所有的读者在看到大量有关“场景占领”的成功案例后，都会产生这样的想法：我们深知“场景占领”的重要性，也的确感觉到这些成功的案例所设定的消费场景非常巧妙而有效，但结合自己企业的产品特点，如何策划出类似的“消费场景”呢？这个非常难，是一个非常有挑战性的技术活儿。我每次在公开活动现场给大家分享“场景占领营销”课题后，都会有很多学员主动询问更多有关“场景占领”的营销策划细节问题，大家都在感慨这件事的重要性和挑战性。相比 5R 营销模型，场景占领营销理论更容易理解，大家往往可以在 30 分钟内听明白“场景占领”，但搞清楚如何实现“场景占领”却需要更长的时间。5R 营销模型就是解决“场景占领”的策划和落地问题的方法。

几乎所有的营销策划机构在做全案策划的时候，都担心被问到一个问题：“产品的具体消费场景是什么？”这是一个非常关键的问题，如果不能回答有关消费场景的问题，就不能算是一个成功的营销策划案。我们经常看到一个营销方案中有非常多的“消费场景”，把消费者所有可能消费产品的情况都一一列举了出来，当被问及“产品的具体消费场景”时，答案可能是一个很长的清单，上面罗列着十几种消费场景。这就等于没有具体的消费场景，无法进行有效的场景聚焦。

我跟很多营销策划人进行过深度探讨，大家一致认为场景占领是一个很有挑战性的“技术活儿”。一旦进行了精准的消费场景设计，品牌定位就能真正转化为非常具体而有效的营销策略，广告创意就有了非常清晰有效的策划思路，终端促销就很容易达成理想的业绩目标。相反，如果消费场景设计不合理、不精准，品牌定位就可能是一句空话，广告创意就会不知所云，终端促销就只能中规中矩。为了便于大家快速理解“场景占领”营销模式和掌握“消费场景”策划的方法和工具，我们用 5R 营销模型对几个成功案例进行剖析解读，力争用最通俗的语言讲清楚这个决定营销成败的关键问题。

009 滴露通过场景占领成就品类奇迹

我们来看一下“滴露”这个品牌是如何通过“场景占领”风靡全球的。

滴露官网信息显示：80 余年前，滴露诞生于英国医院，由细菌学家雷诺博士为拯救受“产褥热”困扰的产妇而发明。随后滴露从医院走进家庭，提供全方位消毒除菌方案，致力于保护亿万家庭远离病毒细菌威胁，构筑健康防线。从那时起，滴露在世界各地赢得了信任，产品用于防止伤口感染、疾病预防等领域，通过杀灭致病菌并帮助营造安全的环境，帮助妈妈们保护家庭成员，为他们的茁壮成长保驾护航。时至今日，滴露依然因其可靠及有效的特点而为世人所看重。它可以直接用于皮肤，安全无害；在担负环境灭菌重任时也能做到游刃有余……

通过上述内容，我们可以发现“滴露”是一种可以杀灭致病菌的“消毒杀菌产品”，这种产品的最初使用场景是在医院，主要用于防止伤口感染和疾病预防，如果沿用这个“消费场景”进行市场营销，会有什么问题呢？一是使用场景会非常受局限，这明显不是一款需要高频次使用的日用品。二是容易与很多廉价的消毒杀菌产品混为一谈，竞品太多、太杂。三是消费人群不清晰，似乎只有出现伤口或疾病的人群才需要用滴露。

如果滴露不进行全新的营销策划，就可能陷入“裸产品”的尴尬境地，对于 1993 年才进入中国市场的滴露来讲，如何找到准确有效的“消费场景”，如何让中国市场消费者接受并习惯使用滴露，这是一项非常有挑战性的营销工作。在滴露进入中国市场的前一年，舒肤佳已经率先进入中国市场（我们在后面会专门剖析舒肤佳的“场景占领”营销策略），此时的滴露如果贸然进入舒肤佳已经占领的消费场景，要么两者产生直接竞争，共同分割市场，要么其中一个败下阵来，丢掉中国市场，这显然都不是明智的选择。中国市场很大，只要找到一个有效的消费场景，就足以成就一个超级大品牌。

滴露的消费场景细分与占领

虽然滴露和舒肤佳都是“抗菌产品”，但完全可以通过不同的场景和产品形态进行市场营销，最终，舒肤佳选择了“洗手场景”，滴露选择了“洗衣服场景”，这是决定滴露在华未来 20 多年市场发展前景的重大营销战略决策。

滴露在进入中国市场 20 年后，随着对“衣物专业除菌”场景的强力占领，终于成为中国消费者心目中的“衣物除菌”知名品牌和品类代名词，很多消费者甚至习惯于将衣物除菌类消毒液统称为“滴露”，可见滴露对“洗衣服”这一场景的控制力。于是滴露开始试图抢占舒肤佳的“消费场景”，陆续推出抑菌香皂、抑菌洗手液、健康沐浴露等日用品，通过与舒肤佳非常类似的营销策略开始进攻“洗手和洗澡”的场景。从近几年市场营销表现和品牌影响力来看，以消毒液起家的滴露仍然保持着自身在“洗衣服”场景的绝对优势，以抗菌香皂起家的舒肤佳也明显保持着自身在“洗手和洗澡”场景的绝对优势。从场景占领角度来看，一旦某个消费场景已经出现强势的品牌，其他竞品想进入这个消费场景是非常难的。消费场景属于“稀缺资源”，品牌的核心价值就体现在对特定消费场景的控制力上。

滴露是如何实施对“洗衣服”消费场景占领的？我们用 5R 营销模型对滴露的营销策略进行推导展示：

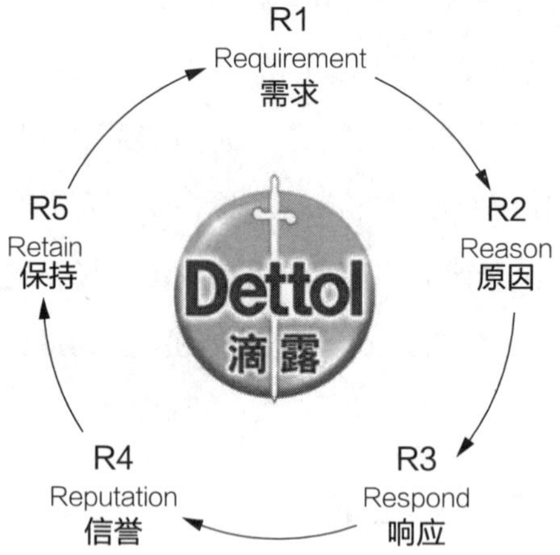

R1：Requirement（需求），是指消费者需要什么样的产品和服务。

我们千万不要认为滴露生产出一个“衣物除菌液”，一打广告，所有家庭都会买来使用，消费者需求的研究和挖掘不是这么简单的事情。在洗衣服这件事上，一定有一个群体存在痛点，这个群体就是有婴幼儿的家庭。一般家庭很少专门给孩子准备一台专用的洗衣机，这就意味着一台洗衣机要洗家里各种衣物——大家的内衣、外衣和各种脏的纺织物，然后还要洗孩子的衣物，这样的场景会让很多宝妈们产生焦虑。直接洗吧，怕交叉污染，影响孩子健康；单独手洗吧，又太辛苦、太麻烦；加普通消毒液吧，又会损伤衣服，产生的残留还会损害孩子健康。这种矛盾和焦虑的心理困扰着很多宝爸宝妈们。

还有一个更普遍的痛点，就是内衣和外衣要不要一起洗的问题。一起洗更方便，但内衣容易被外衣污染，内衣要贴身穿，对卫生干净度的要求更高；不一起洗，内衣就要手洗，又感觉很麻烦。以上就是消费者在用洗衣机“洗衣服”这件事儿上的“需求和痛点”。那么消费者需要一款什么产品呢？这款产品可以消除他们的焦虑，让他们可以放心地用家里的同一台洗衣机给孩子洗衣服而不用担心不够干净，可以将内衣和外衣一起洗，也不用担心内衣被污染，这就是消费者所期待的“产品”。

R2：Reason（原因），是指消费者产生购买需求的驱动因素。

仅仅粗略地将这种购买需求设定为“洗衣服的时候”还不够精准有效，再进一步明确一下这种需求就是家里有小宝宝后、内衣和外衣想要一起洗时、季节性流感发生时等，总之需要用干净卫生的、对抗细菌的、简单方便的方法来洗衣服时，消费者就需要“专业衣物除菌液”产品了，“呵护家人健康”是除菌类产品非常关键的驱动因素。

R3：Respond（响应），是指企业如何满足消费者的需求。

消费者的真实需求是什么？是满足自己在“懒”的情况下还能消除对细菌的焦虑，而且在解决除菌问题后还不能引发其他的顾虑，例如不能损伤衣服，不能有残留，不能间接伤害宝宝的娇嫩肌肤。企业在满足消费者需求时一定要非常简单，传递的感觉是产品非常安全而有效。消费者需要通过“消费”来满足需求和解决问题，但解决问题的过程不能产生新的问题，这个需求的满足必须是轻松的、简单的、愉悦的。

R4：Reputation（信誉），是指消费者为什么接受和认可这个品牌。

一个品牌在占领某个特定消费场景之前，一定要考虑到消费者的“理性质疑”：为什么在这个消费场景要选择你的产品？答案就是要有足够的信任背书，让消费者消除顾虑，进而接受你的品牌对特定消费场景的占领。例如在 R3 环节消费者所担心的各种问题，品牌方能否用非常简单的“信任状”来说服消费者“相信”？很多企业习惯于用很专业的、很长篇的内容来“教育”消费者，这个在消费品市场是行不通的，因为消费者不会听一个品牌长篇大论来讲自己的产品如何好，他们需要简单直接的消费决策依据。

R5：Retain（保持），是指如何保持良好而稳定的消费关系。

如果一个品牌很顺利地进入了一个消费场景并有力控制了这个场景，一定要不断强化自身在这个特定消费场景的“专业形象”。除了广告宣传之外，还要通过各种公益活动、品牌公关活动来传递“更高价值”，让消费者不断在内心进行自我确认“我的选择是对的，我信赖的品牌没让我失望”。只有让更多的消费者坚定自己的消费选择，只有不断强化与消费者之间的信任关系，才能保持自身对特定消费场景的控制权。

场景的选择与聚焦原理

通过以上 5 个环节的解析，一个清晰的“场景占领”营销路径就明确了，尽管滴露消毒液可以做出很多种日用品，但洗衣服的场景是相对最容易形成高频刚需消费习惯的“场景”，且这个场景痛点足够，又能充分发挥滴露产品的安全除菌优势。

于是，滴露一句非常经典的、沿用至今的“场景占领”广告语出现了：“洗衣服，多一步，专业除菌用滴露！”

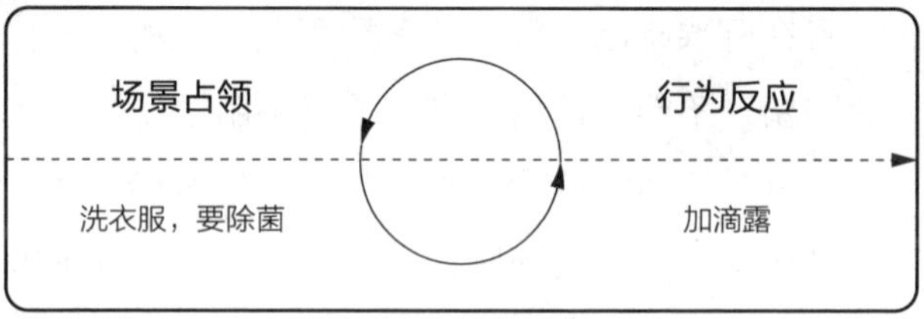

这个“场景占领”的广告语传递的信息非常准确有效，“洗衣服”是一个高频次出现的“场景”，“多一步”与后半句“专业除菌用滴露”是对消费者的行动建议。在行动建议中又明确了滴露的核心价值——“专业除菌”，这就很容易将“洗衣服”与“滴露”进行强连接，让滴露成为洗衣服的必备品。

为了打破“洗衣服场景”对滴露的限制，让滴露的专业除菌影响力延展到其他领域，滴露也经常打出“专业除菌用滴露”的广告，但场景占领效果明显不如“洗衣服，多一步，专业除菌用滴露”。至今滴露仍然在强化对这个消费场景的控制，而滴露在更多消费者心目中也仍然是“衣物除菌液”的代名词，这也充分证明了“场景占领”营销策略的力量。

“英国皇室御用产品”是滴露留给消费者的深刻印象之一，不管广告形式怎么变换，这句话始终紧跟“滴露”。如果说“洗衣服，多一步，专业除菌用滴露”是滴露设定的消费场景的话，“英国皇室御用产品”就是滴露的品牌“信任状”。滴露没有反复强调自己是安全的、品质好的，因为这样的表述本质上并不能打消存在于消费者内心的顾虑。消费者需要一个有效的“信任状”，通过这个“信任状”可以传递足够的信任感并打消顾虑。“英国皇室御用产品”就发挥了“信任状”的作用：首先，肯定有效，否则皇室不会用；其次，肯定安全，因为皇室的人对安全和健康更关注。有这两点就足够了，这是一个非常简单、直接、有效的“信任状”。

一个成功的品牌必须不断投资于消费者关系，强化品牌在消费者心智中的地位，让消费者坚定自己的选择。滴露除了广告推广之外，还不断进行各种线下的品牌公关活动，尤其对自然灾害发生后灾区防疫消杀工作，滴露每次都会积极捐赠并参与救灾，抓住一切机会强化在消费者心目中的“专业除菌”形象。

滴露还通过在地铁站搞“衣服的真相”艺术展，来强化滴露与“洗衣服”的场景关联。很多传统企业家心中的“广告”就是使劲儿宣传自己的产品有多好，不打广告则已，只要打广告，生怕产品不够显眼，生怕广告内容“浪费”。实际上，如果广告不能强化特定消费场景与产品在消费者心智中的失联，这样的广告大部分是浪费的。很多大企业找专业营销策划机构的目的就是避免广告费的浪费，如果营销策划有效，广告就会很有效，如果营销策划无效，再多广告砸进去也是白烧钱，将市场推广和广告投放预算的 20% 用于营销策划，就是为了让 80% 的费用产生 100% 乃至 200% 的效果。

公益品牌营销与场景占领

很多客户很好奇，问我为什么担任很多公益组织的理事或顾问，因为我发现公益品牌营销是“花最少的钱产生最大市场传播效果”的路径，所以积极推动企业在品牌传播环节向公益组织借力。如果一家企业希望通过投入 500 万元预算来有效影响 5000 万潜在消费者的话，直接投放商业广告可能只是将广告信息呈现在了 5000 万人眼前，这种影响是短暂的、微小的、缺乏信任的。如果用公益品牌营销的方式，这部分预算可能会直接和间接触达 1 亿人，而且这种影响是持续的、震撼的、有足够信任背书的。

如果一场公益活动的策划是与营销策划完美结合的，公益广告的触达就会更加精准有效，消费者会很快建立对品牌的信任感，同时通过公益组织的影响形成对产品消费场景的接纳，这样的推广效果会非常显著。

在辅导企业开展营销活动的过程中，我们发现欧美国家的企业对公益品牌营销活动的应用更加熟练有效，国内很多企业对公益品牌营销的认知不足，仍然停留在捐款捐物、获得证书、发个新闻稿这些初级层面。欧美很多企业特别擅长以公益活动的形式来对潜在消费群体进行“教育和影响”。例如滴露和舒肤佳，都持续通过公益活动推动更多消费者养成正确的卫生习惯，对抗致病菌，保护人类健康。这个方向的公益活动可以有很多创意，我们需要借鉴的是，这些成熟的欧美企业都是在用“场景占领”的方式来树立自身专业形象和强化产品与生活场景的结合。成功的品牌营销不仅是让更多的消费者知道“我是谁，有什么优势”，还要让更多的消费者清楚“什么时候要购买和使用，为什么要选我”。

010　舒肤佳的场景占领营销策略

香皂、洗手液、沐浴露，这些都属于皮肤清洁用品，在洗手液和沐浴露产品出现之前，一块儿香皂可以有多种用途，甚至可以用来洗头。从香皂诞生之日起，很多日化企业就在想尽各种办法“营销”香皂，丰富的泡沫、更多的牛奶、不同的香味，香皂的竞争始终在一个狭小的赛道里展开，似乎所有的香皂产品都在取悦女人，更光滑细腻、更迷人芬芳、更持久留香，拼命与护肤品和香水抢夺市场。再紧接着，开始出现婴幼儿香皂、药皂等细分产品，从产品角度看，似乎在不断创新，从消费场景来看，又感觉大家似乎大同小异，没有特别令人印象深刻的产品。

舒肤佳的出现打破了这样的局面，不同于其他香皂的传统卖点策略，舒肤佳开始瞄准了一个人们看不见、摸不着，但知道它的存在，又每天不得不接触的“人类公敌”——致病菌。对于清洁用品，看得见的“清洁效果”几乎大家都能做得到，如果只是对比“洗得更干净”或“香味更独特”这些卖点，很难从众多产品中脱颖而出，这些常规卖点已经进入同质化竞争阶段。对于舒肤佳来讲，要么进入传统香皂竞争的红海，要么占领一个独特的、有效的“消费场景”，做细分领域的冠军，舒肤佳最终选择了后者。这个有效的消费场景是如何设计出来的呢？这就要回到香皂的基本功能上来，不管是洗手还是洗澡，香皂的作用就是清洁，价值就是洗得更干净，这个需求点是香皂价值的核心，相比之下，香味只是附加值，干净才是关键价值，于是舒肤佳开始重新定义“洗得干净”这个标准。

“洗得干净”有两种判断标准：一种是肉眼判断，皮肤上看得见的污渍洗掉了，肉眼可见，皮肤变得干净了，这是一种最常规的标准。如果换一种标准，用检测微生物的方式，可能看似已经非常干净的皮肤，实际上致病菌还是超标的，那么这就不是真正的干净，这种超标的致病菌对人体仍然会有危害，这就不够卫生。只要人体还受到致病菌的威胁，就是“不够干净”，这个标准很容易被大家所接受，也很容易超越很多竞品，于是舒肤佳推出“抗菌香皂”。

我们用 5R 营销模型来对舒肤佳的营销策略进行推导展示。

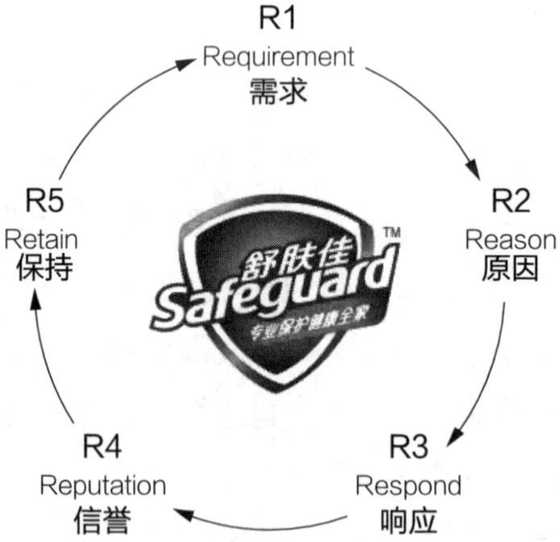

R1：Requirement（需求），是指消费者需要什么样的产品和服务。

香皂的基本功能就是“清洁”，基本价值就是把皮肤洗得更干净，在满足基本功能价值的前提下，除了留下芳香，如果能有一款产品洗得更干净、真干净，就更能满足消费者的需求。此时的消费者需求仍处于休眠状态，他们目前对市场上现有的香皂产品并没有产生不满，要想激发出新的消费需求，开发出一个巨大的消费市场，就必须打破这种平衡和沉默，让消费者认识到现有产品的局限性。

R2：Reason（原因），是指消费者产生购买需求的驱动因素。

消费者对“抗菌产品”的需求动机源自对“致病菌”的恐惧，要想让消费者产生购买需求，就要让更多的消费者认识“致病菌”的危害并产生对“致病菌”的恐惧。实际上，致病菌是看不到的，看不见的东西是很难引发人们的恐惧的，仅仅讲致病菌的危害是不够的，必须让更多人“看到致病菌”并逐步强化对致病菌的焦虑和恐惧。假如消费者能看到致病菌，他们会在什么样的场景下最担心致病菌带来的危害，并渴望快速消灭致病菌？让消费者“看到致病菌”，并以常见的“场景”来激发消费者对抗和消灭致病菌的需求，这是非常关键的营销举措。

R3：Respond（响应），是指企业如何满足消费者的需求。

企业满足消费者需求的基本逻辑就是“解决问题、消除焦虑、满足追求”，如果消费者恐惧致病菌，企业所提供的产品就应该能够有效去除致病菌，而且这种有效性应该明显高于普通产品和竞品。如果消费者担心细菌滋生，反复洗手都不能消除这种焦虑，企业就应该为消费者提供可以“有效抑菌”的产品，能够在洗手后保持更长时间的干净卫生。消费者希望自己能获得健康的保护伞，企业就应该为消费者提供长效的、安全的保护。这是建立消费场景和消费行为“连接”的关键点。

R4：Reputation（信誉），是指消费者为什么接受和认可这个品牌。

要想让消费者接受和认可一个“专业抗菌”品牌，就必须建立专业的品牌形象和提供有效的品牌“信任状”。“专业抗菌”的品牌形象要明显区别于普通的日用品包装，要有“医学范儿”的气质和“高科技”的严谨，这就像医生穿上白大褂后的效果，产品包装要自带权威感。在品牌传播方面，要带有医学科普教育属性，与品牌定位相匹配。消费者一定会有疑问：凭什么相信这个产品就能专业抗菌和抑菌呢？所以要有一个明确的专属概念和通俗易懂的原理解释，如果这个解释是通过科学实验来完成的，会更加有公信力。

R5：Retain（保持），是指如何保持良好而稳定的消费关系。

消费者凭什么持续信赖一个品牌，持续复购一款产品？这源自对品牌的好感和对产品的信心。培养和保持消费者对品牌的“好感”，不断强化消费者对产品的信心，这个需要持续的、更有“攻心”作用的品牌公关活动。什么叫有“攻心”作用？同样做宣传推广活动，让更多消费者“知道”，这是普通广告；让更多消费者“认同和感动”，这是具有“攻心”作用的品牌公关活动。消费者不会因为产品广告做得好而感动，也不会因为产品质量好而感动，但会因为一个“专业抗菌”品牌在不断致力于帮助人们对抗致病菌、养成良好卫生习惯、掌握正确洗手方式而产生更多的认同和感动。

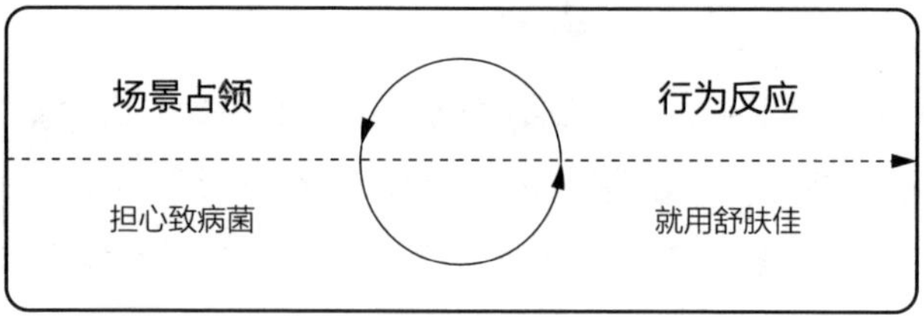

舒肤佳的品牌定位与价值定义

从产品品类细分上，舒肤佳跳出传统洗护用品竞争的红海，开辟出“抗菌香皂”创新品类；从品牌定位和价值定义上，舒肤佳提出“专业保护健康全家”，注意这个 slogan 既有定位属性又有价值定义属性。很多品牌在定位时习惯使用“高端品牌”或“领导者”等纯形容词，没有清晰定义产品的消费价值，在这一方面需要向舒肤佳学习。

为什么说舒肤佳这句 slogan 同时满足了定位和价值定义两种属性呢？我们来分析一下：“专业保护”是舒肤佳对“抗菌香皂”这一属性的诠释，也是对舒肤佳品牌的定位，但“专业保护”是抽象的说法，高大上但不够具体。“健康全家”则是一种非常现实的利益。为什么要购买专业的抗菌香皂？因为可以获得健康，而且是全家健康，这就是消费者在购买和使用产品后可以获得的价值，我们称之为“消费价值”。真正打动消费者的不是“专业”，也不是“抗菌”，而是“健康”。

公牛插座就使用了非常类似的“双定”策略，对品牌进行定位，再进行价值定义。公牛插座开辟出“安全插座”创新品类，并将品牌定位为“公牛安全插座”，但这种定位是抽象的、缺乏价值感的，需要进一步进行价值定义，于是公牛安全插座的slogan表达为“保护电器，保护人”，这就是对“安全插座”消费价值的诠释。如果想让消费者花更多的钱去买一个安全插座，仅仅有“安全”这个说法是不够的，真正能够打动消费者的是“保护电器，保护人”，这是安全插座能够给消费者带来的价值，消费者是愿意为这个价值而多支付费用的。

我们看舒肤佳的标志，整体是一个盾牌形象，舒肤佳的英文名称“Safeguard”本来就是保护、安全守护的意思，组成一个盾牌形状，非常清晰地表达了“保护”的寓意。一句slogan“专业保护健康全家”又将这种“保护”带来的价值清晰表达了出来，这个价值就是“健康全家”。从以上舒肤佳的标志设计我们就可以看出，这已经不再是一款普通的香皂，而是一款能“专业保护健康全家”的抗菌、抑菌香皂。这款香皂能带给人们的不是普通的“干净”，而是有效去除致病菌并持续抑菌的“健康守护”，这种价值已经远远超出日用洗护用品本身的基础价值。

舒肤佳对消费者痛点的挖掘

“专业保护健康全家”，舒肤佳的这句slogan虽然进行了价值定义，但并没有一个清晰的消费场景，因此很多人会问：香皂、洗手液、沐浴露的消费场景不都一样吗？凡是有这个疑问的，都还没有真正分清楚“使用场景”和“购买场景”。是的，只有洗手时才会用香皂或洗手液，但在消费者购买香皂或洗手液的时候会因为什么场景而选择购买舒肤佳呢？

一款畅销产品一定有自己的独特价值，这种价值就体现在可以帮助消费者解决痛点问题。如果痛点问题是“隐性”的，就要想办法“放大”问题和痛点，让隐性的问题变成显性的痛点。舒肤佳就是这么做的，通过直观形象的表达让越来越多的消费者产生对“致病菌”的担忧，尤其是在容易发生流行疾病的季节或发生疫情的特殊时期，人们内心是恐惧“致病菌”的。人们为了对付这些看不见的敌人，开始想尽各种办法，不断地洗手，不断地消毒。舒肤佳通过与普通洗护用品对照，再通过与含有抑菌成分的普通产品对照，来展示舒肤佳去除“致病菌”并长时间抑制细菌再生的明显优势，并不断强调“保护全家人整天不受致病菌侵扰”。先放大痛苦和焦虑，再安抚消费者内心，让更多消费者因使用舒肤佳产品而不惧“致病菌”侵扰。什么样的场景能够引发人们对“致病菌”的担忧？什么样的场景可以唤醒消费者对“舒肤佳”的需求？基于这两个问题，舒肤佳开始强有力地进行“场景占领”营销攻势。

“场景占领”一定要结合日常生活最常见的场景，这种场景一定是大部分消费者都会遇到的，而且一定要能引发消费者的担忧或需求，要么跟消费者自己有关，要么与消费者最关心的人有关，往往后者比前者效果更明显。卓越有效的营销方案往往是精准迎合人性的营销方案，没有人可以违背人性而把营销做得很好。我们应该研究人性，做符合人性的营销决策，并通过有效的传播策略来唤醒人性中本来就有的力量，这种力量可以是爱、是自尊、是对美好的追求。

在日常生活中，我们可以发现这样一个现象：很多年轻的爸爸妈妈在带孩子的时候，自己可能奉行“不干不净吃了没病”，但对于孩子，却生怕不够干净。水果要洗得很干净才给孩子吃，奶瓶要经常高温消毒，给孩子洗衣服要选择婴幼儿专用洗衣液，婴儿房里还要有空气净化器，总之，孩子吃的喝的穿的用的，甚至是呼吸的空气，爸爸妈妈们都希望是干净的、最好的。父母对孩子的爱的力量是伟大的，一旦某种消费决策与这种力量有关，消费者就开始对价格变得不敏感，消费决策过程就会变得更加感性。一旦某个品牌占领了“关爱孩子”这个场景，就会逐步获得非常有利的市场地位。舒肤佳就是基于这样的原理，围绕“呵护孩子健康”这一场景进行了一系列的营销活动。

舒肤佳的场景占领营销攻势

孩子户外玩耍、与宠物玩耍、触碰各种沾满细菌的物品，这些都对孩子的健康造成一定程度的潜在威胁，家长在看到自己孩子接触这些场景时，内心就会产生担忧。如果再通过更直观的形式告诉家长，孩子手上甚至身上都可能沾满了各种“致病菌”，本来看不见的“致病菌”在舒肤佳的广告中是看得见的、令人毛骨悚然的，这就加剧了家长们的担忧和焦虑。在舒肤佳广告的“激发”下，家长们再看到孩子浑身脏兮兮从户外回来时，看到的不仅是满身的泥土，更是满身的“致病菌”，这种焦虑就构成了“问题”，而舒肤佳恰恰就是专业解决这类问题的。有效除菌，长效抑菌，并且通过科学实验的形式来验证舒肤佳在除菌和抑菌方面的显著优势，强化了舒肤佳在消费者心智中的“专业抗菌”形象。

舒肤佳营销的并不是香皂、洗手液、沐浴露等产品，而是在特定的场景下有效除菌、长效抑菌、保护家人健康的“解决方案”。人们只要担心“致病菌”就会想到舒肤佳，哪里有致病菌，哪里就应该有舒肤佳，将产品与“致病菌”绑定，这是舒肤佳“场景占领”营销策略的关键点。

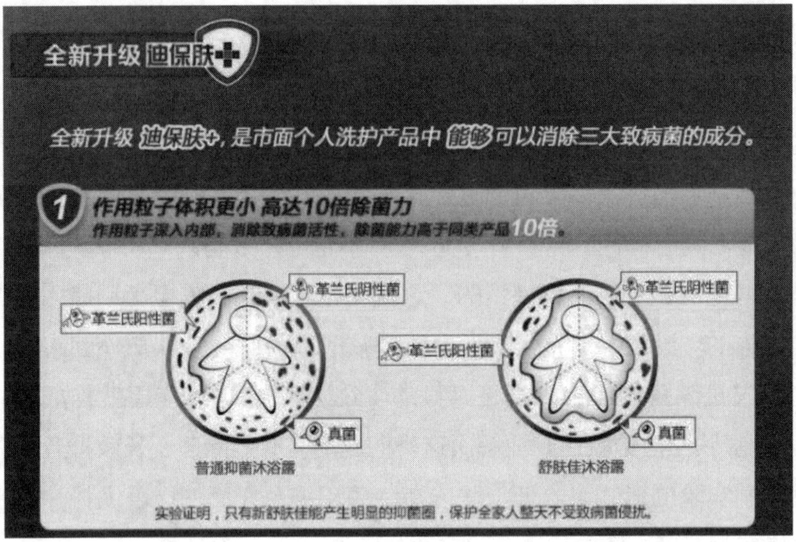

不同于传统营销活动“以产品为核心”的打法，舒肤佳不断在“场景占领”方面进行强化，在更多与“致病菌”有关的场景中植入“舒肤佳”。哪里有“对致病菌的恐惧”，哪里就有“专业抗菌的舒肤佳”，久而久之，舒肤佳在消费者的心智中已经不再是一款普通的洗护用品，而成为一种专业守护人类健康的“安全力量”。

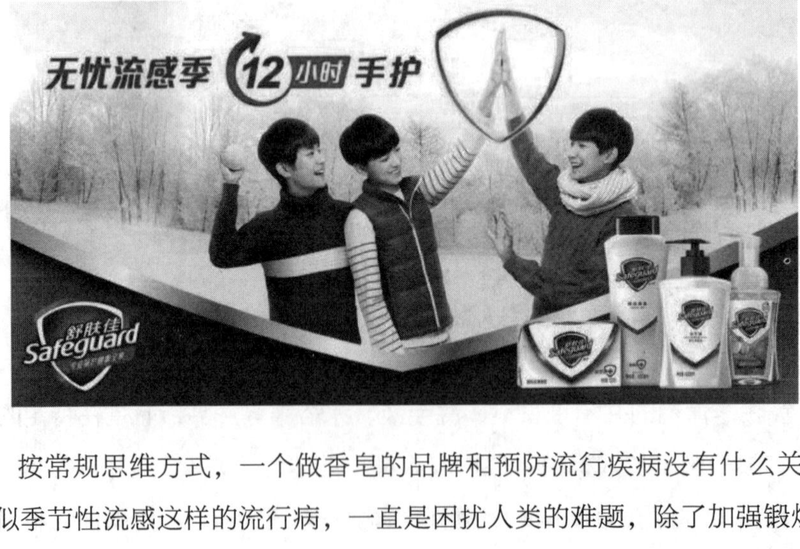

按常规思维方式，一个做香皂的品牌和预防流行疾病没有什么关系，类似季节性流感这样的流行病，一直是困扰人类的难题，除了加强锻炼提高免疫力，就是打流感疫苗，似乎没有更好的办法。舒肤佳不这么认为，

因为舒肤佳是专门对抗“致病菌”的，尽管流感是“病毒”，但实际上大部分消费者是不会区分“病菌”和“病毒”这些概念的，只要有害人体健康的“微生物”，只要是可以被“洗掉”的，那就跟舒肤佳有关系。于是舒肤佳专门针对“流感季”推出“无忧流感季，12 小时手护”，因为经常洗手、正确洗手确实可以有效防止流行疾病，这个“场景占领”营销策略丝毫不显突兀。

强化品牌专业抗菌形象

抗菌香皂有效的抗菌抑菌成分是“三氯卡班”（分子式为 $C_{13}H_9C_{13}N_2O$），如果舒肤佳直接宣传这个化学成分，一是容易被模仿，二是容易引起消费者的顾虑，三是不够神秘、不够有吸引力。舒肤佳注册了“迪保肤”商标，并用这个名称来代替化学名称“三氯卡班”，在给人一种神秘感的同时，听起来也比较舒服。关键是，虽然竞争对手也在香皂中添加“三氯卡班”，但永远无法在产品说明中出现“迪保肤”，这就形成了概念领先和独特优势。

我们看到，舒肤佳的包装和广告，不仅将“迪保肤”以有效抗菌成分的形式标注出来，更是将这个概念上升到“迪保肤 + 科技”这样的高度，将添加抗菌成分这事儿通过营销手段进行概念策划后，展现给消费者的是一种充满科技感和神秘色彩的独特产品，这是非常值得学习借鉴的。

011 场景占领是可持续的营销驱动

营销策划的意义到底是什么？很多企业仍然不理解为什么需要营销策划，更不清楚为什么需要进行消费场景设计和“场景占领”营销策略的制订。很多企业拥有非常好的产品，但思想非常传统，只知道强调自己的产品有多好，只懂得用推销的手段去销售自己的产品，除了拼价格、讲质量，没有更好的角度和策略去做营销，尽管已经经营很多年，但在消费者心智中根本没有一席之地，似乎任何消费场景都跟这些传统品牌关联不上。类似舒肤佳这样的品牌，以及跟舒肤佳同属于宝洁公司的海飞丝品牌，它们都不是站在产品角度“卖产品”，而是站在消费者角度提供与消费场景相匹配的“解决方案”，这些产品和品牌所占领的消费场景已经深深扎根在消费者的心智中。站在产品角度做营销的传统企业经营者很难理解“场景占领”的价值和意义，与品牌营销型企业相比，相当于处于两个不同维度的平行空间，传统企业要想在营销上有大突破，先要在认知上有大进步！

很多企业家认为“场景占领”是需要大量砸广告的。事实是这样的吗？如果你仅仅是做了一个品牌定位或广告创意，那肯定是要砸广告的，没有足够的广告费，品牌定位和广告创意就传播不出去，也就无法发挥价值。“场景占领”也必须依赖烧钱砸广告吗？不一定。有足够的资金固然好，大量的广告更有助于一个品牌快速进行“场景占领”，即使后续广告投放减少或停了，人们在遇到某种特定消费场景时，仍然会想到这个品牌的产品。这就像我们已经接受了“怕上火，喝王老吉”，即使一年不看广告，仍然会在“担心上火”的消费场景下选择喝王老吉；对于习惯了“累了困了，喝东鹏特饮”的消费人群，即使是很久不看广告，也会在需要抗疲劳的时候喝东鹏特饮。

我有一位朋友，十几年前的一次聚餐后，他到处去找“九龙斋酸梅汤”，有别的酸梅汤他不喝，就找九龙斋的酸梅汤。我问他为什么就偏偏要找“九龙斋”，他说“解油腻，九龙斋”。那会儿九龙斋在北京市场做得正火，山楂树下还没有抢占“饭后”这个消费场景，如果这位朋友看的广告是“山楂树下，多吃不怕”，估计那天他就会到处去找“山楂树下”了。我讲这些案例就是要告诉大家“场景占领”的重要性，而且很多“场景占领”的营销策略实施其实并不是特别依赖投放广告，比如很多快消品就是通过终端货架广告和终端促销活动来匹配“场景占领”营销策略，也取得了非常好的营销业绩。

012 场景越聚焦，推广越有效

舒肤佳的“场景占领”是靠大量投放广告来实现的吗？其实舒肤佳在低成本品牌公关和消费场景强化方面是做得非常到位的。舒肤佳围绕“洗手”和良好卫生习惯培养，策划并实施了很多公益活动，这些公益活动非常精准地覆盖影响了很多核心消费人群，强化了“洗手”这个高频重复的“场景”与“舒肤佳”的强连接，在品牌和消费者之间搭建起了信任的桥梁，既推广了舒肤佳品牌，又普及了正确洗手和有效抗菌的常识。

为什么舒肤佳可以通过公益活动如此精准地“触达”消费者？因为舒肤佳的消费人群画像非常精准，就是有孩子的家庭，只要让孩子接受“舒肤佳”，整个家庭就接受了“舒肤佳”。为什么舒肤佳的公益活动能取得理想的市场推广效果？因为舒肤佳给自己的定位不是“卖产品”，而是“对抗致病菌”。如果是“卖产品”，公益活动就很难高效开展；如果是“对抗致病菌”，就能轻松找到很多公益切入点，而且还能将“消费场景”与公益活动的内容紧密结合起来，达到市场教育和品牌推广的目的。舒肤佳与幼儿园、中小学合作开展以“卫生习惯养成”和“正确洗手”为主题的一系列公益活动，其影响力、信任感和营销效果都远远强于普通的广告投放。

美国很多知名品牌都很有“战略营销意识”，它们一边快速进行各种有效的“场景占领”，做好当下的市场营销，一边又瞄准下一代，为未来的市场储备主力消费人群，同时也为自身树立了良好的品牌形象。国内很多成长型企业就非常缺乏这样的“战略营销意识”，所有的注意力都在“卖产品”上，市场做不大时，就宽慰自己说，这是因为资金实力不足，总想着等有钱了就打广告，认为资金限制了自身的发展，广告可以帮自己解决所有营销难题，陷入了一个思维怪圈。实际上，即使有了充足的资金，砸了广告，也会很快发现广告不是万能的，尤其在社交媒体占流量主导的今天，传统媒体广告的实际营销价值在减弱，如果缺乏战略营销顶层设计，仅仅靠烧钱砸广告，很快就会陷入新的市场困局。

将成功品牌“成功的原因”归结于“有钱”，这样的“认知水平”恐怕才是企业落后于对手的关键原因。当我们愿意从营销专业角度去了解成功品牌时就会发现，其实我们可以基于现实条件借鉴很多东西，看得见的困难都容易克服，深藏于大脑的“认知局限”才是最大的障碍。

第四章

场景占领是营销关键一步

CHAPTER 4

The Secret of Best-selling

一个带有很明显模仿痕迹的新品牌如何超越销量领先的老品牌？如何有力分割竞品的市场，让对手无法防守？如何通过场景占领营销策略成为细分领域专业品牌，把老牌对手逼入“模仿者”的尴尬境地？这一系列的营销操作堪比精彩的商战大片，其背后就是“场景占领营销思维”和“传统经营思维”的较量。

燕窝市场的竞争非常激烈，可谓乱象频出，整个燕窝品类一直处于争议之中，有人热衷食用燕窝，有人说这是收割智商税，有人从生态保护角度反对食用燕窝，总之这是一个充满争议的品类。燕窝最早的经营形式是出现在高端餐饮中，并不是独立专卖经营，这样的消费场景很受局限，也很难形成独立的燕窝品牌。现在主流的燕窝品牌都在以门店为载体，以特许连锁形式开展线上线下结合的新零售。不管经营模式如何创新，最终还是要让更多的消费者吃上燕窝产品，这就离不开营销。

传统的经营思维是坐等客户上门，产品和服务是标准化的，来消费的客户是多样化的，更多考虑的是“如何将产品和服务卖给更多的消费者”，客户画像是模糊不清的。以“场景占领”为代表的新营销思维思考的角度是“消费者”，不仅要有清晰的客户画像，还要为这部分精准的客户构建高频次、刚性需求的“消费场景”，这与传统经营思维有着很大的区别。

001 消费场景混乱是营销的硬伤

燕之屋应该算是中国燕窝行业的老牌子了，公开资料显示，燕之屋创始人于1997年以燕窝专柜形式在国内开展燕窝的经营业务，提供燕窝零售、现炖现吃和外送服务，并于2002年正式推出“燕之屋”品牌，以特许连锁模式运营该品牌。燕之屋在2012年推出一款开碗即食的燕窝——碗燕，应该算是国内开碗即食燕窝的开创者了，再加上大量的广告投放，让消费者一看到开碗即食的燕窝，就会想到“燕之屋碗燕”，这种创新产品形态的推广也是具有明显领先优势的。注意，我们在这里不是要给燕之屋打广告，而是要剖析营销问题，在燕窝这个细分赛道，无论是品牌影响力、销售终端数量、产品创新与概念引领，燕之屋都已经具备了明显优势，但在营销方面，却有着很大的局限性，属于典型的传统经营思维。

燕之屋在营销战略上的最大失误就是“消费场景混乱”，对消费人群的定位不够清晰、不够聚焦，缺乏“场景占领”意识，这就为竞品的快速成长提供了机会。在“场景占领”营销角度，被某个品牌有力占领的消费场景是不容易抢夺的，如果竞品只是卖产品，没有控制特定的消费场景，那就很容易用“场景占领”的策略进行市场瓜分。

观察燕之屋长期的广告投放内容、品牌代言人等不难发现，燕之屋试图将“碗燕”卖给所有有能力消费燕窝的女人，消费场景包括了抗衰老、提高免疫力、运动、生日礼物、疼爱老婆的心意、怀孕女人的补品、女人之间攀比的谈资等。试图将产品卖给尽可能多的人群，这是传统企业最容易犯的营销错误，在“产品导向型”的营销观念里，他们认为营销就是把产品卖给更多的人，让更多的人消费自己的产品，就能做出更好的市场业绩，其实，这是一种误区。

002 消费场景要发挥产品独特优势

燕之屋品牌的代言人有刘嘉玲、林志玲和孙一文，围绕“碗燕”这款产品，刘嘉玲版的广告和林志玲版的广告内容基本一致，就是“吃燕窝，我只选碗燕”，这属于典型的代言广告，没有设置任何的消费场景。从消费建议角度，燕之屋建议消费者在什么情况下购买燕之屋呢？广告内容也有多种版本，有一个版本是几位太太在一起聊天，发现其中一位最近气色特别好，原来是老公给她买了燕之屋碗燕，这个场景针对的是“抗衰老和补气血”的消费需求。这个场景导致燕之屋的燕窝产品直接被与阿胶产品放在了一个竞争层面，谈到女人的气色问题，恐怕燕窝在消费者心智中的地位还很难与阿胶竞争，燕之屋的这版广告显然没有充分发挥燕窝的优势，也没有考虑到独特消费场景占领问题。

由于代言人是刘嘉玲，根据代言人的年龄特征和广告内容的导向性，燕之屋碗燕给消费者留下的印象是“中老年女人补气血、抗衰老的营养品”，这个局限性就非常大。虽然广告所设定的“气色好”这个需求是广泛存在的，但年龄的设定比较尴尬，年轻女性感觉跟自己无关，年龄稍大一些的不愿意承认自己年龄大。广告一再强调是老公买给老婆的，表达的是老公对老婆的爱，但现实生活中，哪位男士要是主动给老婆买这款燕窝，恐怕会被误认为是“嫌弃老婆人老珠黄”吧！这种容易引发家庭矛盾的事儿，很多男士会尽量回避的。为什么这么好的补品，这么有名气的代言人，这么“有爱”的广告内容，会出现这么多纠结和尴尬呢？这就是因为缺乏对“消费场景”的严谨选择与设计，在不同的消费场景中，消费者的购买动力和心理感受是不一样的。

在刘嘉玲代言燕之屋碗燕期间，还推出了针对“女神生日”送燕之屋碗燕和“春节送礼”选燕之屋碗燕的广告，这些“送礼”场景又一次将碗燕产品与很多竞品置于同一竞争层面。心中的女神过生日，可以选择的礼物太多了，为什么要选择碗燕呢？在没有解决“基础消费场景”的情况下，去抢占“送礼”场景是很难有理想效果的。“春节送礼场景”比“女神生日礼物”的场景更加糟糕，春节礼品市场的竞争太激烈了，各种礼盒琳琅满目，够面子而又性价比很高的礼盒产品太多了，在春节送礼的场景中，碗燕很难发挥燕窝的优势，去跟无数的礼盒产品抢节日礼品市场，这个绝非明智选择。

003 给消费者一个有效的购买理由

燕之屋不断宣传燕窝才是刘嘉玲“冻龄”的秘密，这个从营销角度也是有很大风险的，姑且不论这个会不会涉嫌虚假宣传，仅将燕窝产品与“抗衰老”进行强连接，这个就已经是一个很大的营销战略性失误了。这相当于过度拉高了消费者对燕窝产品的消费期望值，这样的消费场景设定是一个危险的营销举措。一边是品牌方在宣传女神的“冻龄”，一边是各种娱乐新闻在曝光这些女神“无异于常人”的衰老，这种矛盾的信息冲突会直接导致品牌公信力的下滑。越来越多的女性消费者开始意识到所谓“冻龄”的秘密，即“冻龄”绝不是靠吃补品就能实现的，如果真的有消费者寄希望于吃燕窝能保持“冻龄”，结果只能令其大失所望。兑现难度太大的“品牌承诺”是非常容易引发消费者不满的，也很难持续吸引消费者复购。

继刘嘉玲之后，燕之屋又签约了林志玲，通常一个品牌在换新的代言人或增加新的代言人后都会匹配新的营销策略，但我们没有发现燕之屋在林志玲代言后有太明显的营销策略调整，消费场景仍然不清晰、不聚焦。

“吃燕窝，我只选碗燕”这句广告语有什么问题呢？我在前面已经评价过这个广告语，这属于典型的代言广告，没有设置任何的消费场景，出现这个问题的根本原因是“错误的前提假设”。“吃燕窝，我只选碗燕”这句话是说给谁听的？肯定不是说给那些不了解燕窝的人听的，很明显这句话是说给“想买燕窝”的消费者听的，对于“不了解燕窝、还未开始食用燕窝”的消费人群基本没有什么作用。

我们看六个核桃的广告“经常用脑，多喝六个核桃”，这是说给谁听的？说给所有“经常用脑”的人群听的，这个消费群体基数非常大。如果将六个核桃的广告语改为“喝核桃乳，就选六个核桃”，还有这样的营销效果吗？差距就太大了。再看王老吉的广告“怕上火，就喝王老吉”，如果改为“喝凉茶，就选王老吉”，估计就不会有什么红罐凉茶传奇了。

燕之屋新代言人孙一文是中国国家击剑队运动员、奥运冠军，之前燕之屋已经与中国国家击剑队建立合作关系，成为国家击剑队指定燕窝产品。当我看到这些信息的时候，仿佛看到了传统企业在品牌营销方面的“乱冲乱撞”。单纯看国家击剑队或奥运冠军孙一文，都是非常棒的品牌代言合作方。问题不是出现在代言合作方，而是通过这一番操作，实在让人看不明白燕之屋的“消费场景”了，这是要转型做运动营养补充品吗？或许燕之屋根本就没有考虑这个问题，在传统企业看来，“国家队”“奥运冠军”

对产品的认可，意味着产品质量的安全可靠，至于品牌定位和“消费场景”，通常不在传统企业的考虑范围内。

燕窝是一种滋补营养品，有其特定的产品属性和社会认知基础，让这样的一款产品一会儿抗衰老，一会儿当生日礼物，一会儿当春节礼物，一会儿又当运动员的营养补充品，还在商务宴请场景让一帮男人品尝燕窝，这消费场景混乱到让人着急。

燕之屋营销问题剖析

燕之屋在整体营销布局上到底存在什么问题？我们用 5R 营销模型来对燕之屋的营销现状进行剖析，看看问题到底出在哪里。

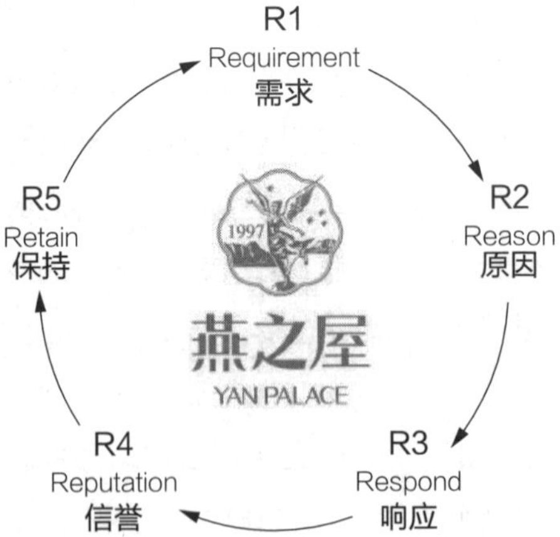

R1：Requirement（需求），是指消费者需要什么样的产品和服务。

消费者需要燕窝吗？这就像是在问："消费者需要钻石吗？"

燕窝只是众多营养品中的一种，燕窝本身不是刚需营养品，属于营养品中的奢侈品，人们的生活中可以有燕窝，也可以没有燕窝，归根结底，消费者的真实需求不是燕窝，认识到这一点，才是新营销意识的觉醒。那么消费者需要什么？需要借助燕窝这个产品来获得高于营养品本身的那种心理满足和价值追求。要想满足消费者的需求，就要赋予燕窝情感寓意，并且为这种情感的表达提供清晰的场景。用燕窝来求爱、表白显然是行不通的，这不符合燕窝的属性，燕窝的产品属性是什么？是滋补、是呵护。消费者在什么场景下最需要滋补产品？在什么场景下最需要精心呵护？在什么场景下最需要表达这种呵护？在什么场景下燕窝比其他营养品更能表达这份精细呵护？这是燕窝企业需要思考清楚的问题。

R2：Reason（原因），是指消费者产生购买需求的驱动因素。

燕窝属于价格较高的滋补营养品，不属于日常生活必备的食材，这样的产品很少有消费者自己买给自己吃，而且很多人吃燕窝是因为燕窝的营养价值，很少有人会因为特别想吃燕窝而购买燕窝。人们在什么时候会产生对燕窝的购买需求呢？这种场景有点儿像"炖个鸡汤补补"，通常面对特别需要滋补的人才会想到燕窝等补品，而且购买燕窝的人跟这个需要滋补的人有着非常紧密的亲情关系，出于内心的关爱，会想尽各种办法给对方"补补"。需要滋补的情况有身体较弱、病后康复、辛苦劳累、怀孕、产后康复、哺乳期等，在这些情况下，购买的意愿和紧迫感都会比平时强烈。燕窝企业应该优先考虑这些"强需求"，而不是那些节日送礼、运动营养补充、商务宴请等"弱需求"，在这些弱需求场景下，燕窝并不是首选产品，可替代的竞品太多了。

R3：Respond（响应），是指企业如何满足消费者的需求。

企业不能仅仅是给消费者提供"燕窝"，还要让燕窝产品适应不同的消费人群和消费场景，让购买燕窝的人更能表达自己对亲人的关爱。例如术后康复燕窝、提高免疫力的燕窝、孕期滋补燕窝、产后月子燕窝、哺乳期妈妈燕窝，甚至可以有考试燕窝等，这叫满足具体消费场景。当然，企业不能一下子搞这么一大堆产品，聚焦一个细分场景就有机会撬动一个很大的市场。从场景占领营销视角，不提倡将一款产品卖给不同的消费群体，而是要用一款产品全力满足特定消费群体在特定场景下的消费需求。

R4：Reputation（信誉），是指消费者为什么接受和认可这个品牌。

消费者容易接受和认可专业和专注的品牌。我们前面提到"满足特定消费群体在特定消费场景下的消费需求"，如果消费者想买一罐婴幼儿配方奶粉，他们一定希望购买专业的婴幼儿配方奶粉品牌的产品，如果一个品牌同时生产中老年奶粉和各种休闲食品，那么这个品牌在消费者心目中的形象一定不够专业。消费者接受和认可一个品牌，一定是认为这个品牌更擅长、更专注于提供让消费者放心和满意的产品。聚焦和专注是对消费者的一种品牌承诺，更是一种战略选择。"燕之屋"是一个燕窝品牌，但不能代表任何有关燕窝的细分消费场景，"碗燕"让人想到的是燕之屋开创了这种开碗即食的产品形态，但仍然没有聚焦任何消费场景，这是燕之屋在品牌战略上存在的问题。

R5：Retain（保持），是指如何保持良好而稳定的消费关系。

与消费者保持良好的关系需要不断强化品牌对特定消费场景的占领和控制力，增加特定消费人群对品牌的好感度。作为燕窝品牌，如果选择了一个细分消费场景，就应该不断深入这个场景并展现在这个领域的专业和专注。如果选择的细分场景是哺乳期妈妈的营养补充，就应该不断地在哺乳期心理关怀、母乳喂养等领域开展深入人心的品牌公关活动。如果选择的细分场景是孕期妈妈的营养补充，就应该不断地在优生优育、孕期保健养生等领域开展有效的品牌公关活动。一个品牌只有不断出现在特定场景中并给特定的消费人群带来价值，才能保持良好而稳定的消费关系。如果一个品牌是不聚焦的，就很难有效占领一个消费场景，一边在宣传"抗衰老""冻龄"，一边又在参加优生优育的公益活动，场景是毫无关联的，就很难发挥强化消费关系的价值。

我在开车的途中，经常听到燕之屋的广播广告，其中有一条广告播出后，我当时就说这次的消费场景找对了。广告里一位刚怀孕的女士接到自己母亲打来的电话，母亲在电话里说特意为女儿买了燕之屋碗燕，提醒女儿记得每天吃一碗，一人吃两人补，大概是这么一个意思。当我听到“一人吃两人补”的时候，就判断如果能聚焦这个消费场景，可以超越燕之屋以往所设定的所有“消费场景”，因为这是一个需求旺盛、痛点明确、消费意愿强烈、可持续的“消费场景”。

004 营销竞争的焦点是场景之争

就在燕之屋推出“碗燕”两年后，福建厦门一家主营燕窝代工业务的企业成立，并开始为整个燕窝行业提供代工业务，这家企业的名字也很有意思，叫“燕之初”，虽然他们对这个名字有自己的诠释，但一看这个名字还是会让人们不自觉地想到“燕之屋”。“燕之初”显然已经具备了生产各种燕窝产品的能力，否则也不会提供燕窝产品代工业务，作为代工企业，自己如果要直接做市场的话，产品也是具备成本优势的。很快，“燕之初”也生产出了“开碗即食的燕窝”，虽然燕之屋已经几乎占据了“碗燕”这个品类，但这丝毫不能阻止竞争对手也生产“开碗即食的燕窝”，这意味着“碗燕”的激烈竞争开始了。

在激烈的市场竞争中，不怕粗暴模仿跟进的竞争对手，就怕掌握了营销竞争规律的竞争对手。如果“燕之初”就用这个品牌来做“开碗即食的燕窝”，很容易被消费者当作“碗燕”的跟进模仿者，尤其是这个看起来很接近的品牌名字，就决定了它很难超越竞争对手。“燕之初”先是在产品上下功夫，生产出各种概念的燕窝产品，在产品的卖点和优势方面去寻求突破机会，推出“专注孕期”的超浓即食燕窝。此时的“燕之初”已经具备了比竞品更强烈的“消费场景”细分意识，不是研究“将燕窝产品卖给谁”，而是研究“为谁提供专属的燕窝产品”，这是从“产品视角”到“用户视角”的转换。

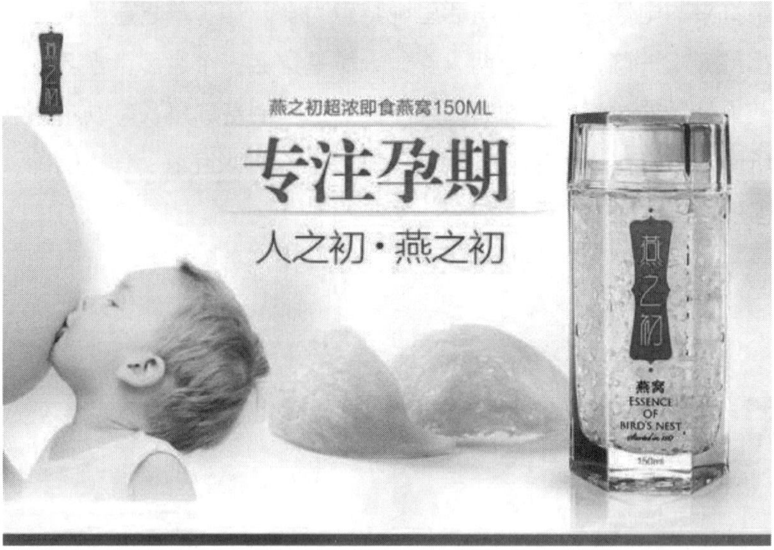

2019 年“燕之初”投资成立小鸟鲜燕锦溢，专门用于经营“小鸟鲜燕孕妇燕窝”。“小鸟鲜燕”是注册在燕之初公司名下的商标，从注册成功开始，就不断向“孕”字靠拢，占领孕妇补品消费场景的意图已经非常明确。

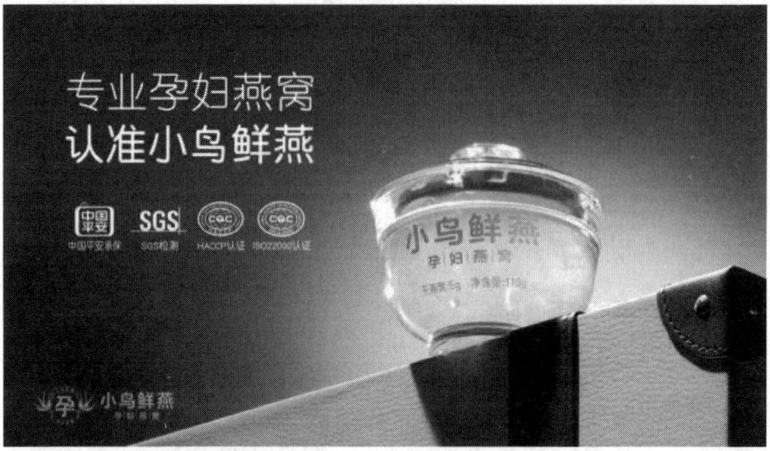

从 2015 年开始，“燕之初”就陆续开始注册与“孕”有关的各种商标，各种尝试，各种变换，总之就是要名正言顺地用上“孕妇燕窝”这个名字。为什么要如此大费周章地注册“孕”字系列的商标？因为燕窝这个品类还没有针对孕妇燕窝的相关标准，也就是说，正式销售的合格燕窝产品实际上都可以符合“孕妇燕窝”的标准，所谓“专业孕妇燕窝”，其实暂时还是市场营销概念，并非像婴幼儿配方奶粉那样有明确的国家标准。既然这样，为什么不直接使用“孕妇燕窝”的概念而费这么大的劲儿注册跟“孕”字有关的商标呢？这就是要尽可能体现“小鸟鲜燕”在“孕补”市场的专注和专业，提高使用“孕妇燕窝”概念的合法程度，如果出现相关政策限制，至少带有孕字的标志是可以正常使用的，不影响对“孕期补品”这一消费场景的占领。

“燕之初”的这一系列营销举措都是围绕“场景占领”展开的，可谓步步为营，强势划定消费场景范围，猛力聚焦“孕补”消费场景。在各大燕窝品牌还在围着“产品”研究怎么卖的时候，“燕之初”倾力打造的“小鸟鲜燕”已经开始从消费场景角度进行了全新的定位和聚焦，这已经不是营销战术的领先，而是营销战略的超越。虽然此时的“燕之屋碗燕”也有跟怀孕相关的广告推广，但毕竟没有抢占“专业孕妇燕窝”的细分品类，也就在“孕补”这个消费场景的争夺上失去了竞争优势。

“小鸟鲜燕”5R 营销模型推导

“小鸟鲜燕”是如何通过一系列的营销举措来完成品牌逆袭的？又是如何强力占领“怀孕吃燕窝”这个消费场景的？接下来我们用 5R 营销模型来完成推导展示。

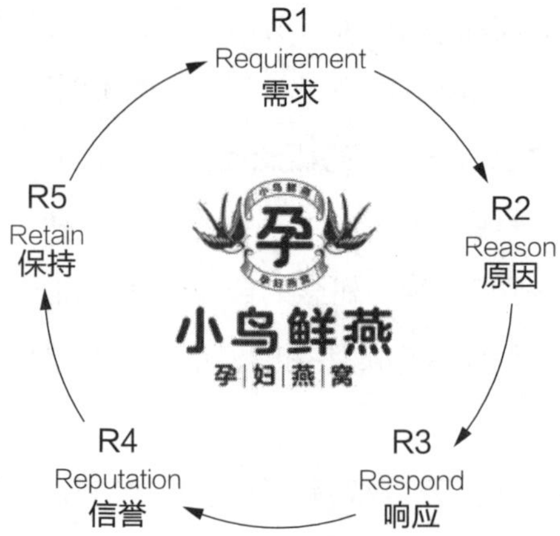

R1：Requirement（需求），是指消费者需要什么样的产品和服务。

爱人怀孕了，需要补充营养，这个是普遍存在的消费需求，燕窝是天然高端滋补营养品，没有食用禁忌，孕妇的老公在得知爱人怀孕后，通常会想尽各种办法给孕妇补充营养，不仅需要一种补品，更需要一种表达爱与呵护的方式。在消费场景的设定上，一定要让老公买给怀孕的老婆，一是消费者更容易被这样充满爱与呵护的场景所打动，二是老公给老婆购买孕期营养品的意愿和能力都较强，三是这个消费场景容易引发“攀比”。一个男人总是希望给老婆孩子最好的一切，如果别人老婆怀孕时能吃上燕窝，而自己老婆却吃不到，这是男人们无法忍受的，据一项调查结果显示，婚后很多男士考驾照和买车的强烈动机来自“不能让老婆挺着大肚子挤公交车”，如果能准确把握类似消费心理，就会很容易创造营销奇迹。“小鸟鲜燕”要把燕窝卖给怀孕的女人，这是对燕窝产品优势的发挥，也是对消费需求的精准把控。

R2：Reason（原因），是指消费者产生购买需求的驱动因素。

以前搞不清楚什么时候买燕窝，现在清楚了，“怀孕了，吃燕窝”，这个消费场景非常简单。怀孕后吃燕窝，孕妇不会有心理负担，因为她感觉这个燕窝不是自己吃了，而是把营养补充给胎儿了。老婆怀孕了，买燕窝，男人不会在意价格，此时他觉得花再多钱都值得，一是表达对老婆的爱与呵护，二是他会认为此时花的钱是对孩子未来的“投资”。“怀孕了，吃燕窝”就这么简单直接，越是清晰的场景，越容易促进消费行动。

R3：Respond（响应），是指企业如何满足消费者的需求。

孕妇是一个非常特殊的敏感人群，即使有补充营养的想法，也不敢随便进补，即使是常见的食材，也会经常查询什么能吃、什么不能吃，如果是平时不常吃的食材，就会更加谨慎。作为燕窝品牌，要想让孕妇放心吃燕窝，让孕妇的老公放心给爱人买燕窝，就要用最简单直接的方式打消他们的顾虑，与其一遍遍解释孕妇可以吃燕窝、应该吃燕窝，不如直接推出一款“专业孕妇燕窝”，这样既能强化消费场景，又能消除消费者的顾虑，一举多得。

R4：Reputation（信誉），是指消费者为什么接受和认可这个品牌。

品牌是产品的背书，一个合格的品牌应该是产品有力的“信任状”。“燕之初”作为燕窝行业的代工厂，无论怎么宣传，也很难让消费者认为是“专业生产孕妇燕窝”的企业，所以“燕之初”投资成立“小鸟鲜燕”，并从一开始就将这个品牌定位为“专业孕妇燕窝”品牌。这个品牌不做别的燕窝，专注“孕妇燕窝”，并且将品牌 logo 设计成一个突出“孕”字的标志，与“专业孕妇燕窝”的品牌定位相呼应。精准聚焦的品牌定位和突出“孕”字的 logo 都是为“占领孕补消费场景”服务的。品牌要为产品背书，产品要为场景服务。

R5：Retain（保持），是指如何保持良好而稳定的消费关系。

一旦消费场景清晰了，品牌定位聚焦了，“小鸟鲜燕”本质上就已经超越“燕窝”这个基础品类了。做燕窝的企业经常说到“燕窝行业”，我们在表述这个细分领域的时候也会用“燕窝行业”的说法，实际上哪里有什么“燕窝行业”，要是这个说法成立，每一种食材都能形成一个行业了。燕窝只是一种食材或营养品原料，这种原料可以进入美容行业、保健品行业、餐饮行业、孕婴营养品行业，单独的燕窝是不能算作一个行业的。从“小鸟鲜燕”开始聚焦“专业孕妇燕窝”那一刻起，这个燕窝品牌就已经注定进入“孕婴营养品行业”了，更具体一些就是做以燕窝为原料的“孕妇营养补充品”。一旦进入这个细分领域，品牌公关的模式就非常成熟且清晰了，学术活动、专业讲座、优生优育宣传活动等都可以进行品牌植入，总之，一切品牌公关活动的目的都是强化“专业孕妇燕窝”的品牌形象。

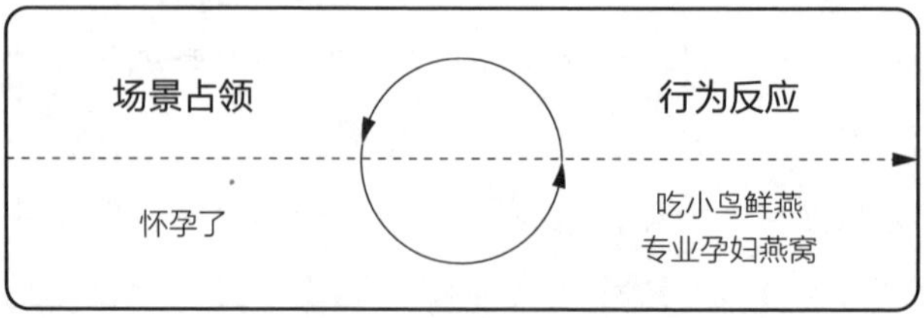

005 逆袭，消费场景就是品牌领地

“小鸟鲜燕”通过这一系列的营销操作，从跟随者逆袭成为“细分品类领导者”，燕窝老品牌“燕之屋”就比较尴尬了。如果“燕之屋”不去抢占“孕补消费场景”，这么大的一块蛋糕就等于拱手让人了，如果继续投放“一人吃两人补”“怀孕吃燕窝，就选燕之屋”这样的广告，又会让消费者认为这是“非专业孕妇燕窝”在做“孕补”专业市场，而且还容易出现“燕之屋”越打广告，“小鸟鲜燕”越卖货的现象。

在消费市场，市场竞争的本质到底是什么？传统的营销观点认为比的是产品质量、成本优势、渠道网络、广告力度等，实际上“场景占领”才是竞争的真相和本质，其他的都是在为“场景占领”提供支持。谁率先占领和控制了精准有效的消费场景，谁就有机会在竞争中胜出并长期保持市场领先地位。

我们通过对“燕之屋”和“小鸟鲜燕”的营销策略对比，发现两大品牌在“场景占领”营销意识层面有着很大的差距。“燕之屋”出现的问题是很多企业营销问题的缩影。很多企业是靠传统的经营思维把企业做起来的，这些经验成就了企业也限制了企业发展。在粗放的发展阶段，打个广告就卖货，找个代言人就有效，至于营销策略是否正确，在非竞争状态下根本看不出来。市场发展到一定阶段，竞品越来越多，消费者有了更多的选择空间，此时粗放的经营行为效果越来越差，稍微犯错，就会被竞争对手超越。在每一个细分领域，有效的“消费场景”都是稀缺资源，你可以挤进竞品所在的销售终端，甚至挤进竞品的货架，却很难挤进消费者的“心智”，这种心智与“消费场景”有关，是一种基于特定消费场景的“消费惯性”。

“燕之屋”场景占领意识的不足给了“小鸟鲜燕”很大的市场机会，类似的现象在中国消费品市场层出不穷。如果具备“场景占领营销意识”就非常容易做出正确的判断，但如果站在传统经营视角就很难发现问题的本质。我们发现很多企业在面临竞争的时候，习惯于加大对终端促销和广告的投入，非常关注竞品的促销政策，却很少关注对手的营销策略，一旦对手成功占领了特定消费场景，即使再大力度的终端促销和广告投入也很难扭转整体竞争劣势。

006　场景占领是对品类价值的重塑

核桃乳是植物蛋白饮料的一种，在六个核桃占领“学习用脑”消费场景之前，蛋白质饮料几乎都在抢占“节日饮品”这个消费场景——在家庭团圆的节日氛围中，拿出某个品牌的杏仁露或者核桃乳——好像除此以外，没有更好的消费场景了。

抢占节日饮品这个场景的饮料可不止植物蛋白饮料，各种果汁、碳酸饮料、乳制品饮料都在抢占节日消费场景，比如可口可乐的“把乐带回家”、王老吉的“过吉祥

年，喝红罐王老吉”，也属于抢占节日场景。节日消费场景可以作为日常消费场景的补充，如果单纯靠节日消费场景做市场，注定不会产生太高频的消费刺激，因为节日毕竟只是一年当中的少部分时间，如果不能占领日常的消费场景，很难实现高频复购。

节日消费场景对厂家和经销商都很有吸引力，因为一次大的节日促销能出一个季度甚至半年的业绩，在节日期间人们会过度消费，不仅对饮料的饮用量大，还会因为互相送节日礼物而产生大批饮料的堆积，以致过完年很长时间，家里还有没喝完的各种饮料。尝到节日促销业绩甜头的企业，就会把大量的资源和精力用于抢占节日消费场景，至于其他更精准、更有效的“消费场景”，很多企业根本不了解，也不愿意花精力去研究。对于企业来讲，营销竞争就是一场认知不对称的较量，谁能率先掌握更有效的营销策略，谁就有可能从竞争的红海中脱颖而出，成为品类之王和行业领军企业。

如果把核桃乳当作普通的植物蛋白饮料来卖，同类的核桃乳竞品就有很多，如果看整体蛋白质饮品市场，竞品就更多了。随着各种乳制品风味饮料的出现，整个植物蛋白饮料品类的市场空间都在被挤压，核桃乳自然也会受到影响。

在这样的竞争态势下，六个核桃如果跟竞品的营销策略一样，就等于大家一起去抢现有的一块儿小蛋糕，而且参与进来抢这块儿小蛋糕的企业会越来越多，这非常不利于核桃乳品类健康发展。如果能进行“消费场景重构”，通过场景占领的营销策略，培养更多的消费者高频次消费核桃乳，这就意味着整个市场蛋糕会放大很多倍，整个核桃乳品类会实现高速发展，不仅自身可以获得很好的市场效益，整个核桃乳品类乃至整个植物蛋白饮料行业都会因此受益。在消费品领域，企业进入一片蓝海的方式，除了产品和技术创新，更有效的其实就是重构“消费场景”，然后占领这个消费场景。

六个核桃 5R 营销模型推导

接下来我们用 5R 营销模型对六个核桃的营销策略进行推导展示。

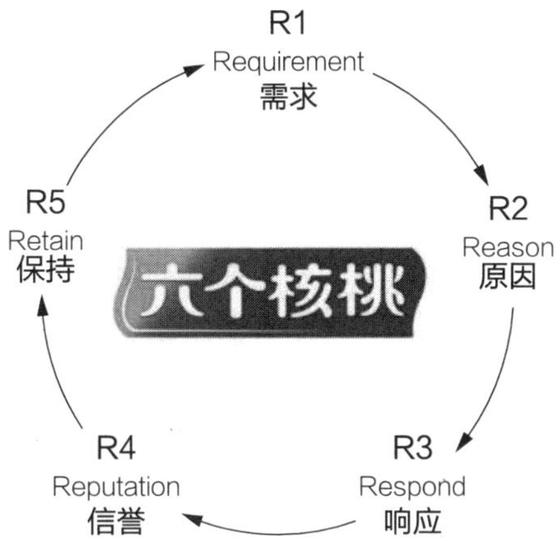

R1：Requirement（需求），是指消费者需要什么样的产品和服务。

消费者需要的不是一款核桃乳，而是核桃乳带给人们的价值。如果把核桃乳仅仅当作一款普通的植物蛋白饮品，这个价值就很普通，可替代的竞品非常多。核桃乳的“独特”价值应该是什么？R1 的思考要从“价值”切入，要充分分析“核桃”在消费者认知中已经形成的“心智基础”，这个“心智基础”是不需要教育和说服的，只需要“迎合”和“唤醒”。核桃已经具备的“心智基础”是什么？多吃核桃补脑的说法由来已久，家长都会主动让孩子吃核桃，而且很多孩子其实不怎么爱吃核桃，也会配合家长的要求吃上几口。“补脑”就是核桃在消费者认知中形成的“心智基础”，也是核桃能带给消费者的“独特”价值。消费者需要的不是核桃或核桃乳，而是“补脑”的价值。

R2：Reason（原因），是指消费者产生购买需求的驱动因素。

针对“多吃核桃能补脑”这一认知，消费者在产生“补脑”需求后，就会产生对核桃或核桃类产品的消费需求。再进一步分析，消费者什么时候产生“补脑”需求？自己认为自己需要补脑的情况比较少，对于“补脑”这种需求，通常是家长认为孩子需要“补脑”了，这其实是在激烈的学习竞赛中缓解家长焦虑情绪的一种方式。担心孩子用脑过度，希望孩子成绩更好，这是大部分家长内心存在的矛盾和焦虑。当家长们认为孩子学习压力比较大的时候，当孩子要复习备考的时候，当家长希望孩子学习有更大进步的时候，“补脑”是一个特别容易被唤醒的“需求”，只要把产品植入这样的场景，就能精准满足消费者需求。

R3：Respond（响应），是指企业如何满足消费者的需求。

大部分消费者不喜欢“复杂”，他们喜欢“简单”，这种简单体现为做消费决策时不用纠结、不用过多思考。对消费者的需求洞察越深入，对消费者需求的把握越精准，产品的价值主张越明确，消费者决策起来越简单。消费者不仅需要一款核桃乳，更需要一款“能补脑”的核桃乳，尽管所有核桃乳的成分都差不多，但消费者还是希望自己购买的核桃乳“能补脑”。企业要想满足消费者的需求，就应该给消费者提供一款“专门补脑”的核桃乳。

R4：Reputation（信誉），是指消费者为什么接受和认可这个品牌。

消费者接受和认可六个核桃，除了因为量化的产品命名方式让消费者产生“真材实料”的感觉外，更关键的原因是六个核桃将“经常用脑场景”与产品进行了强连接。“经常用脑”其实有多种场景，熬夜加班、忙碌工作、学习用脑、智力竞技等，但为什么六个核桃最后选择聚焦“学习用脑”的场景呢？这个我们在 R2 环节已经做过分析，既然家长群体的消费需求最旺盛、购买力也充足，“学习用脑”就理所当然地成为最具营销价值的消费场景。尽管广告语还是“经常用脑，多喝六个核桃”，但广告内容不断聚焦，紧紧围绕学生群体，消费人群非常集中，消费场景非常清晰，六个核桃品牌成为“补脑”的代名词，深入消费者心智。

R5：Retain（保持），是指如何保持良好而稳定的消费关系。

在消费关系的强化上，六个核桃与教育类、益智类、励志类电视节目不断进行冠名合作，强化消费者对六个核桃“益智”的认知，为“经常用脑，多喝六个核桃”不断增加“信任状”。例如，2015 年，独家冠名首档教师真人秀节目《我是先生》，独家冠名趣味代际对抗益智节目《好好学吧》，独家特约 CCTV-1 大型励志挑战节目《挑战不可能》，赞助音乐公益节目《梦想星搭档》第二季，联合中国红十字基金会共同发起“六个核桃·读书慧”公益项目；2016 年，独家冠名江苏卫视现象级大型科学真人秀节目《最强大脑》，独家冠名湖北卫视全国首档脑力开发节目《天才想得到》，成为 CCTV-1 大型科学实验节目《加油！向未来》指定饮品；2019 年，成为央视综艺频道全新大型文化类节目《一堂好课》指定饮品；2020 年，六个核桃作为《快乐大本营》及金鹰独播剧场官方合作智慧伙伴；2021 年，独家冠名罗振宇 2021 年“时间的朋友”跨年演讲。

从以上六个核桃合作的活动和电视节目来看，针对性特别强，观众人群与六个核桃消费群体的重合度非常高，信任背书效果也非常好，如果没有清晰的消费场景占领计划，很难如此精准地开展品牌营销与公关活动。相比之下，前面提到的“燕之屋”代言人的选择和品牌公关活动的开展就不得章法，原因就是消费场景不清晰、不聚焦。

不能把六个核桃的成功归结于产品命名或包装设计，这些都不是营销成功的真相。站在不同的角度，会有不同的观点，但不管从哪个角度，都能发现“重构的消费场景和高频有效的消费刺激”才是营销现象背后的本质。“经常用脑，多喝六个核桃”，看上去仅仅是一句广告语，但通过不断地“场景聚焦”，已经成功地完成了对“用脑场景”的占领。

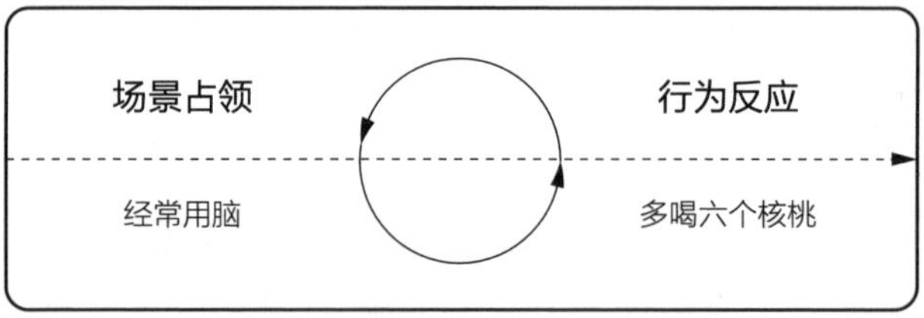

有效的“消费场景”一定是高频次出现并能够不断唤醒消费者内在消费动机的，这种动机可能是“逃避痛苦”，也可能是“追求美好”，只要能高频次地唤醒这种内在消费动机，就能有效刺激产生购买行为。“经常用脑，多喝六个核桃”唤醒的是哪一种消费动机呢？应该是两者都有。对于担心孩子学习太辛苦、干着急又帮不上忙的家长们，六个核桃就像是“安抚剂”，家长们买给孩子喝，自己内心就减少了焦虑。对于希望孩子学习成绩更好、希望孩子进步更快的家长们，六个核桃就像是“兴奋剂”，家长们买给孩子喝，自己的内心就多了一些美好的期待。

只有这个消费场景确认有效后，接下来才是各种广告创意和营销策略的延伸，无论是包装、广告还是终端促销策略，都是在强化产品与消费场景的“连接”，不断增强消费场景在消费者大脑中的印象，让目标受众的消费需求一次次被重复唤醒，进而持续不断地带来惊人销量！

007 魔性重复不是场景占领

不知道是受到什么营销理念的影响，很多企业家认为“抢占顾客心智”的最好的方式就是“不断重复”，于是我们经常看到很多电视广告和楼宇视频广告在不断地重复一句话。这种“魔性的重复”真的有效吗？大多数的情况是，观众的确在短时间内记住了这句广告语，尽管大家不喜欢这样的粗暴重复，但终究还是有一部分人记住了这些重复的广告。那么记住广告语和“抢占顾客心智”是一回事吗？答案是否定的，这两者根本不是一回事。

接下来我们一起做个测试：

请在看到以下广告语后，在 3 秒内说出品牌名。

“钻石恒久远，一颗永流传。”

“思想有多远，我们就能走多远。”

“男人不止一面。”

“男人就要对自己狠一点。”

“装得下，世界就是你的。”

这些都是非常有知名度的广告语，通过大量的广告投放和非常有情怀的广告创意，已经走进人心，但走进人心的更多的是广告语，而不是品牌。

为什么第一个测试广告语用“钻石恒久远，一颗永流传”，因为这是全球流行的、知名度很高也很成功的广告语，是很多策划公司模仿学习的标杆案例。这个广告其实是戴比尔斯公司为整个钻石品类投放的广告，他们要宣传的是“钻石”而非某个钻石品牌，所有的钻石品牌都可以用这个广告语，因为当时的戴比尔斯公司几乎控制着整个钻石商业帝国。在了解这个真相后，大家就会发现这样的广告不能随便模仿借鉴，除非你跟戴比尔斯公司打广告的目的一样。

“男人不止一面”和“男人就要对自己狠一点”是两个男装品牌的广告，一般人很难区分这两个品牌的广告，互换一下也感觉挺合适的，因为广告本身没有太大的品牌特征。

我们再来做个测试：

请在看到以下部分广告语后，在 3 秒内说出品牌名。

“怕上火，喝……”

“困了累了，喝……”

“感觉不在状态，随时……”

“……去屑实力派”

“肚子胀，不舒服，饭后嚼一嚼……”

估计大家用不了 3 秒钟，瞬间就想到了对应的品牌名。为什么只给半句广告语也能想到品牌名，而第一次测试给出了完整的广告语也想不到品牌名呢？大家有没有发现一个规律？第二次测试的这组广告语都是“场景化”的广告，场景化的好处就是会在观众的脑海中形成画面感，大家记住的不是广告语的文字内容，而是对应的“消费场景”。

很多“魔性重复”的广告都没有设置有效的“消费场景”，观众虽然记住了广告，但并不会因为这些广告而形成一种基于某种场景的消费习惯。什么叫基于某种场景的消费习惯？就是消费者可以在日常生活中遇到一种场景，只要遇到这样的场景，就会想到某个品牌的某个产品。比如我们上面讲到的“经常用脑，多喝六个核桃”，只要谈到用脑、补脑这个话题，就会自然而然地想到六个核桃这款产品。

008 消费场景是重要品牌资产

一个成功的营销案例，绝非一个符号、一句定位语这么简单。如果场景占领的策略正确，品牌符号和定位语会锦上添花；如果未设置消费场景或设置的消

费场景有问题，再好的品牌符号和定位语也解决不了营销问题。我们以功能型饮料红牛为例。红牛的成功原因到底是什么？站在不同的角度就会有不同的解释方式，但我们仔细分析后，就会发现这样的一个规律：红牛维生素饮料作为功能饮品，其主要价值在于“提神抗疲劳”，红牛在很长一个时期内，都在使用“困了累了，喝红牛”这样一句广告语，而且不断通过熬夜加班、长途驾驶、运动健身等场景来强化消费者对“困了累了，喝红牛”这句广告语的印象。看上去这只是非常常见的广告打法，但实际上，红牛有力抢占了一个高频出现的“消费场景”，这种消费场景是可以感知到的，一旦消费者感觉“困了累了”就会马上想到红牛，尤其是在熬夜加班、长途驾驶、运动健身的过程中，人们需要对抗这种“困和累”，红牛就是要帮助人们对抗这种“困和累”。

占领了特定消费场景的产品才具备品牌属性，没有占领消费场景的产品只能叫“裸产品”。在红牛已经占据功能饮品头部品牌位置的同时，全国出现了无数种与红牛类似的功能型饮料——各种牛磺酸饮品、维生素饮品、氨基酸饮品，这些产品与红牛的成分很接近，但由于都没有对应清晰的消费场景，一个个产品出现后又很快从市面上消失了。

红牛 5R 营销模型分析

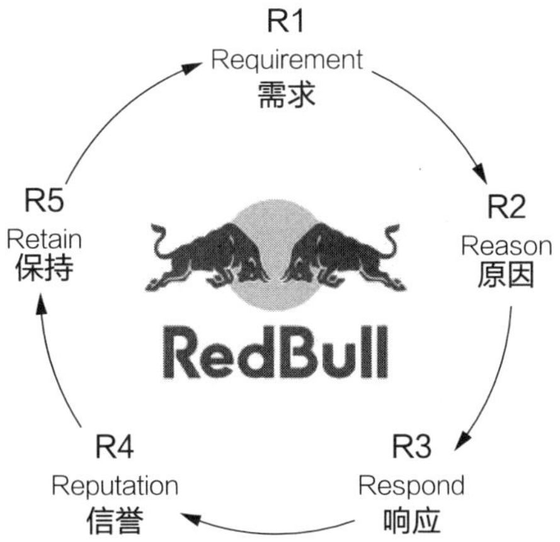

我们用 5R 营销模型分析一下红牛在场景占领方面的优势。

R1：Requirement（需求），是指消费者需要什么样的产品和服务。

红牛为消费者提供的不是一款营养补充品，而是一款对抗“困和累”的产品，消费者需要的不是牛磺酸、维生素、氨基酸等饮品，消费者需要的是“快速提神，消除困和累，恢复精神状态”，而这正是红牛最关键的价值。

R2：Reason（原因），是指消费者产生购买需求的驱动因素。

消费者可以在很多种场景下饮用红牛饮品，这些场景有一个共同特点，就是对人的精神状态有要求，而且最好是快速恢复精神状态，无论是熬夜加班、长途驾驶还是运动健身。这些场景本身是不需要饮用红牛的，但只要出现“困了累了”的场景就需要“抗疲劳”，所以真正适合红牛的消费场景并不是加班、驾驶和运动，而是“困了累了”，这才是激发消费者产生购买需求的有效场景。

R3：Respond（响应），是指企业如何满足消费者的需求。

不断地在消费者心智中强化红牛对抗“困了累了”场景的品牌印象，为消费者提供一款专业的、安全的抗疲劳饮品，让更多消费者在大脑中形成一种条件反射，即只要“困了累了”就想要打开一罐红牛。这些消费者以前的习惯可能是冲一杯咖啡，但在不断受到红牛的消费主张影响后，他们会潜意识认为喝红牛更能抗疲劳，困了累了就应该喝红牛。企业满足消费者需求的最好方式就是给消费者一个可以解决问题的简单选择！

R4：Reputation（信誉），是指消费者为什么接受和认可这个品牌。

从功能需求角度选购一款产品还不等于接受和认可这个品牌，必须让消费者认为“喝红牛很酷”。当消费者购买一罐红牛打开的那一瞬间，他的内心应该是自豪的，相比那些拿着其他杂牌子的牛磺酸、维生素、氨基酸饮料的人，手持红牛的消费者应该有一种自豪感，至少他们自己感觉自己喝红牛的样子很酷。千万不要忽视“自豪感”这种消费感觉，无论什么产品，品牌的作用就是带来信任感和自豪感。之所以很多消费者认可红牛，愿意购买红牛，喝红牛时感觉很酷，是因为红牛不断赞助很多体育赛事，并且将品牌与很多很酷的国际赛事进行融合。除了常见的体育赛事，红牛还赞助赛车、翼装飞行、飞机表演等这些常人很难接触的顶级赛事，不断地向消费者传递一种强烈的信号——红牛与运动有关，红牛是顶级选手的饮品，红牛是安全的，喝红牛是一件很酷的事情。

R5：Retain（保持），是指如何保持良好而稳定的消费关系。

让年轻人感觉喝某款饮料“很酷”，这是获得消费者认可的方式，也是保持良好而稳定的消费关系的方式，因此，一个品牌会极力避免被年轻人“抛弃”。但产生这个想法是正确的，也是危险的。全球夹心饼干之王“奥利奥”也在不断进行包装和广告内容创新，但数十年来始终坚守清晰的消费场景，已经占领的场景绝不轻易放弃。红牛显然没有站在“场景占领”角度看这个问题，居然从“困了累了”这个场景中主动退出，转而换成“你的能量超乎你想象”这句有情怀无场景的广告语。这意味着红牛将逐步失去“困了累了”这一非常宝贵的消费场景，恰恰违背了 R5 的“稳定”原则。

同样作为维生素饮料的脉动也发现了“场景占领”的重要性，但在表达方式上要比红牛含蓄，消费场景设置上也较宽泛，这跟脉动饮品的自身属性有关。脉动所设置的消费场景是“感觉不在状态”，广告表达的内容也是围绕“状态”这一关键词，内容也延伸到应聘、工作、会议、游玩、社交等具体场景，总之，关键时刻不能没有状态。怎么快速获得更好的状态呢？“感觉不在状态，随时脉动回来”，来瓶脉动，恢复更好的状态。如果说红牛是帮助消费者对抗“困和累”，那么脉动就是帮助消费者获得“更好的状态”，前者是“逃避痛苦”模式，后者是“追求美好”模式。从营销角度看，红牛和脉动都设置了有效的消费场景，在“场景占领”这一关键营销举措方面都是成功的。

红牛关键消费场景的失守

如果一家企业对“消费场景”的理解不够到位，就不会将已经占领的消费场景作为“市场资源和品牌资产”；反之，就会尽一切努力捍卫已经占领的消费场景。当红牛仍然在使用“困了累了，喝红牛”这个消费场景时，就出现了很多竞品，纷纷打出“提神不伤身”“激发正能量”等广告语，但都无法撼动红牛已经占领的消费场景。当竞争对手意识到这一点后，开始采取简单粗暴的模仿，也开始使用类似“困了累了，喝 ×××”的消费场景抢占策略，但消费者一看到这样的广告语，就会想到“红牛”，竞品反而给红牛做了推广。如果红牛坚持强化自己在这个“消费场景”的占领状态，其他竞品就只能少量抢夺市场份额，而且会永远被定义成“模仿者”。在这样的一个竞争态势下，红牛居然放弃了“困了累了”这一消费场景，将苦心经营的“消费场景”拱手让人了。

我们无心去评价前后两种广告语哪个更好，抛开“消费场景”去比较广告语和广告创意是没有意义的。如果当时品牌方的决策层了解“场景占领”的重要意义，就会采取更合理的决策方式；反之，只站在广告创意角度做决策，这种决策就会被“感觉”牵着鼻子走，而凭感觉做出的决策往往并不一定是合理的。在市场竞争的关键时期，只要占据主导地位的品牌出现策略性失误，巨大的市场机会就会来临，只要这个“失误”持续的时间够长，留给其他品牌的成长时间够充足，市场竞争格局就会发生变化。我们看到，凭借抢占“累了困了”和“提神抗疲劳”这个消费场景迅速成长起来的东鹏特饮、乐虎等功能饮品，正好在这一“消费场景”的空白期快速进行了市场扩张。

东鹏特饮抢占红牛场景

东鹏饮料现在已经是 A 股主板上市公司，东鹏饮料的明星产品就是东鹏特饮，如今在功能饮品市场所获得的市场份额和销量与抓住红牛消费场景“失守”时机并及时填充“消费心智真空”有着很大关系。东鹏特饮为什么如此简单粗暴地使用红牛“丢弃”的消费场景？想占领“抗疲劳”消费场景可以有很多表达方式，为什么东鹏特饮仅仅是把红牛原来的广告语换了一下顺序就直接使用了？这作业“抄”得一字不差，从营销专业角度怎么看待这个问题呢？

我们还是要用 5R 营销模型来剖析一下这个问题。

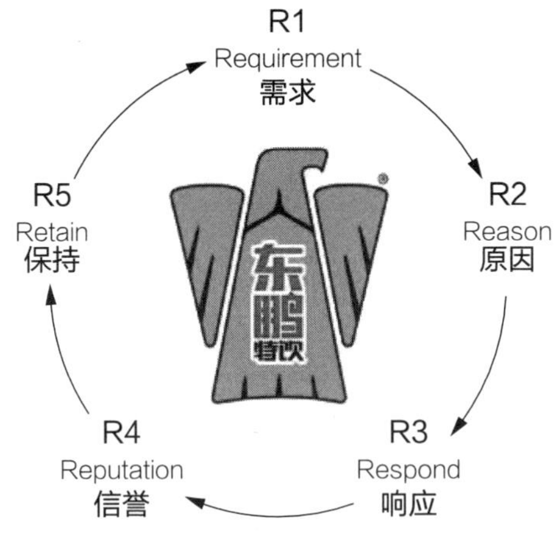

R1：Requirement（需求），是指消费者需要什么样的产品和服务。

作为功能饮品，东鹏特饮进入的是红牛的“领地”，消费者需要的是可以对抗“困了累了”的产品，消费者已经习惯了“困了累了，喝……”的消费主张。

R2：Reason（原因），是指消费者产生购买需求的驱动因素。

“困了累了”是最直接产生购买需求的场景，已经进入消费者心智。与“提神抗疲劳”的功能性表述不同，“困了累了”是最直接的身体感受，产生这种感觉就直接想到要喝什么饮品，这是非常直接的“刺激—行动”模式，而“提神抗疲劳”属于间接的“刺激—思考—行动”模式。从刺激到行动的过程越复杂，广告效果越差；越简单效果则越好。

R3：Respond（响应），是指企业如何满足消费者的需求。

在“困了累了”这个场景下，成为红牛之外的首选，要么喝红牛，要么喝东鹏特饮。如果红牛不出现营销决策失误，就紧跟红牛，在消费人群上做细分，让更多年轻人“累了困了，喝东鹏特饮”。一旦红牛放松对“困了累了”这个场景的控制，就全面占领这个消费场景，成为消费者对抗“困了累了”的首选产品。

R4：Reputation（信誉），是指消费者为什么接受和认可这个品牌。

如果第一品牌不犯错，就只能做跟随者，作为消费者的“第二选项”。作为功能饮品头部品牌的红牛在放弃“困了累了”这个广告语之前，实际上已经在逐步淡化“困了累了”的场景，转而用很有力量的画面来传递红牛的品牌含义，却减弱了消费者对“困了累了”的场景感知，破坏了“刺激—行动”的简单场景反应模式。东鹏特饮在场景的清晰表达方面反而是回归了功能饮品的“原点”，越是原点越接近消费需求的本质。我们可以看到东鹏特饮的广告内容不怎么高大上，反而是很俗，类似“老板给员工开会，大家频频打哈欠、犯困，把老板急得不行，然后东鹏特饮从天而降，震撼出场，大家瞬间都清醒有神了……”俗吧？相比红牛，这种广告内容太俗了，但是这才是“刺激—行动”模式，场景够具体、能共鸣、可感受，这样才符合“场景占领”的原则。

R5：Retain（保持），是指如何保持良好而稳定的消费关系。

在 R4 环节我们看到了东鹏特饮的“俗”，这其实就是一种很接地气的营销打法，虽然跟竞品针对的消费场景是一样的，但表现出的品牌特质却截然不同。竞品就像严肃认真的中年人，东鹏特饮就像充满朝气的中学生；竞品赞助高大上的国际赛事，东鹏特饮就赞助美团骑手的篮球联赛；竞品赞助国际方程式赛车，东鹏特饮就赞助端午节的赛龙舟。反正都是运动比赛，一个高高在上，另一个深入百姓，这种接地气的品牌公关策略非常有利于保持良好而稳定的消费关系。

通过 5R 营销模型对东鹏特饮营销策略的推导展示，我们可以发现，看起来好像是在简单粗暴地“抄作业”，实际上是对功能饮品有效消费场景的分割占领。正是因为竞品在“场景占领”上的松动，才有了东鹏特饮快速发展的机会，这相当于竞品修了一条高速公路，结果把公路的使用权赠送给了东鹏特饮。

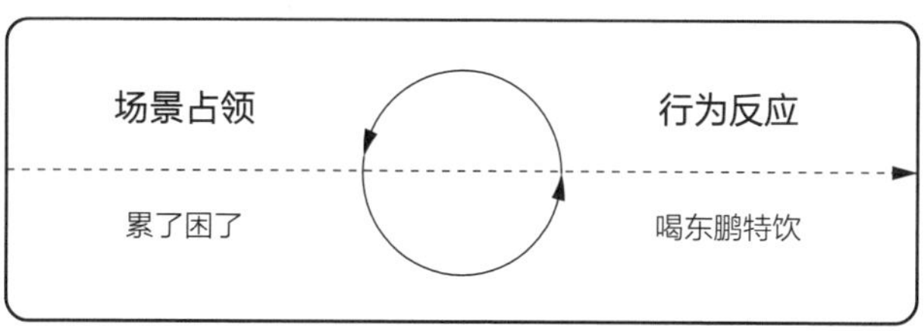

009 场景占领是定位的有效呈现

洗发水是大家在日常生活中经常接触的产品，是生活必需品，我们看到宝洁和联合利华的洗发水产品线在细分抢占各种与头发有关的消费场景。以功能划分，有柔顺的、去屑的、修复发质的，尤其是宝洁公司旗下的海飞丝，牢牢捍卫“去屑”这一消费场景，让消费者看到头屑就想到海飞丝。不管多少对手试图抢占“去屑”这一消费场景，海飞丝就是坚持不让。你可能有疑问，“去屑”不是功能和卖点吗？怎么成了消费场景了？我们来看，海飞丝的广告并不是一成不变的，但不管怎么创新，基本逻辑都是一样的——头屑带来烦恼，海飞丝去除头屑，没有头屑更加自信。小小头屑被海飞丝不断放大，给人们带来各种烦恼，这种烦恼从个人生理感受上升到社交心理层面，有头屑会被定义成不卫生、不体面、不精致……人们越来越无法容忍头屑的存在，这个就跟海飞丝的“场景占领”营销策略有着一定的关系。

你可能又会问，这不就是海飞丝的细分定位吗？海飞丝的定位是“头皮和头发养护”，仅仅有这个定位是不够的，因为这个定位跟消费场景无关。要想将定位转化为有效的营销策略，就必须策划“消费场景”，消费场景一定是看得见、摸得着、能感知、可体验的。“头皮和头发养护”是抽象的，但头皮屑是看得见的，要抓住这个要点并策划出更多让人感受到“头皮屑烦恼”的场景，消费者一旦遇到这样的场景，就会产生对抗“头皮屑”的消费需求。这种“场景引发痛苦—产生消费需求—产品解决问题”的循环路径一旦形成，就会周而复始地循环起来，进而形成“有头屑—用海飞丝”这样的“刺激—行动”模式，简单有效。所以海飞丝的“头屑去无踪”和“去屑实力派”都是对消费场景的强化和占领，绝对不只是定位这么简单。

海飞丝对去屑场景的控制

海飞丝能坚持固守“去屑”场景，而且不断地将“头屑烦恼”放大再放大，这是因为其深谙“场景占领”之道，接下来我们用 5R 营销模型对海飞丝营销策略进行推导展示。

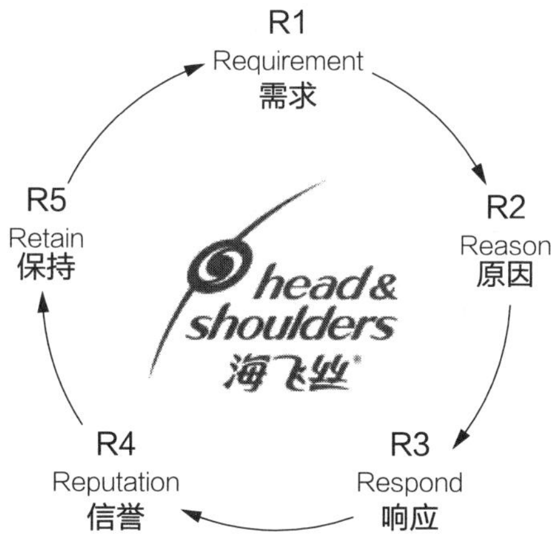

R1：Requirement（需求），是指消费者需要什么样的产品和服务。

海飞丝针对的消费者不是“需要洗发水”的人，而是“有头屑烦恼”的人，洗发水只是一个载体，“去头屑”才是海飞丝带给消费者的价值。

R2：Reason（原因），是指消费者产生购买需求的驱动因素。

海飞丝所针对的消费人群不是在要洗头时想到用海飞丝，而是被头屑所困扰时想到用海飞丝，这种需求是针对具体痛点的、可感知的。

R3：Respond（响应），是指企业如何满足消费者的需求。

给消费者提供最简单有效的去屑方法，不是药物，无须复杂操作，仅仅是用海飞丝洗发水替换普通洗发水而已。

R4：Reputation（信誉），是指消费者为什么接受和认可这个品牌。

因为海飞丝专注去头屑，更专业、更有效，已经成为去头屑的代名词。

R5：Retain（保持），是指如何保持良好而稳定的消费关系。

海飞丝对“去头屑”消费场景的控制力已经非常强大，在不出现明显营销决策失误的情况下，很难有同类产品超越海飞丝，如何积极回应各种质疑，在消费者心智中保持专业、安全、健康有效的去屑品牌形象，是保持良好而稳定消费关系的关键。

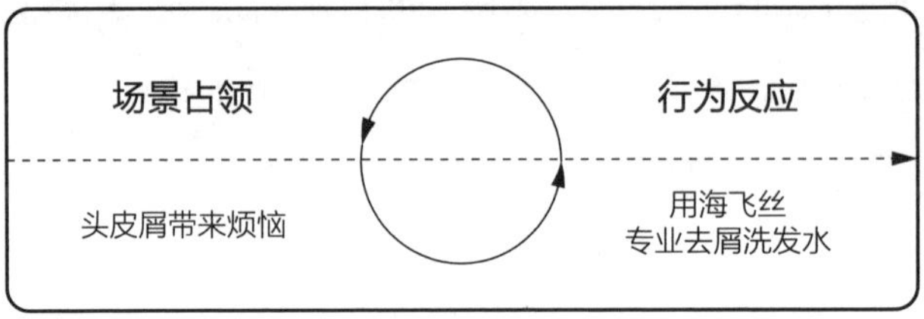

010 不能占领场景的创意是无效的

滋源洗头水的定位是“无硅油头皮护理领导者”，类似这样的定位具有一定的战略意义，但距离实际的营销价值还有一些差距。由于对“消费场景”营销原理的认知还不够深入，在广告创意方面虽然投入重金，但仍然没有很好地实现“场景占领”。滋源洗头水的核心广告语是：“洗了一辈子头发，你洗过头皮吗？”这个问题型广告语虽有一定的传播价值，却没有一个具体的消费场景，滋源和海飞丝都是定位于“头皮护理”，看上去滋源比海飞丝更聚焦，海飞丝是“头皮和头发养护”，滋源是“头皮护理”。显然，从定位上，滋源是希望更聚焦“头皮护理”的，甚至都不提“头发”的事儿，将产品也命名为“洗头水”。我为什么强调企业家在学习定位理论的同时，一定要学习“消费场景”营销原理，滋源就属于定位非常清晰、广告创意也不错，但消费场景不够明确的典型案例，相比海飞丝对“去头屑”消费场景的控制力，滋源显然还有很大的进步空间。

滋源洗头水属于在营销方面下了大功夫的，一般企业能做到这个水平已经算是不错了。我为什么说“滋源”没有找到自己的消费场景？这个消费场景的含蓄、模糊对滋源的营销会产生什么影响？问题的根源到底是什么？为了让大家能更直观地看出问题所在，我们还是用 5R 营销模型进行分析。

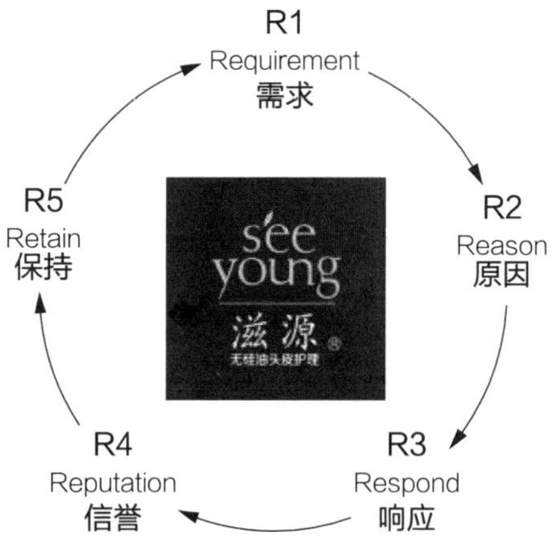

R1：Requirement（需求），是指消费者需要什么样的产品和服务。

消费者需要把洗发水换成“洗头水”吗？没道理啊。

消费者需要洗头皮吗？也不需要啊。

消费者到底需要什么？是更坚固健康的发质。

品类的定义和广告的创意都没有直接切中这个关键需求。

R2：Reason（原因），是指消费者产生购买需求的驱动因素。

消费者需要洗头皮的时候去买“滋源洗头水”？

什么时候需要洗头皮呢？这个消费场景是缺失的，所以根本没有一个具体的场景可以激发消费者去洗头皮，也就没有形成“刺激—行动”的场景占领效果。

R3：Respond（响应），是指企业如何满足消费者的需求。

企业无法满足抽象的需求，消费者需要的不是“洗头水”的概念，这个概念在消费者心智中很难与“洗发水”做有效区分，也没有重新定义的必要，让消费者承认“洗头水不同于洗发水”这个教育成本太高了。消费者也没有“洗头皮”的需求，谁洗头时只洗头发、不让头皮沾水了？“洗了一辈子头，你洗过头皮吗？”这句话可以引发观众的好奇心，从广告创意角度看是不错的，但需要一个清晰的消费场景做承接，否则无法满足消费者的具体需求。

R4：Reputation（信誉），是指消费者为什么接受和认可这个品牌。

滋源的品牌“信任状”体现得也不够明显，当消费场景不清晰时，根本无法判断消费者是否接受和认可该品牌。例如，海飞丝是聚焦“去头屑”场景，遇到头屑烦恼，就会首先想到海飞丝，并且相信海飞丝的专业去屑实力，这就是消费者在具体场景下对品牌的认可。

R5：Retain（保持），是指如何保持良好而稳定的消费关系。

没有 R1 至 R3 的基础，R4 和 R5 就是空中楼阁。

通过以上推导，我们能发现什么？滋源从定位到品类定义再到广告创意都做了，每一步都好像做得还不错，但却没有占领一个清晰的消费场景。问题从哪里开始出现的？从 R1 开始，就没有准确定义和表述消费者的“需求”，只是单纯求新求奇了。我们经常强调“守正出奇”，这个“守正”就是搞清楚消费者需求和产品独特价值之间的关系，“出奇”就是通过创意和技巧进行高效传播。滋源的问题根本就在于对营销本质的思考不够充分，对产品价值和消费需求的匹配不够准确，没有进行有效的“场景占领”。

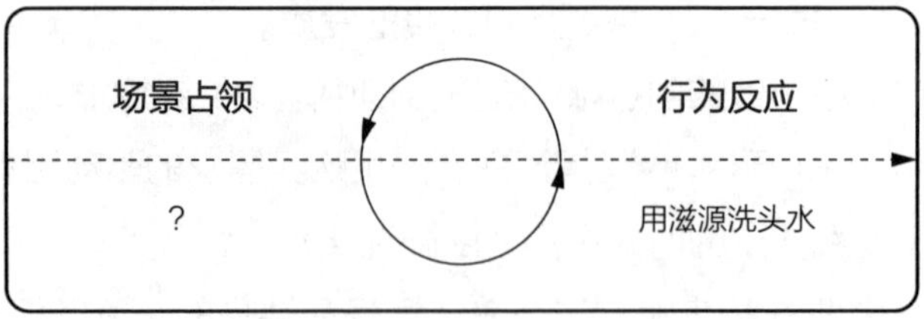

在定位理论角度，营销竞争的本质是对消费者心智的争夺，也称为心智之战。很多企业家在学习完定位理论后，仍然感觉“消费者心智”是一

个未知领域，很多品牌专家和营销专家也将“消费者心智”称为黑匣子，可见这是一个神秘的领地。我们该如何让自己的产品和品牌进入消费者的心智？又该如何有效影响消费者的日常消费行为呢？“场景占领”就是打开这个黑匣子的钥匙，当消费场景有效进入消费者的大脑，消费行为就会被不断唤醒。

011 卖点要建立在正确的场景上

有人认为产品只要有卖点，就能做好营销，只要比竞品有更强的优势，就能更好地占领市场，但实际上却不是这么简单，如果选错了消费场景，产品的营销就会非常受局限。曾经有一款去屑洗发水想抢占海飞丝的市场，打出“强力去屑”的广告语，并且在广告结束时强调一句“本产品只在药店有售”，我第一次看到这个广告，就知道这个产品的生命力不会太持久，因为他们搞错了消费场景。头皮屑是一种烦恼，但不是病，人们只是希望能通过一个无压力的“正确选择”来解决这个烦恼，洗发水属于日用品，消费者只需要选择使用海飞丝就可以解决这个问题。竞品打出“强力去屑”和“本产品只在药店有售”，实质上相当于将头皮屑定义为一种疾病，将自己的产品定义为一种药品，虽然突出了去屑的效果，但终究构建的不是一个日常消费场景。如果不能在消费者的大脑中被反复激活，就无法形成有效的场景占领，这就是这款产品策划的败笔。类似这样发力凶猛、有创意无场景或场景无效的营销行为非常之多，如果不能洞察到“消费场景”的重要性，恐怕还要走更多的弯路。

你可以通过打广告和促销行为让消费者尝试你的产品或暂时购买你的产品，但如果想培养一大批消费者持续复购你的产品，一定要构建一个有效的消费场景，通过“场景占领”进入消费者的心智，才能借助高频出现的“消费场景”不断激活消费者的购买行为。

第五章

场景占领的深层营销原理

CHAPTER 5

The Secret of Best-selling

001 一则“笑话”引发的思考

据说当年美军占领阿富汗后，重金悬赏捉拿本·拉登，凡是能提供本·拉登准确藏匿地点的人员，都可以获得2000万美元的奖励。美军认为对于阿富汗山区的农民来讲这绝对是一个天文数字的悬赏，重赏之下必有勇夫，一定会有很多人积极提供线索。悬赏信息以各种形式发布了出去，其中包括扑克牌、火柴盒等实用物品，在信息传播环节美军花了很多心思，但效果却很不理想，几乎没有获得有效线索，这让美军很是苦恼。2000万美元居然打动不了阿富汗山区的农民？美军决定再追加赏金，发现还是没有什么效果。于是，一位负责宣传工作的军官就安排做了一次调研，问阿富汗山区的老百姓：到底奖励多少钱你们才感兴趣？难道几千万美元你们都不想要吗？调研反馈的结果让这位军官恍然大悟，原来对于阿富汗山区的农民来讲，他们对2000万美元根本就没有概念。美元到底有多值钱？他们不清楚。2000万美元能给他们带来什么？他们也不知道。在当地人看来，2000万美元和2000万阿富汗本币没啥区别，听起来感觉差不多，按当时的阿富汗尼（旧货币）兑美元的汇率，2000万阿富汗尼也就相当于208美元，这就是说美军悬赏的“重金”，在当地百姓看来，可能就是两百多块的“跑腿费”。谁会冒着生命危险去挣两百多块的“跑腿费”呢？

这位军官立即将调研的结果向上级做了汇报，他们开始研究更有效的悬赏策略，如果教育当地百姓真正理解“美元”和“阿富汗尼”的区别，并让山区的农民理解2000万美元的财富意味着什么，这个教育成本太高了，时间周期也太长，所以必须马上更换有效的策略，新的策略必须让老百姓一听就懂，无须过多解释。

调整后的新策略是什么呢？将悬赏公告中“2000 万美元”改为“2000 只羊”。对，你没看错，就是这么一个小细节的改动，让悬赏公告开始发挥作用，美军收到的线索越来越多，最终这个 2000 只羊的悬赏策略将本·拉登置于危险境地。因为对于阿富汗山区的农民来讲，“羊”是具体的、有价值的“硬通货”，“美元”的价值是抽象的、难以理解的，拥有 2000 只羊可以让当地山区的一个农民马上变成全村最富有的人，这个吸引力比 2000 万美元大多了。

这件事儿无从考证，大家就权当作一个冷笑话来听吧。这是一位政府官员讲给我的，他分享这个“笑话”是为了说明“形象的画面和具体的场景”对于营销是多么的重要，鼓励我一定要把“场景占领”这门营销实战智慧分享给更多的企业家，帮助企业通过具体有效的“场景占领”获得市场大发展。

有人看完这个笑话会认为阿富汗山区的农民“傻”——2000 万美元比 2000 只羊值钱多了，居然选择要 2000 只羊，这不是傻吗？大家一定不要这么理解，这个世界在大多数情况下信息都是不对称的。有人觉得 2000 万美元比 2000 只羊值钱，是基于对美元价值的了解，如果此时你给他一幅凡·高的作品，告诉他说这幅画价值 1 亿美元，他出 2000 万美元就可以买走，他会觉得你在骗他，认为 2000 万美元比那幅难看的画值钱，因为这个人了解“美元”但不了解“名画”，这也是信息不对称的结果。

据说当年齐白石有一段时期生活拮据，到菜市场上去买菜，想用自己画的虾来换小商贩的真虾，被小商贩嘲笑了一番，说：这人不是骗子就是傻，画个虾就想换别人的真虾，疯了吧？这就属于找错了“交易对象”。如果当时齐白石偶遇了徐悲鸿，徐悲鸿能把一箩筐的虾全买下来送给齐白石，因为徐悲鸿“懂画”，小商贩只知“画的东西不能当饭吃，所以不能拿来换真的东西”，这就是“认知不对等，信息不对称”。

002 “非对称”带来的问题与机会

“非对称”会不会产生问题？当然会。因为认知与信息的“非对称”，会出现“听不懂”“说不清”“想不到”等情况。“非对称”是整个世界产生对立的根本原因所在，也是沟通最大的障碍所在。因“非对称”而产生的障碍和鸿沟很难用技巧来解决，只能由占据信息和认知优势的一方来掌握“主动权”化解问题，从而在“非对称”状态下实现对话沟通和合作共赢。

家长与孩子之间的沟通大部分时间都是“非对称”的。孩子小时，家长占据认知和信息优势一方；等孩子大了，可能就会改变角色，家长会处于认知和信息的弱势一方。在“非对称”的沟通状态下，优势一方会比较容易强势、急躁、简单粗暴，例如，家长经常对孩子说：“你怎么这么笨？这么简单都不理解？这都不会？”这是认知和信息优势一方对弱势一方的常见态度。“好了好了，我不跟你说了，等你长大就理解爸妈的良苦用心了。”这是“非对称”沟通状态下的一种常见妥协方式。在“非对称”状态下，具备更完善认知和更丰富信息的优势一方其实是比较痛苦的，因为总感觉简单的问题说不清楚，甚至认为对方在故意跟自己作对，家长将这种对抗行为称为“叛逆”——反正也说不清楚，干脆就不要沟通了，反正也不能达成共识，那就干脆对立吧。

我跟我女儿之间就出现过这种“对立”，这种对立状态很是折磨人，让我感觉很痛苦，感觉无法对话、很难沟通，极容易出现争执。我试图让她做出改变，她反而认为是我无理取闹，我以成年人的认知和思维方式在与孩子进行“对抗”，结果自然是我要妥协，因为如果不解决这种“对抗”问题，我会成为一个不称职的爸爸，而孩子没有不称职的。当我找到对抗的根本原因后，我试图站在孩子的视角来看问题，因为作为家长回到孩子的视角是相对比较容易的，但让孩子站在大人的角度看问题是很难的，也是不合理的，大人无权剥夺孩子单纯的童年快乐。当我放弃大人的“优势感”与孩子进行沟通时，发现很快就消除了“对立”，女儿有时会笑着说：“爸爸，你的想法好奇葩呀！”这反而让我们之间的沟通更顺畅、更开心了。

回到市场营销角度，企业和消费者之间的“沟通”更是“非对称”的，企业对自己的产品了如指掌，对整个行业的常识和内幕都很清楚，企业一定是专业的，消费者一定是业余的，基于社会专业分工的“非对称”是市场供需关系存在的基础。我们要研究的关键问题是，如何在“非对称”的状态下，实现企业与消费者的良好沟通，让企业说得清，让消费者听得懂，如果信息传递是到位的，消费者的认知很快就会被企业所影响，这就是营销要实现的专业价值。很多企业的经营者都在抱怨消费者“不懂”“不识货”，说竞品的质量那么差，消费者还在抢着买，自己的产品那么好、价格又低，消费者反而不关注。当我们看到这些企业的产品后，一眼就看出来这不是消费者的原因，这明明是企业的原因，把产品的包装和品牌传播做成这样，站在消费者视角我们也不会选择这些产品。这里就存在两种信息“非对称”问题：第一种“非对称”问题是关于产品的信息不对称，企业占优势，消费者占弱势，厂家知道更多产品知识并了解更多行业内幕，这是消费者所不知道的，消费者在选购产品的时候也不是根据专业的产品知识来作为判断标准的。第二种“非对称”问题是关于营销的信息不对称，我们占优势，企业占弱势，因为我们长期研究消费者的消费行为和心理，从营销角度很容易判断问题出在哪里，而企业往往不具备这个专业优势。

在信息“非对称”情况下，企业想要有效影响消费者就不能试图改变消费者，而要根据消费者的认知水平和信息储备来改变企业自身的“沟通方式”。有很多直销类品牌，他们通过培训形式来宣讲产品的优势并培养大批的忠实消费者，这些消费者又因为利益的驱动去影响更多的消费者，进而形成一种人与人之间的影响网络，这是一种特殊的市场营销模式，但即使是如此高的“教育成本”，他们也要用尽可能简单的语言和现场体验来让消费者接受一款产品的优势。大部分企业还是要通过正常的销售渠道和零售终端来完成产品的营销，企业与消费者之间的大部分“沟通”不是通过“人”来完成的，而是通过“产品包装、终端陈列和各种形式的广告”来完成的。在这样的情况下，传播的信息量越大、内容越复杂，“沟通”的难度越大，有效进入消费者“心智”的信息量就越小。如何有效影响消费者的消费行为呢？要用最少的信息、最简单的内容来完成与消费者的“沟通”，一定要避免“七大优势、八大亮点”这样的复杂信息，总之一个原则：简单、有趣、场景化！

“非对称”产生了很多沟通障碍和问题，但“非对称”同时也是市场营销的机会和基础，这就像作为家长曾经听了很多故事，在孩子没听过这些故事之前，双方信息就是“非对称”的。虽然认知水平的“非对称”有时会造成家长和孩子之间沟通的阻力，但信息的“非对称”却会让家长可以很轻松地讲出孩子喜欢的故事，所以“非对称”既会产生问题也会产生机会。

做营销就是要充分研究“非对称”状态下的信息传递和心智影响策略。从产品的专业角度来讲，企业掌握了太多的专业知识和行业内幕信息，有时一种成分、一个细节、一个亮点、一个常识都可能吸引消费者的注意力，要研究哪些才是消费者真正关心的“信息”，这些信息站在企业角度可能习以为常，站在消费者角度可能就是“购买的理由”。

在乳制品营销活动中，很多消费者在看到一些产品上明显标注“复原乳”时，由于最初缺乏相关知识储备，大家都认为这么明显的标注是企业在强调自己的产品优势，反而将“复原乳”作为一种亮点。直到有企业提出“用新鲜生牛乳制作，承诺不用复原乳”，才让消费者恍然大悟，原来“复原乳”并不是产品的优势和亮点，“生牛乳”才是优势和亮点，这就是信息“非对称”导致的认知偏差。企业一定要善于发现“非对称”并及时调整营销策略，让消费者在正确信息的引导下做出更有利于自身的消费决策。

同样地，在乳制品营销活动中，由于大部分消费者对常温奶和低温奶的生产工艺缺乏最基本的了解，也不清楚这两种产品的优劣和区别，很多乳制品企业本身就同时生产常温奶和低温奶，所以它们也不愿意为了低温奶的营销而否定常温奶，这就导致很多消费者对于“巴氏杀菌”这样的信息标注是没感觉的，因为人们没有这个基础知识储备。在搞不清楚常温奶和低温奶区别的情况下，“巴氏杀菌”能影响消费者什么呢？好在现在互联网发达，消费者开始自行补充知识，已经有一部分消费者开始意识到常温奶和低温奶是不一样的，新的消费观念正在形成。

我们经常听到一句话，既然喜欢吃鸡蛋，又何必在意是哪只鸡下的蛋呢？但实际上，消费者不关心是哪只鸡下的蛋，但很在意这只鸡在下蛋之前吃了什么，是在什么样的环境下产的蛋。消费者为什么关心这些？因为这关乎一枚鸡蛋是否安全，与消费者的利益息息相关。企业将严格的内部质检标准和良好的生产环境向消费者公布，是会有效影响消费者认知的，因为这是积极主动的“信息对称”行为，会让消费者产生更多的信赖和好感。

当同行业有很多竞品富含某种有益成分的时候，在它们将这个事实告诉消费者前，如果你抢先一步告诉消费者“我们的产品富含天然 ×××，更适合 ×× 体质”，消费者会优先接纳这个信息并将你的品牌与“更适合 ×× 体质”的场景关联起来。

一家做粉条产品的企业老板在听完“五块大地瓜，一斤好粉条”的案例后对我说：“陈老师，大地瓜出好粉条的逻辑不成立啊，您看通常肥沃的土地才出大地瓜，大地瓜虽然产量大，但相比山区沙石土地产的小地瓜，大地瓜就没有这种小地瓜好吃，真正的好粉条应该是由这种小地瓜做出来的啊。”以这位企业家的认知，容易把信息传递的内容给“复杂化”。他说得有道理吗？有道理。山区昼夜温差大、沙石地水分小，种出的地瓜块头小、好吃，做出的粉条也不错。如果按照这个逻辑，就要先教育消费者了解“为什么小地瓜比大地瓜好，在什么情况下小地瓜比大地瓜好”。这个信息传递的过程是复杂的，复杂了就不容易理解，复杂了就容易产生信息丢失和“能量衰减”。为什么讲个“事实”反而把信息传递给搞复杂了？因为这个违背了消费者心智中的“元认知”。

003 影响消费者喜好的“密码”

“元认知”是一个心理学名词，一种理解是对认知过程的“认知”，另一种理解是影响认知的“认知”。本书所讲到的“元认知”是指第二种理解。为什么说教育消费者接受“小地瓜比大地瓜好”会让信息传递变得复杂，而“五块大地瓜，一斤好粉条”反而更容易让消费者理解和接受？这就涉及消费者心智中的“元认知”了。每个消费者都有自己的“元认知”，通常在同一种文化背景下人们的“元认知”是非常相似的。例如，在中国，当我们看到红色元素的作品时，通常会联想到喜庆、吉祥等画面，但如果在一个忌讳红色的国家，可能在看到同样的作品时所产生的心理感受恰恰相反。全球有很多国家在一些常见色彩的认知上存在很多截然相反的心理感受，这是因为不同群体会基于“元认知”对同一事物产生不同的“认知”。这种“元认知”是如何形成的？这是一个复杂的问题，通常“元认知”的形成会受到文化传统、人文环境、教育等多方面的影响，已经形成的“元认知”很难改变，除非受到更强大的文化冲击和时尚潮流的影响。例如，中国百姓对红色的喜爱和对白色的特殊理解导致很多地方一直很排斥白色婚纱，因为大家认为结婚是喜庆的，而红色最能代表喜庆，白色被认为不应该出现在婚礼上，但受时尚潮流的影响和冲击，主流媒体上出现的婚礼大都是白色婚纱，大家慢慢也就改变了这种认知，接受了白色婚纱出现在婚礼上。但红色仍然用于表示吉祥和喜庆，除了婚纱，其他应该用红色的地方绝不用白色，否则就会闹出笑话。企业不要轻易挑战人们的“元认知”，而要研究和理解消费者的“元认知”，在符合消费者“元认知”的基础上提供产品和服务，这样才能得到消费者的青睐和喜爱。

我们先来体验一下几组词汇：

又红又大、非常松软、很筋道、脆脆的、毛茸茸的、柔顺、光滑、细腻……

以上这些词汇会让你产生什么心理感受呢？通常应该不会有负面的心理感受，因为这些词汇在我们的“元认知”中属于正向的、积极的信息储备。

我们再来体验另外几组词汇：

又青又小、硬硬的、软塌塌、干巴巴、粗糙、油腻、枯萎……

以上这些词汇会让你产生什么心理感受呢？通常可能都会联想到一些负面的心理感受，例如不好吃、不舒服、不好看等，因为这些词汇在我们的“元认知”中属于负向的、消极的信息储备。

我们再来看这句广告语：五块大地瓜，一斤好粉条。

“五块”对“一斤”是不是感觉真材实料？

“大地瓜”对“好粉条”是不是感觉很自然？

在人们的“元认知”中，谈论到地瓜的时候，就会感觉大地瓜是好原料，小地瓜是下脚料，通常把品相好的大地瓜直接卖掉，而把一些品相不好看的、太小的地瓜就加工成淀粉再做成粉条了，这就是人们对地瓜这种原料已经形成的“元认知”，再遇到与地瓜有关的话题，就会以这个“元认知”为基础进行认知和理解。让消费者接受“大地瓜出好粉条”是符合认知规律的，而让消费者重新认知“山区沙石地种出的小地瓜做出的粉条更好”就相当于让大家接受“小地瓜出好粉条”，这个要先颠覆消费者已经形成的“元认知”，是比较难的。

有些词虽然是“中性词”，但在消费者的“元认知”中也是带有褒贬倾向的，例如“勾兑”“添加”，这些其实属于中性词，只是一种代表生产行为的技术动词，其实是没有必然的负向含义的，但在消费者的认知中，这些词却常常被赋予负向的含义。当年某酒企在发展正迅猛的时候，就是因为一篇新闻报道将“勾兑”一词和这个品牌一起公之于众，让消费者立即想到了“酒精勾兑”等负面信息，给这家酒企带来了致命的打击。将70度左右的原浆通过与纯净水的混合变成42度、38度的白酒，这个如果用技术词表达应该怎么说？就是勾兑嘛。“勾兑”是白酒酿造的一项非常重要而且必不可少的工艺。简单来说就是白酒刚酿造出来以后，不同车间出的酒味道是不一样的，需要靠勾兑统一口味，去除杂质，协调香味。勾兑也不是简单地向酒里“兑水”，而是包括了不同基础酒的组合和调味，是平衡酒体，使之保持独有风格的酿酒专业技术。但这种技术用语如果让消费者听到，会产生什么心理感受？一定很不爽，他们会感觉自己喝的不是粮食酿造的酒，如果用另一种说法，比如“调合”“调制”，就比“勾兑”要好很多。

在谈到某种食材原料的时候，人们通常会认为“大”更能代表优良的品质，大苹果、大西瓜、大地瓜、大红枣等都会让人联想到“好”，但谈到人为制造的容器或产品时，“小”反而更能传递“精致”的感觉。例如：大钟表和小腕表、大货车和小轿车、大桶装和小瓶装、大茶壶和小茶壶、大罐和小罐、大批量生产和小量手工细作等，“小”反而代表更高的品质和更贵的价格，“大”反而代表一种粗糙、简单和低品质。我小时候就经常听大人们讲一个笑话，说是一个人到上海买了一个大座钟，就是那种一人高的、很大的钟表，结账时问售货员：“我买了这么大的一个钟表，你们是不是应该送我一个小的手表啊？”他一下子把售货员给问得愣住了。售货员尴尬一笑，回答说：“先生，您要是买这个小的，我们可以考虑把那个大钟表送您。”在这位顾客的“元认知”里，“大”是值钱的，“小”是不值钱的。在专业的售货员“元认知”里，“腕表”是值钱的，“钟表”是不值钱的。类似这样的故事在人们心智中形成了一种全新的认知——不能以个头大小来衡量商品价值，小的东西也可能更值钱。久而久之，一种指导人们进行“认知”探索的“元认知”形成了，“小”代表精致和高品质，小作坊手工制作的乐器比大工厂机器生产的更值钱，小作坊老手艺榨出的油比大规模机器榨出的油更香更好吃，更高品质的产品往往会用更小的包装单元。

正是因为有这样的“元认知”，当市场上出现“小罐茶”的时候，消费者普遍觉得这茶够精致，因为人们以前习惯于用大罐作为储存茶的容器，“一小罐就是一道茶”感觉太奢侈了，正是这种“小罐”衬托出了茶的精致，如果用“大袋茶”“大罐茶”就不会有这种精致轻奢的感觉了。一种认知的形成是受到“元认知”影响的，我们需要非常清楚地理解这一点。当胡姬花用“古法小榨花生油”来定义产品独特优势的时候，是不用担心消费者听不懂的，因为“古法”在消费者的“元认知”中代表非工业的、纯朴的、健康的；“小榨”在消费者的“元认知”中代表稀缺的、精致的、好吃的。“古法小榨”之所以能够让消费者产生这样的“认知”，是因为完全符合消费者心智中已经形成的“元认知”，是“元认知”在影响和指导人们产生新的“认知”，企业只是借助了这种力量，而无法轻易改变这种力量。

“颜值即正义”也是在社会整体长期的潜移默化影响下形成的一种集体“元认知”，尽管现在媒体又在批判这种观念，认为“以貌取人”是不对的，我们也都知道“人不可貌相”，但本质上整个社会还是在默默地引导人们强化这种“元认知”。“70 后”“80 后”应该还记得陈佩斯和朱时茂的小品

《主角与配角》，其中有一句经典台词："没想到啊没想到，你朱时茂这浓眉大眼的家伙也叛变革命！"长期以来，在影视作品中出现的反派都是贼眉鼠眼、相貌丑陋的，主角往往都是形象很好的，到目前为止，还存在这个规律，经过一代又一代人的努力，我们始终在一边教育大家"看到了没？这就是坏人"，一边又呼吁"不要以貌取人"。一个个猥琐的、坏坏的形象已经深深刻画到观众的心智中，形成了"元认知"，嘴歪眼斜的、牙齿不整齐的、脸上有疤的、光头文身的……这就是"坏人"的特征；五官端正的、慈眉善目的、穿着整齐的、举止得体的……这就是"好人"的特征。想改变这种"元认知"容易吗？很难，你可以让人们接受"颜值很高的人也可能是坏人"，但很难让人们接受"具备典型坏人特征的人也可能是好人"。

在"颜值即正义"的大环境中，畅销的产品基本上都是高颜值的，像某畅销椰汁产品那种土形象属于特例，99% 以上还是要有高颜值的。很多企业虽然拥有质量不错的好产品，但产品的包装形象传递了很多负面特征，例如"抄袭 / 仿冒""劣质""粗糙""小工厂 / 小牌子""难吃 / 难喝""不安全""不健康"等。在颜值即正义的"元认知"影响下，消费者对这类产品很难产生好感，信任感的建立都非常难，又谈何持续购买呢？

"元认知"是决定消费者喜欢或厌恶、认可或质疑、接纳或逃避的"源代码"，对消费者"元认知"进行深入研究才能真正搞清楚消费者的"心智"。一些特定的颜色、词汇、形象、形状都会在消费者的心智中产生特定的反应，而影响这种反应走向的关键因素就是"元认知"。我们在前面讲到过一个将白酒的酒瓶策划成"粉色"的案例，如果企业能提前意识到在全球大部分区域的消费者"元认知"里，"粉色"都代表"女性化"，可能就不会轻易触碰这个色彩忌讳了。

胡姬花在推出"古法小榨花生油"后，仅靠这一句话很难让"古法小榨”深入消费者心智，没有响应的场景匹配，这就只是一句广告而已。品牌定位必须通过产品包装和终端形象来表达，这种表达是静态的、视觉化的，不能靠文字，一定要通过画面来传递信息。既然是“古法”，就要体现产品的“古风”，如果油桶的整体形状不变就很难从众多竞品中跳出来，所以这个“古风”不仅是印刷标签上的设计风格问题，还要用一种形象直接调动消费者“元认知”中关于“古”的认知。

胡姬花的油桶采用了仿木桶的形象，这个形象在消费者的“元认知”中就代表“古代、古风”，这种感觉与广告语中的“古法”高度吻合，很容易被消费者接受。再说“小榨”，除了小石磨盘，还有什么能传递“小榨”的信息呢？没有什么比一个古装卖油翁的形象更能传递“小榨”的含义了，同时还能强化“古法”的含义，一个卖油翁挑着两桶油，肯定不是大规模工业化生产的油，很形象地表达了“古法小榨”的信息。仿木桶、老店幌子、卖油翁、小石磨这些元素其实都是容易被消费者的“元认知”识别为“古法小榨”的，企业只需将这种认知激活，就会形成一种消费驱动力。消费者在这些营销元素的影响下会在心智中形成稳定的、清晰的、美好的画面，每当看到或想到这些画面，就会想到特定的品牌和产品。

004 画面最容易影响“元认知”

精彩的故事都是有画面感的，当我们在听故事的时候，大脑中是通过画面在演绎这个故事的。故事通过声音影响了听觉，我们又将听到的故事进行加工处理后变成脑海中的画面，真正吸引我们的其实是我们自己丰富的想象力，是故事激发了我们的想象力觉醒。无论是硕士博士，还是目不识丁的人，都能听得懂精彩的故事。故事带来的画面感越强，听故事的人越投入，情绪越会随着故事情节的发展而起伏。观察和听故事是人类从出生开始就具备的信息接收能力，大脑中不断呈现的一帧帧画面不断储存起来，形成人类的记忆。当我们回忆往事的时候，脑海中是以画面形式呈现的，我们在脑海中留下的只能是一个又一个的情景画面，这些情景画面附带着人生哲理、经验、情感、知识等信息，包括我们读过的名著，在回忆的时候也是以画面形式呈现的，如果脱离画面，就很难成为回忆的一部分。

听过的故事、经历过的事情和看过的景象会很快储存起来，“一朝被蛇咬，十年怕井绳”也是因为“井绳”唤醒了“被蛇咬”的记忆画面。当我们听到一首老歌的时候会迅速回到十年前甚至二十年前某一刻的心情，脑海中也会马上出现很多画面，这些都是我们无法抗拒和左右的。企业要学会掌握这股力量，将其应用到市场营销的实践中，用最简单的方式将情景画面植入消费者的大脑中，当这个情景画面重现的时候，消费者就会第一时间想到某个品牌的产品，这是场景占领营销的基本法则。

通过画面影响“元认知”有时候并不需要太多的道理和解释，只要画面与现实高度重合，就会逐步进入消费者的心智，形成记忆画面的一部分。运动场上大汗淋漓，打开一瓶雪碧，冷气冒出，喝下去，感觉太凉爽了，当你一次次看到这个画面的时候，这个画面就会开始成为你记忆的组成部分。当你大汗淋漓时就会想到这个画面，你会渴望那种“凉爽”，直到你也打开一瓶雪碧喝下，这种记忆画面变成了行动，从此可能会无限循环下去。这个画面的植入需要讲道理吗？不需要。只要“捕捉”到消费者一瞬间的“欲望”，当炎热唤醒人们对“凉爽”的渴望时，记忆中的画面就会呈现出喝雪碧的情景，这就是场景占领的神奇作用。

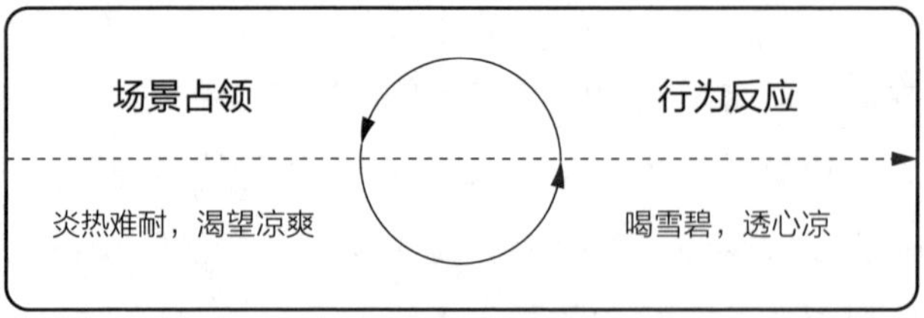

每个孩子都应该有童话般的童年，当回忆童年时，美好的画面越多，内心的幸福感和喜悦感就越足，这是一生直面各种压力和挑战的重要心智资源。不要过早在孩子的心智中输入太多残酷的现实，像“铁榔头”郎平

这样的女强人也认为应该让孩子的内心尽可能地保留更多的童话般的浪漫和美好，这样当孩子在不得不直面现实生活时，那些积极美好的力量会支持他 / 她更好地应对各种压力和挑战。

我们每天都会在大脑中储存大量的画面，这些画面构成了回忆的同时也影响了心智，决定着我们对这个世界的认知。我是不太建议大家过多关注负面新闻的，很多人喜欢关注负面新闻，看到负面新闻就会产生负面情绪，进而形成负面的记忆。当记忆的画面一旦进入大脑，很多时候人们是无法区分这个场景是否真实发生过的，尤其是一些代入感极强的负面新闻会让局外人变得情绪低落甚至产生抑郁。因为这些负面的画面不断地在脑海中呈现，他们会感同身受地被这些画面所折磨，就像这些事情曾经发生在自己身上一样。

人们在回忆过往的时候，大脑中会优先呈现那些重要的时刻，例如生日、恋爱纪念日、结婚纪念日、重要节日、孩子每学期的家长会、一起度假的时光等。如果一个人在重要时刻都是幸福愉悦的，记忆就会告诉她一切都很美好，所以一定要记住“重要时刻，绝不缺席”！美国前总统奥巴马据说不管什么情况都不缺席跟孩子有关的重要时刻，这是一个值得借鉴的做法。“场景占领”就是要占领消费者一些重要的“时刻”，在重要时刻扮演重要角色，给消费者带来更多的美好和满足。

当奥利奥不断通过“扭一扭，舔一舔，泡一泡”来营造快乐场景时，奥利奥就真的可以给消费者带来更多的快乐，消费者的记忆“画面”会不断强化奥利奥与快乐时光之间的关系。当广告“画面”每次出现奥利奥就会出现牛奶时，消费者就会在记忆中将牛奶和奥利奥联系起来，看到牛奶就会想到奥利奥，这是一种通过“场景占领”来影响消费者记忆“画面”的常用模式。关于奥利奥的场景占领营销策略，后续会有专门篇幅进行详细剖析，在此不做赘述。

那些深入人心的画面远比有理有据的说教更有效，逻辑、道理、依据通通会被遗忘，最后剩下的只有“画面”。当你发现自己有头皮屑时，你的第一反应是选择海飞丝，不需要太多的理性思考和判断，因为海飞丝在你的记忆中总是与“去除头屑”有关。当你“累了困了”会马上想到“红牛或东鹏特饮”，至于为什么喝，原理是什么，是不是有效，这个不在消费决策程序内，是“累了困了”的感觉和场景直接唤醒了记忆中的“画面”，转变为消费选择，这是通过场景驱动的，而不是理性思考判断的结果。

005 被企业利用的消费者“元认知”

接下来这些内容，我仅从营销角度进行分析，不评价以下企业的做法是否存在其他层面的问题，仅从市场营销的结果来看，它们的确获得了巨大的成功，我们要研究的是这其中的规律和方法。

东莞某床垫企业在十几年前进行品牌升级时，将品牌定位为“健康睡眠专家”，公司名称后来也改为“×× 健康睡眠股份有限公司”，在床垫行业的竞争中率先抢占了“健康睡眠”的场景。该企业成立睡眠研究院，进行睡眠科技、睡眠文化的研究，还发布了睡眠白皮书，通过对专业健康睡眠场景的占领，很快成为本土成长迅猛的高端床垫品牌。这家企业最大的争议在于用了一个外国老头的照片，这张照片有着神奇的作用，让该企业在过去的十几年里一直被消费者误认为是国外品牌。这张照片也给该企业带来了一些麻烦，在企业要申请上市时，被证监会要求解释这个外国老头的一系列情况。我们在这里就说说这个外国老头的照片，在过去的十几年到底给这家床垫企业带来了什么。有人会说：不就是一张照片吗？签下国外的球星、娱乐明星做代言的中国品牌越来越多，一个本土品牌与一张国外的面孔联系起来，这有什么可好奇的呢？这家床垫企业所用的照片是花钱买下的长期使用权，关键是这位洋老头既不是什么明星也不是什么专家，这样的照片使用成本非常低，它是如何发挥营销价值的呢？这就涉及“元认知”的营销原理了。

如果这家床垫企业用一个有名气的明星或专家，给消费者传递的感觉顶多就是“代言关系”或“顾问关系”，这是大家所熟知的商业广告形式，所以很容易就能理解并做出判断结论。如果该企业用一个“不知道是谁”的外国老头的照片，不表明其身份，不做说明解释，这就违背了商业代言广告的常理。那么这个普通的洋老头会是谁呢？根据消费者“元认知”所储备的知识和经验，一个没有名气的、普通的人却被置于如此重要的、显眼的角度进行长期宣传，那么只有两种可能性：这个老头是品牌创始人或技术研发人。否则他在广告中出现的意义是什么呢？以上这些思考并不是凭空的推测，而是大部分消费者会根据自己的“元认知”在心智中快速完成的信息转化，这个速度快到很多人意识不到自己在分析问题，大脑中就得出了结论：“这肯定是品牌创始人，创始人居然是老外，这个品牌应该是国外品牌。”其实企业什么也没说，只是用了一张普通外国老头的照片而已，但“画面”影响了消费者的思考，消费者的“元认知”帮助企业将这个“画面”翻译成了各种有利于品牌营销的积极信息，这不是碰巧，而是企业出于营销目的对消费者“元认知”的误导和利用。相比那些直接注册成海外商标并宣称自己是洋品牌的企业，这家床垫企业没有任何语言上的误导，也没有任何虚构的文字信息，只是用了一张成本很低的照片而已。细想是不是很神奇？如果大家了解“元认知”的运行规律，就知道消费者做出“洋品牌”判断的依据不是来自文字信息，而是来自基于“元认知”的自我分析推测，而企业要的就是这个效果。

现在企业要上市了，证监会为什么要求解释这张照片？因为这张照片已经对大多数消费者形成了“误导”，接下来可能还会“误导”投资者，既然企业提供的所有信息都是真实的，那就自己解释一下这张照片上的人物与企业到底是什么关系吧！

消费者的“认知”是由“元认知”来指导的，“元认知”一旦被外界的画面所影响，品牌信息就会长驱直入，消费行为就会被定向引导。

广东另一家做日化的企业也巧妙借助“元认知”进行了一系列的营销操作，以他们的消毒杀菌产品为例，从概念和形象上充分借力“滴露”，从色彩上充分借力“舒肤佳”，分明是本土品牌，却长期被消费者当作欧洲货，销量增速非常迅猛。如果你拿这家企业的除菌产品和“滴露”放在一起，会感觉包装风格是一样的，很多设计细节都是一样的，例如左右一分为二的两大色块和整体图案轮廓都看起来好像是同一个品牌的产品，一个认可“滴露”的消费者在零售终端很容易拿到广东这家企业的产品。除了包装风格上“努力贴近”，从概念上也“努力混淆”，我多次看到终端促销人员很努力地让消费者认为“滴露”是一个品类，建议消费者选择另一个品牌的“滴露”，并强调是一样的东西，价格更合适，类似这样拦截终端消费者的方法往往效果非常明显。

如果你将广东这家企业生产的洗手液、沐浴露等产品与舒肤佳的产品放到一起，发现关键识别位置使用的色彩组合居然一模一样，尤其是在商标的设计上与舒肤佳采用了一样的色彩组合策略。舒肤佳的“蓝 + 红 + 白”的色彩组合已经深入消费者心智，通常消费者看到这个色彩就会想到“舒肤佳”。在品牌标识的设计上，这家企业突出了英文，而将中文作为陪衬，使用了一个古代欧洲战士的侧脸图案，再加上一个“蓝 + 红”的整体外围轮廓，看上去就是一个地道的“欧洲品牌”，而且感觉这个“欧洲品牌”有很好的血统背景。

通过这么一番营销操作，从“元认知”层面，消费者很容易被这家企业产品的外观和色彩所吸引，第一印象产生“信任感”，再仔细观察，又会被品牌标识所影响，产生“欧洲品牌”的认知。这就使该产品在终端对竞品的客流形成了有效拦截。

现在这家企业的国内业务已经做得非常好，并开始试图将自己变成外资企业在中国的总代理，给品牌血统正名，把产品真正变成“欧洲货”，但也因此备受质疑，可能未来也会面临跟上述那家床垫企业类似的问题。

从以上案例来看，“仿”也是分境界的，低级的模仿会被消费者一眼就发现是“仿冒的、山寨的”，高级的模仿不是对外观的模仿，而是通过对消费者“元认知”的洞察，将所有对消费者心智有影响的关键要素提取出来，然后再将这些要素应用于自己的产品和品牌。观其外表，看上去不一样，但又总感觉是同档次的东西，这种说不清楚的感觉往往来自“元认知”的影响，这个要素可能是颜色，也可能是某个风格的图形和某种产品特质等，这叫“灵魂级模仿”。这就像很多模仿秀歌手模仿本尊，不管外表有多像、声音有多像，终究只是个模仿秀艺人，永远也成不了本尊。如果有一天，这位模仿秀艺人突然意识到了不能这么生硬模仿，而是要在具备本尊素养和才艺的基础上形成自己的风格，从那一刻起，一个模仿秀艺人就可能蜕变成另一个超级明星。前者是表层的“模仿”，后者是深层次的“借鉴”，前者有明显的“山寨感”，后者会拥有自己的特质。

006　当消费场景颠覆“元认知”

一次我在从马尼拉飞北京的航班上与一对老年夫妇邻座，两位老人的三个女儿都是驻外使馆工作人员，分别在南非、菲律宾和美国工作，所以他们每年有一多半时间都是跟随孩子在海外居住。两位老人非常健谈，先问我是不是中国人，我回答说是，他们的话匣子就打开了，一路上找各种话题跟我聊天。到用餐时间了，飞机上发放的是整瓶的可乐，我问空姐可不可以换一瓶水，因为我不喝可乐。旁边的两位老人看到我的举动感觉很奇怪，他们问我为什么不喝可乐。我说喝可乐不健康，我还是喜欢喝水。我劝他们也少喝可乐，多喝白水，话音未落，只见两位老人已经把可乐喝了半瓶了，他们认为是我对可乐有误解，没必要担心什么。后来在聊天过程中，我才知道他们在出国前也是不喝可乐的，到了南非、菲律宾、美国，发现当地的老年人也喝可乐，有些年龄比他们大一二十岁的老人也会经常喝可乐，久而久之，他们就从内心感觉这种饮料不是只有年轻人才能喝，老年人也能喝，而且感觉喝碳酸饮料很快乐，就像自己突然年轻了起来。我问他们不担心血糖高吗，两位老人回答说相比血糖高，他们更担心情绪的低落和运动的减少，两位老人酷爱登山，运动量很大，认为可以通过多运动把多余的糖分代谢掉。

从这次对话中，我意识到两大可乐在菲律宾保持很好销量的原因了：在这样的消费群体中，他们的“元认知”是不排斥“可乐”的，在饮用可乐类产品的时候是没有心理负担的。因为看到很多年龄很大的老年人都在喝可乐，所以大家很少将可乐看作有害健康的饮品。而在国内，越来越多的消费者“谈糖色变”，不仅老年人有控糖需求，年轻人也在积极控糖。不同的环境和观念影响了消费者的“元认知”，也影响了他们的消费习惯。

如果一个家族出现过“吸烟但寿命很长的人”，这个家族的后代年轻人中会出现很多“顽固”的吸烟者，因为在他们的“元认知”中吸烟并不会影响健康，反而有人吸烟却活得很长寿。注意这个“元认知”是有问题的，很有误导性，“吸烟但寿命很长”只能说明这个人所受到的烟草的危害并没有表现出来，或者说烟草没有表现出对这个人的危害性，但并不能以此证明烟草是无害的，更不能以此证明“吸烟可以让人长寿”。这个道理很容易理解，但这个讲道理的说教对于“顽固”吸烟者几乎不发挥任何作用，除非颠覆他们的“元认知”，否则很难改变他们的认知，因为相比合情合理的说教，他们更愿意相信自己看到的“事实”。

“眼见为实，耳听为虚”是长期以来占据消费者“元认知”的一种基本理念，让消费者看到“画面”比让消费者听到“道理”更能影响他们的消费行为。我们在帮助一家净水机企业做营销策划时，当时的净水机普及率还很低，很多家庭已经习惯了直接用自来水，他们认为自来水看着也清澈透明，不会有什么有害物质。要想让消费者知道“未过滤的自来水是脏的”，这个很有难度，因为肉眼看到的是清澈透明的。为了颠覆这种“元认知”，我们需要借助“科学实验”的模式来让消费者“看到”，于是在营销推广策略中我们设置了一个“电解实验”，让消费者亲眼看到过滤的纯净水和普通自来水在电解实验中的不同表现。当消费者看到黑乎乎、毛絮状的物质析出后，才相信“原来自来水这么脏啊”。这个实验未必科学，但很有视觉冲击力，可以让消费者不再相信自己的眼睛——清澈透明的水不一定是干净的。仅有这个“画面”就够了吗？还必须提出一个很有驱动力的消费主张——不用净水机过滤，就得用肾脏过滤！这是十几年前的策划水平，现在看起来比较土，但当时的营销效果还是非常好的，很多经销商都实现了十几倍的业绩增长。

日本最早一批进入中国市场的光触媒产品在营销方面也面临了同样

的考验，当时广州一家代理日本光触媒的企业找到我们，希望能协助解决光触媒的营销推广问题。他们不是直接卖光触媒产品，而是帮助客户进行室内空气治理，按平方米收费，100 平方米左右的房子完成空气治理，一般收费在 8000 元至 1 万元，可是这个东西看不见摸不着，企业说“光触媒已经在发挥作用了，空气质量检测结果是正常的”，消费者说“在哪儿呢？也看不出什么变化啊，还是有异味啊，检测报告是假的吧”。光触媒主要用于治理甲醛，甲醛是无色无味的，消费者能闻到的味道根本不是甲醛，但既然看不见摸不着，就很难接受这么高的收费，市场推广难度也就非常大。我们建议这家企业增加“甲醛测试”试剂盒产品，售价 25 元 / 盒，提出“装修搬新家，住之前，测甲醛”的消费主张，一个房间至少要用一个试剂盒，如果发现空气质量不达标，想进行治理，凭借每个试剂盒里的抵用券可以抵 100 元的现场治理费用，消费者也可以自己买光触媒产品按说明使用。营销策略调整的第一步就是让消费者“看见甲醛的存在”，不是企业说“有甲醛”，而是消费者自己测出有甲醛，以精准命中消费者痛点。营销策略第二步是引导消费者使用抵用券或自己购买光触媒产品，在进行空气治理后，让消费者自己检测“空气治理结果”。同样的试剂盒，同样的检测方式，之前超标，用了光触媒后空气质量达标了，亲眼所见，就容易相信了。“眼见为实”的画面是最具驱动力的营销策略，合情合理的消费主张是最高效的“场景占领”。

装修后多长时间住新家？按照常识，至少得通风放置一到两个月才能入住。这是消费者的“元认知”，因为大家都这样。装修后是不是都着急搬新家？即使是不着急入住，当通风放置两个月后，搬进新家是不是也担心有空气污染？如果你是做涂料或其他装修材料的，产品的环保级别很高，不会产生污染，如何将这个信心传递给消费者呢？“绿色环保零污染”“获得欧盟认证”……无论怎么说，新的消费场景还是没有建立起来，大家还是觉得装修后会有污染，不相信产品真的是零污染。这时要重新设置一个场景，一个完全可以颠覆消费者“元认知”的清晰场景，用这个画面吸引和影响消费者。我们来看下面这张图：

装修后多长时间住新家？“三棵树，马上住”，8 小时净味住新家！

首先，这个颠覆了消费者的“元认知”：哪有这么快可以入住的？因为严重不符合消费者的“常识”，远远超出消费者的“预期”，所以形成了强大吸引力。

其次，装修后的房子即使通风放置一段时间后，也不是很放心，但是因为产品承诺是“马上住”，会让消费者感觉更放心。

最后，“三棵树，马上住”的场景画面感要远超各种“绿色环保零污染”类的口号式的广告，前者画面感非常强，后者的广告语很难形成画面感。

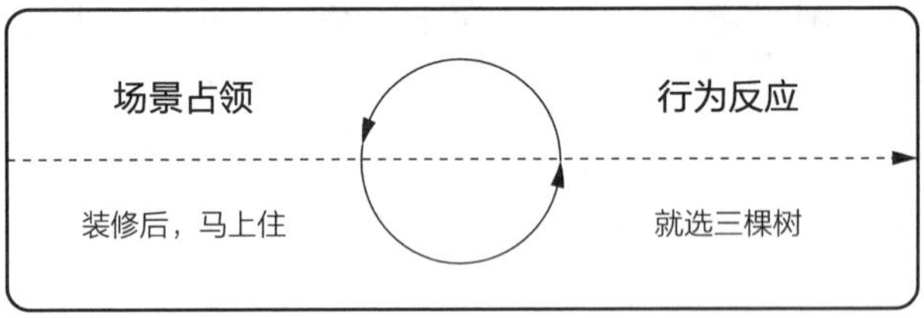

007 营销在欲望和刚需之间

营销本质上是对本能欲望的研究和满足，我们很难找到与本能欲望无关的营销，一切产品都是载体和工具，如果不能满足消费者的欲望就不能产生品牌营销的溢价。

什么是欲望？欲望不是基本的需求，高于基本需求的“更高追求”就构成了欲望。欲望有大有小，企业和商品的出现就是在满足不同层次的欲望，人们将欲望伪装起来，看起来像是一种刚需，但实际上是高于刚需的欲望。

如果不是满足人性的欲望，饮用水只有一种即可，本质都是一模一样的。但人性是不喜欢单一的，人性的欲望是不满足于基本需求的，所以有了安全的需求、健康的需求、品质的需求、身份的需求。有人煮饺子就用自来水，有人煮饺子必须是农夫山泉；有人泡茶就用纯净水，有人泡茶必须是海拔 5100 米以上的冰川矿泉水；有人给孩子冲奶粉用自家净水机出的纯净水，有人一定要用法国原装进口的矿泉水。这其中有追求美味的欲望，也有彰显身份的欲望，总之，如果没有欲望的驱使，就没有了高价商品的营销空间。

如果不能满足人性的欲望，各种休闲食品本质上都是“没用”的产品，因为一切休闲食品都有一个共性，吃了会产生愉悦和满足，不吃也不会有什么问题。休闲食品本身不是刚需，但人性对内心愉悦的追求是“刚需”，如果一款休闲食品不能洞察人性的欲望，就很难成为消费者生活的一部分。

如果不能满足人性的欲望，各种奢侈品本质上都是“价值不大”的产品，因为一切奢侈品都有一个共性，心理价值远大于实用价值，消费者购买后非常开心且自信，不购买也不会有什么问题。奢侈品本身不是刚需，但人性的自我满足和获得尊重与认同的需求是“刚需”，如果一款奢侈品不能洞察人性的欲望，就很难吸引消费者积极购买。

与人们衣食住行有关的所有商品和服务，无一不与人性的欲望有关，大部分人毕其一生的努力无非想“出人头地”，各种商品就开始满足这种需求，高档的食品、高档的饭店、豪华的酒店、豪华的轿车、豪华的别墅、名牌的衣服、名牌的手表、名牌的包包、更大的钻戒、更多的收藏品……哪一个与人性的欲望无关？所以，不要怀疑，商业本质上就是满足本能欲望的“游戏”，而营销就是吸引人们积极参与“游戏”的运作方法。只有真正理解这句话，才能洞穿营销本质。为什么“好产品”不一定能“卖得好”，因为很多所谓的“好产品”都是站在企业角度的“质量好的产品”，并不能给消费者带来愉悦、自豪、身份感等心理价值，这样的“好产品”是没有灵魂的，是不懂消费者人性的，是缺乏吸引力的，所以大部分情况下这些所谓的“好产品”是“卖不好”的。

有一段时间，我们公司接待客户都是用一瓶农夫山泉和一瓶依云水，每个座位上都放着两瓶水，几乎每次都是依云水被打开喝掉，而且很多时候客户都会拿起依云水说一句“哟，依云的”，然后喝水的表情都不一样。我有时会问客户为什么会先喝依云的这瓶水，他们说因为依云的水是进口的、价格贵、有档次，如果没打开这瓶水，感觉自己就土鳖了。我问他们：喝出阿尔卑斯山矿泉水的独特味道了吗？大家一笑了之。哪里能有什么独特味道，都是水而已。我喜欢用这样的方式开始跟客户的交流，大家非常容易进入营销话题的讨论，客户也很容易从“唯产品论”的局限思维中跳出来，换个角度看营销。

我经常问企业一个问题：你的产品是如何迎合本能欲望的？

从产品到需求，从刚性需求到本能欲望，这是产品必须完成的跳跃升级。如果百岁山矿泉水用康师傅矿物质水风格的包装，也就谈不上什么“水中贵族”了，说了也没人信，也不会有人感觉这瓶水能给自己带来什么心理价值。当百岁山矿泉水定位“水中贵族”时，意味着这款水已经不再满足于作为普通水来销售，既然是“水中贵族”，就要有贵族的气质和形象，就要让手握这瓶水的人感觉到一种自信和愉悦。人人都想被尊重和认可，穿名牌、开豪车、佩戴奢侈品等行为都是这种本能欲望的体现，选择一瓶“水中贵族”的矿泉水居然也能体现自己的品位并产生被尊重和认可的喜悦感，这个成本太低了，这就是产品在刚需属性之上的心理价值。

现在吸烟的人越来越少了，见面递烟的“社交陋习”也逐渐消失了，但是在一个特殊的历史阶段，香烟是一种非常重要的社交工具，是消费品又不仅仅是普通的消费品。通过观察一个人随手掏出的香烟是什么牌子、什么价位，就能判断出这个人经济条件怎么样。要是天天掏出来的都是软中华，那这个人一定混得不错。正是因为香烟的社交属性，很多人将香烟作为一种社交工具和彰显身份的道具，多少男士都渴望获得“高档香烟自由”，对于男士来讲，香烟的瘾不仅仅来自尼古丁。直到禁烟文化开始形成，香烟不再具备当年的流行社交价值和彰显身份的作用，不吸烟也不影响社交和办事了，消费者戒掉了对香烟的心理需求，进而更容易戒掉对香烟的生理需求。

手机是将“本能欲望”利用得淋漓尽致的一个消费品。本来手机属于耐用品，更换频次应该很低，但洞察到“本能欲望”的手机品牌商不断进行手机款式的更新迭代，很多手机不是被用坏了才换的，而是因为又出新款了。一个拿着旧款手机的人，尤其是使用旧款低端手机的人在社交场合是会不舒服、不自信的，手机在某种程度上也不再仅仅是一个通信工具，而演变成一种彰显个人品位和经济能力的“标志”。手机品牌商要的就是这种感觉，他们希望消费者在意这个细节，希望大家在使用新款高端手机的时候内心充满自信和愉悦，可以很随意地将手机放在聚会的餐桌上和开会的会议桌上，而不必在意别人投来异样的眼光。为什么很多年轻人省吃俭用也要用上最新款的手机？因为他们想被尊重和关注的“欲望”更强烈。越是缺少什么，越希望通过“消费”来进行弥补。周润发为什么不在乎自己的手机款式和档次，因为他已经完全不用在乎这个细节，反而是一部过时的、陈旧的手机更能让他成为众人心中敬佩的发哥。不同层次的人，心理需求是不一样的。如果是一个普通生意人，使用一款老掉牙的手机，合作伙伴会根据这个细节做出很多负面的判断，这是不利于做生意的，所以这些人必须注意这些细节。8848 钛金手机为什么会有市场？功能、质量都不是关键，身份感才是关键。

汽车行业的营销逻辑跟手机行业如出一辙，汽车品牌商不断改变同一档次汽车的外观，推出新款式的汽车，试图尽快把已经售出的汽车变成“老款、旧款”。当消费者发现自己开的是最新款汽车时，内心很舒服，当消费者发现满大街开始出现更新的款式时，就会感觉自己开了一部老爷车，内心就开始觉得不舒服。不断出新的款式是刺激消费者换新款车型并且同时避免消费者选二手车的有效办法。汽车与手机一样具备社交价值，比手机更能体现一个人的经济实力和品位层次。手机卖的不是通信功能，汽车卖的也不是代步功能，让消费者痴迷追求的东西都是“人性中尚未被满足的欲望”。

008 别让你的产品裸奔

与本能欲望无关的产品是没有前途的，抓住本能欲望的产品都是大生意。望子成龙的欲望成就了教培行业和教辅产品行业；受人尊重的欲望成就了各种可以彰显身份和优越感的品牌和产品；追求美丽的欲望成就了美容行业；追求健康的欲望成就了保健品行业；追求愉悦放松的欲望成就了文旅和娱乐行业；对美食的欲望成就了餐饮和食品行业。健康有序的欲望成就了很多商业奇迹，泛滥失控的欲望又不断滋生犯罪。这是一个真实而又虚无的世界，是欲望在驱动人类进行各种活动，市场消费也是欲望驱动下的社会活动的一部分。

在智能手机的美颜功能普及之前，人们不清楚在化妆品电视广告中出现的人物是经过美化的，广告人物白嫩细腻的皮肤激发了消费者对“美”的追求欲望。每一位消费者内心都有一个更美丽或更帅气的自己，这是消费化妆品的强劲动力。

到底是什么让女性消费群体对香水如此迷恋？一方面是喜欢香水的味道，比香水味道更让人着迷的是“自己的魅力”。香水的味道不是给消费者自己闻的，而是给接触消费者的其他人闻的，坚信香水可以增加自身魅力的女性消费者会愿意持续消费香水。香水中有一种很流行的香型叫“斩男香”，据说这种香味最容易让男士心动。这样的香水是在卖产品吗？这是对消费者内心“欲望”的撩动，这种欲望就是“让自己更有魅力”。欧美国家的企业深谙此类营销之道，它们非常清楚“一切商品服务于欲望”的黄金法则，并在营销活动中熟练应用这个法则，撩动消费者内心欲望，激发消费者的购买欲。

联合利华旗下的“凌仕”系列男士洗护产品是迄今为止最露骨的“欲望营销”案例，简直是把一款日常洗护用品卖成了“成人用品”。凌仕的消费人群锁定“18 ~ 35 岁男性”，其品牌使命是“使男人的气味、质感和外表更具诱惑力”，目前产品畅销全球 60 个国家，在欧美市场有较高的市场占有率。凌仕刚在中国市场做大力推广时，我们作为专业营销策划人都不好意思过多讲这个案例，感觉凌仕在“欲望营销”方面做得太过了，又是让陈冠希代言分享经验，又是“迷人香氛，诱人幻想”，看到这些推广内容，自己都不好意思去购买这款沐浴露，担心别人在背后说“这男的真龌龊”。对于这款让人脸红心跳的洗护用品，我一开始是持批评态度的，认为不应该如此赤裸裸地进行“欲望营销”，可以暗示，但不能这么直接。

当我围绕这个品牌与很多年轻的消费者进行沟通后，发现他们跟我的看法不一样，这其中有很多都是凌仕的忠实消费者。他们不像我这么脸红心跳，非常坦然地讲述自己为什么选用凌仕洗护产品。他们认为这是属于年轻男孩子的专用产品，每一个男孩子都希望自己更有魅力，反正要选择洗护用品，如果一款产品能增加自己对异性的吸引力，为什么不选择呢？这就是凌仕在刚需和欲望之间找到的营销突破点。我是没好意思把凌仕拿回家，担心我爱人质疑我“动机不纯”，但这并不影响凌仕市场占有率的提升，因为这款产品就是为那些满脑子“幻想”的大男孩们准备的，不管是不是真的能增加男士的魅力，但至少满足了一些男士内心“对欲望的幻想”。

有人说，老师你讲的这些都是个别案例，并不是所有畅销的产品都与人性和欲望有关系。有些产品本身就是“清心寡欲”的，怎么会跟欲望有关系呢？那我们就讲讲“清心寡欲”的产品：绿茶算不算“清心寡欲”？

一杯绿茶，清香宜人，安抚内心，宁静悠然，这哪里有什么欲望？人内心的欲望并不一定是躁动的、沸腾的，只要是“想而不得”的都是欲望。

对于一个内心急躁的人，想让自己的内心进入“无欲无求”的宁静状态，这也是一种欲望。除非真的“无欲无求”，凡有所求，皆是欲望，凡有欲望，皆是凡人。营销就是要精准捕捉到人们起心动念间所产生的种种欲望，这些欲望与场景有关，可以用画面表达，能用产品来满足，这就可以形成“场景占领”。

“竹叶青”绿茶在品牌成长阶段就洞察到了消费者的静态欲望，将竹叶青与围棋场景进行结合，提出“平常心，竹叶青”。“平常心”是不是一种“低欲望”状态？是的。一般人是否容易保持“平常心”？不容易。平常心会让人内心平和而有智慧，但这种平常心的境界不容易达到，这本质上也是一种“欲望”。

我在工作中累了，就习惯于马上放下手头工作，到茶室冲一道茶细细品味，一边听着古典音乐，一边感受着残留在杯底的茶香，内心会宁静而充满喜悦。此时我感受不到什么“欲望”，但沉浸其中，享受了这份宁静，一旦回到工作状态，我会经常“渴望”喝茶时的宁静。后来我意识到，这种渴望宁静的感觉也叫“欲望”。

什么叫“裸产品”？当一瓶水就是一瓶水的时候，就是裸产品，当一瓶水可以代表贵族气质和品位的时候，就会成为一款畅销商品。当一罐核桃乳只能用来喝的时候，就是裸产品，当一罐核桃乳可以满足消费者“望子成龙，望女成凤”的心理欲望时，就会成为一款畅销商品。当一瓶山楂汁只能当饮料喝时，就是裸产品，当一瓶山楂汁可以满足消费者“多吃不长肉”的幻想和欲望时，就会成为一款畅销商品。没有“消费场景”的产品就是裸产品，不能满足消费者心理欲望的产品就是裸产品，只有找对场景、占领场景、满足消费者欲望，才能改变产品“裸奔”的尴尬现状，实现突飞猛进的营销增长！

抓住营销的本质，别让你的产品在市场上裸奔！

第六章

以小搏大的营销竞争战略

CHAPTER 6

The Secret of Best-selling

现实的市场营销很难避免竞争，除非是垄断状态，否则就一定会面临竞争。谈到竞争问题，大部分企业家都会认为“最舒服”的角色应该是老大品牌。其实作为第一品牌是比较难受的，因为第一品牌是没有可参考目标和可借力对象的，而作为其他跟随者，是有很多办法可以向第一品牌借力并超越第一品牌的。

001 以小搏大的可能性

真正有效的营销竞争战略并不是局限于高层的战略规划，而是可以直接指导终端销售活动的。如果一套营销竞争战略实施后可以直接帮助终端销售轻松碾压竞品，这样的竞争战略一定是务实有效的；相反，即使看起来非常科学合理，如果这套竞争战略跟终端销售没什么关系，不能有力拉动业绩提升，这样的竞争战略基本上形同虚设。行业头部品牌相当于“执政品牌”，试图跟头部品牌竞争的其他品牌相当于“在野品牌”。“执政品牌”自身是要受到很多束缚的，不能轻易改变品牌营销策略，在做决定时要非常谨慎，否则就会因决策失误导致业绩下滑，其市场营销行为只有两种结果——对的或错的。做对了，就可以继续保持“执政品牌”的地位；一不小心做错了，就可能失去“执政品牌”地位，同时给“在野品牌”提供“上台执政”的机会。所以对于“执政品牌”来说，“不犯错”是基本原则，整体战略状态处于“守势”。而对于“在野品牌”来说，虽然整体实力不及“执政品牌”，手里掌握的各种资源也不及“执政品牌”，但只要在战略进取意识上保持“攻势”，即使做错了决策也没什么，通常不会引起“市场”的广泛关注，因为不是“市场”所关注的焦点。

我们都喜欢“以弱胜强、以小搏大”的军事案例，因为这样的案例容易满足我们对“成功”的美好向往。案例中弱小的一方居然反败为胜了！居然干掉强大的对手了！看着这样的案例就感觉非常“爽”。大家为什么对“顺理成章”的故事反而不感兴趣呢？比如强者直接灭掉弱者了、大国直接灭掉小国了、某富二代又买了一辆兰博基尼、某成功企业家又赚了 50 个亿，因为这些都在人们的意料之中，大家对意料之中的故事不感兴趣。超乎想象才会有惊喜，有惊喜才能更精彩，灰姑娘嫁给王子、穷小子成为富商、乞丐当上了皇帝、小国灭掉了大国，这些都是反常规的、出乎意料的，也正是这些故事成为大家津津乐道的“经典案例”，满足了艰难处境下的人们对美好未来的向往。

为了让故事更传奇，在传播过程中往往会被人为添油加醋，把弱小一方讲得更弱小，把强大一方讲得更强大，对比反差越大，传奇色彩越浓重，越能扣人心弦。如果有人在此时补充“事实真相”，会被认为是泼冷水、扫兴。实际上，忽视“真相”的故事只能鼓舞人心，却不能带来战略智慧，故事往往都是“反常规”的，真相往往都是遵循“规律”的。没有谁可以违反规律而获得成功，哪怕整体看起来“不可思议”，拆分成每个细节也都是“顺理成章”的。

我经常跟团队讲“不要贪天之功，不要贪客户之功”。有些成功是机会性成功，碰巧在正确的时间做了正确的事情，获得了非常好的市场业绩表现，这其中有营销策划的作用，但又不全是营销策划的结果，这样的案例不能过分解读，不能全部归功于我们的营销策略。有些成功是客户靠自身能力实现的，我们只是锦上添花地助推了一把，这种成功不具备广泛的“可复制性”，也不能过分解读。

002 以弱胜强的规律

我喜欢看行业内成功的营销案例，也喜欢研究行业内失败的营销案例。成功的营销案例并不都是“营销策略”的成功，有的是明显带有“策略硬伤”，但企业砸了重金，广告饱和轰炸，渠道全面开发，促销力度很大。这样的“营销成功案例”带有误导性，看上去是成功的，实际上是低效的、浪费的，至少在更好的营销策略支持下可以获得更惊人的业绩表现，只不过“策略错误”被凶猛的火力给掩盖了。这就像一支强大的特战部队进入了民兵设置的包围圈，虽然成功消灭了民兵，但作战策略绝对是一大败笔，下次被另一支更强大的军队给包了饺子，就会损失惨重。我们将这种带有明显“策略硬伤”而看上去又很成功的营销案例归入“失败案例”。

失败的营销案例都是“失败”的吗？不一定。我们在研究失败的营销案例时，发现很多案例的“营销策略”是非常棒的，但一流的营销策略并没有被贯彻执行，很快就被新的想法所取代，这些非常适合“大兵团作战”的营销策略，只是在小规模战斗中稍作应用就被否决了，从而被定义成“失败案例”。我们从失败的营销案例中也会发现和总结出非常有效的“营销策略”，以看笑话的态度来解读失败的营销案例是获得不了价值的，如果一个营销案例中的“营销策略”非常有亮点，而这个策略因为没有得到坚决的执行而导致结果不理想，我们也要以恭敬之心进行学习借鉴。

这个世界上到底有没有“以小搏大，以弱胜强”的取胜之道呢？我们在研究大量史料和近现代战争案例后，发现这么一个规律：几乎所有“以少胜多，以弱胜强”的案例都是以整体来论的，整体上看“以少胜多或以弱胜强”的案例，细看局部往往是“以数倍于敌人的优势兵力全歼一小股敌军”，又变成了“以多胜少，以强灭弱”。如果整体上处于弱势，想通过“以少胜多，以弱胜强”来取胜，而又不能创造局部“数倍于敌人的优势兵力”，那就变成了“以卵击石”。

为什么很多成功战例和兵法策略是冲突矛盾的？背水列阵本来是兵家大忌，但又有“背水一战”的著名战例，我们到底应该按“规律”避免背水列阵，还是应该学习“背水一战”的打法激发团队斗志？在选择“背水一战”的时候，一定要在作战双方“战力”相当、差距不大的情况下。如果作战双方“战力”相差很大，而又盲目学习“背水一战”，那全军覆没的概率会远高于“以弱胜强”的概率。

“实战派”是一个可敬又可怕的标签，既代表经验的丰富，又代表理论功底的薄弱，有可能凭直觉和经验做出正确判断，也有可能“违背常识”钻进危险之地。我们团队在选择营销人才的时候，既关注实战经验，又非常关注完整的营销理论功底，尽量避免使用“纯实战派”的经验主义者，这会非常容易让企业做出危险的营销决策。

在沃顿倍力创业初期，我们服务的大多数都是“小客户”，这些客户小到根本没有广告预算，一些行之有效的、显而易见的营销策略，到了这些“小客户”身上就成了“天方夜谭”。这使得我们习惯了跟客户一起在有限的资源和艰难的条件下制订营销策略，再好的广告创意也没用，因为投不了广告；再好的品牌公关策略也没用，因为没有品牌公关预算。“小米加步枪”要与“飞机加大炮”进行对抗，还要取胜，这是我们创业初期必须满足的客户需求。后来我们的客户中开始出现大企业，它们在资金预算相对充裕的情况下也仍然希望我们制订更精准、不烧钱的营销策略，这迫使我们不得不投入更多的精力来研究营销的“支点”和“以少胜多”的营销策略。

003 不同于对手的主张

如果一个执政党代表官僚资本阶层的利益，而另一个在野党希望让执政党下台，最有效的途径就是提出一个不同于执政党的主张，这个新的主张要代表另一个庞大群体的利益，正好与执政党所代表的利益产生对立。这种“对立”主张的提出会把强大的对手逼入一个尴尬境地，在遭到“既得利益群体”的反对的同时也会马上获得另一个庞大的“利益需求群体”的支持，作为执政党很难快速改变执政主张，又不能主动向在野党妥协，这就给在野党的成功上台提供了“支点”。

在市场营销中如何应用类似的策略呢？就是要“强大自己，弱化对手”，在重新定义自己的同时也重新定义对手。下面我们来看一下这个策略的具体应用：

“非化学浸出，纯物理压榨”在食用油领域，是将生产工艺搬到台前用于营销竞争的经典策略，在宣传自身“纯物理压榨”的同时又强调“非化学浸出”，让消费者马上警觉——原来还有一种油是用化学浸出的工艺生产的！化学这个词在消费者的认知中代表不安全、不健康，这个策略立即将食用油从生产工艺上划分成了两大类——“化学浸出油”和“纯物理压榨油”。这个营销策略很快得到了多个食用油品牌的响应，终端促销人员也不断提醒消费者“注意购买纯物理压榨”的食用油，这对于不能标注“纯物理压榨”的食用油品牌或特定食用油品类造成了非常大的压力。

“儿童无氟牙膏”概念的提出让消费者开始注意到了“氟”这种物质，按照一般的营销规律，当人们看到某品牌打出“本产品不含 ×××”的时候，就会本能地认为“××× 物质”是有害的，“不含 ×××”一定是更健康的。这个概念的提出会马上让大部分“含氟”牙膏陷入尴尬境地，如果教育消费者“适量的氟是无害的，并且有利于预防龋齿”，消费者就会马上想到“超量的氟肯定是有害的”，这种应对策略只能导致“越描越黑”，所以不能用科普的方式进行回击。如果顺着竞品的营销策略也推出“无氟牙膏”呢？这就意味着公开承认“无氟牙膏”比“含氟牙膏”更健康，正好进入了竞品的“伏击圈”，所以也不是有效的应对策略。“无氟牙膏”概念的提出就是一个放大痛点、激化矛盾、提出对立主张的营销策略，既把自己定义为“无氟”，也把竞争对手定义为“含氟”，这个非常适合于“以小博大，以弱胜强”，因为头部牙膏品牌是绝对不会主动制造这样的对立矛盾的。

“不添加防腐剂，不添加香精，不添加人工色素”，每一个“不添加”的提出，都是在给自身品牌增加“更健康”的“信任状”，同时也是在打击竞品。“添加”的物质本身不一定就是有害的，但消费者一看到“不添加”，就会立即认为“添加”的物质应该是有害的，否则为什么要强调“不添加”？这属于提出“对立主张”后的负向引导，在塑造自身产品正向形象同时，也导致竞品形象被贴上负向标签。“不添加”的主张非常容易被消费者所接受，也是应用较广的营销策略，适用于中小品牌“打击”头部品牌。一般头部品牌不会在形成一定市场占有率后又主动推出“不添加某种物质”的新品，这会让消费者对以前“含有某种成分”的老款产品产生不良印象，影响消费者对品牌的好感度，所以头部品牌通常会强化“优势”，而一般不采用“对立主张”的营销策略。

“甲基异噻唑啉酮”是一种高效杀菌抑菌剂，常用于很多洗护用品中，也是很多大品牌去头屑洗发水中的常见成分，如果仔细了解这种成分，倒也不会产生什么担忧和顾虑，但单独看名称还是会让人产生一些负面印象。我们曾经辅导过一家生产无患子洗护用品的企业，他们在与沃顿倍力合作之前，核心的营销策略就是强调产品“纯植物、无添加”，但终端销售表现非常一般，消费者不买账。在我们介入辅导后，终端 POP 广告和产品包装上明确打上“天然健康去屑，不含异噻唑啉酮”，促销人员也重点强调这个产品特征，销售业绩直线飙升，半年就突破了五千多万元的销售业绩，而合作之前这家企业的年销售额只有两三百万元。我当时的目标是要将这家企业打造成植物洗护第一品牌，要么独立上市，要么让宝洁或联合利华收购。后来这家企业因为其他不可抗力因素终止了经营，市场营销活动也就停止了，非常可惜。估计洗护行业的头部品牌会暗自庆幸这个“搅局者”的退出，如果再给它三年时间，这个“搅局者”会成为细分领域的强势品牌。

三氯卡班（分子式：$C_{13}H_9C_{13}N_2O$）也是一种杀菌抑菌成分，舒肤佳将含有这种成分的抑菌配方注册为“迪保肤”，并称之为“迪保肤 + 科技”，除了为营销传播考虑，同时也是为了应对“对立主张”可能带来的竞争压力和品牌风险。将来有可能出现“不含三氯卡班”的竞品，但竞品不能直接声称“不含迪保肤”，因为后者不是一种化学成分，而是一种注册成商标的概念。

没有任何对手强大到不可被战胜，再强大的品牌也有弱点，想要“以小搏大，以弱胜强”，就要充分研究对手的关键弱点，提出一个“对立主张”，重新定义自己并重新定义竞品，给消费者一个足够有力的选择理由，在销售终端轻松碾压竞争对手。

004　让竞争对手为我所用

“没有枪，没有炮，敌人给我们造！”这可不是简单地打扫战场、收缴敌人武器，而是一种伟大的竞争智慧。诸葛亮的“草船借箭”就属于典型的利用敌人的弱点，获取敌人的资源，再有效打击敌人的策略。在市场营销的实践中是否可以应用诸葛亮的“草船借箭”呢？当然可以。诸葛亮“草船借箭”的成功因素有很多，江上大雾的天气条件、曹操的生性多疑都是很重要的因素，但有一点更重要，就是曹军的确有实力，箭支充足，不怕浪费。如果敌人资源有限，会非常珍惜自己的武器装备，不可能稀里糊涂地射出去十几万支箭，但对于资源充足的敌人，这就不算什么了。在现实的市场营销竞争中，经常会出现“财大气粗”的竞争对手，广告投放量巨大，营销策略相对不够精准，就会产生很多可以“借力”的机会。

胡姬花花生油在推出新的产品概念后，广告投放量很小，前几年我们在主流媒体基本看不到胡姬花的广告，即使是现在，胡姬花花生油的广告投放量和鲁花花生油相比也不在一个量级，就是在这样一种广告投放量存在巨大差距的情况下，“不知名”的胡姬花花生油悄悄发展起来了。提到花生油，大家第一反应就是鲁花，因为鲁花的知名度高，市场占有率也高，属于花生油品类之王。再问大家比鲁花花生油稍微高端一点的花生油是哪个品牌？很多人会说是胡姬花。如果你去超市买花生油，大脑中的第一选项应该是“鲁花”，只要你冲着购买鲁花花生油去，就一定会看到胡姬花花生油，很多消费者的注意力会在寻找鲁花的过程中被胡姬花拦截。胡姬花不仅包装有亮点，概念有吸引力，还会通过有创意的独立货架或堆头来传递“更高端花生油”的感觉，在定价方面只比鲁花高出一点点，但就是这“高出的一点点”价格，让很多消费者在大脑中“确认”了胡姬花是一款高端花生油。

如果胡姬花的营销策略不够精准，是无法向鲁花“借流量”的，因为消费者在寻找鲁花花生油的过程中可以看到很多品牌的食用油，但为什么会有一部分消费者最终把注意力锁定在胡姬花上呢？胡姬花花生油和鲁花花生油的关系就像百岁山矿泉水和农夫山泉的关系，鲁花花生油和农夫山泉虽然属于不同的品类，但营销策略和行业地位有很多相似之处，胡姬花花生油和百岁山矿泉水都在包装上超越了各自的竞品，而且以各自独特的概念避开了对手的锋芒，定价策略也极其相似。胡姬花将价格定在了鲁花的涨价空间内，百岁山也将价格定在了农夫山泉的涨价空间内，这让竞争对手很尴尬，如果不涨价，会永远活在“竞品更高端”的阴影中，如果涨价，可能会因此导致更多的消费者去选择竞品，因为竞品已经形成“更高端”的品牌势能，价格一旦持平，就会占据“性价比”优势。

胡姬花和鲁花的竞争、百岁山和农夫山泉的竞争都属于正规军之间的较量，虽然广告预算有差距、品牌势能不一样，但终究都是正规军，也都是按套路出牌，公平竞争，比的是影响消费者心智的能力。在市场营销竞争中，有的竞争策略属于粗线条，比的是广告力度、促销降价力度或赠品力度；而以上讲到的两组品牌的竞争属于“精准化策略”，比的是策略的专业水平，既能向对手借力，又能在终端压制对手，这属于高手过招、专业对抗。

还有更小的企业，各方面条件都很差，进入不了专业层面的竞争，打不了正规的商战，是否有机会在局部市场胜出呢？也有机会。另一个较小的花生油企业，综合实力与鲁花和胡姬花都不在一个层级，做的也不是全国市场，能拿下一个省的市场就已经可以活得很滋润了。这家小企业在下沉市场的终端竞争中采用了“混淆概念”的营销打法，引导消费者对鲁花花生油的卖点产生误解，从而让更多消费者选择购买该企业的花生油。当然，他们肯定不是直接攻击鲁花，而是采用一种会让消费者产生误解的宣传策略，将自己的花生油产品定义为“只榨第一道”“绝不反复压榨，只用第一道花生油”。当消费者看到这个宣传内容后，会产生一种认知，认为“第一道花生油”比反复压榨的花生油好，“只榨第一道”的花生油成本肯定高，成本高的花生油品质应该会比较好……当消费者再看花生油第一品牌“鲁花”时，发现鲁花强调的是“5S纯物理压榨”，此时，这个“5S”很容易会被误解为“5次压榨”，正好与“只榨第一道”形成对立。其实鲁花的5S纯物理压榨是一种工艺，不是指压榨5遍，但是要想给下沉市场的大爷大妈们解释清楚这个具体含义，教育成本就太高了。在营销的世界里有真相吗？没有！唯一的“真相”就是消费者的“认知”。这是小品牌的玩儿法，针对性强，操作成本低，终端销售效果好，但相比胡姬花与鲁花的竞争策略，这种带有误导性的竞争策略还是很难成就一个大品牌的。

当年蒙牛刚开始创业时，为了能够让“蒙牛”和“伊利”关联起来，不断以各种方式“向伊利致敬”“向伊利学习”，这种“强行向竞争对手借力”的营销精神是值得称赞的，但营销操作手法有着时代背景的局限性。

在“瓷砖行业”竞争中，“大角鹿”对大理石瓷砖第一品牌“简一”的充分借力和竞争压制就属于非常经典的营销策略。“简一”已经成为大理石瓷砖这个品类的第一品牌，而竞品却重新定义“大理石瓷砖”，推出了“超耐磨大理石瓷砖”。当消费者去建材市场找“大理石瓷砖”时，销售人员会问消费者：“要普通大理石瓷砖，还是超耐磨的？”消费者就很容易被“超耐磨”所吸引。

“简一”告诉了消费者“高档装修，不用大理石，就用大理石瓷砖”，而“大角鹿”对大理石瓷砖的重新定义相当于告诉消费者“简一说得对，高档装修就应该用大理石瓷砖，但我们是超耐磨大理石瓷砖，选大理石瓷砖，就选大角鹿”。这种对第一品牌的借力策略是非常有效的。

“大角鹿”只要做好销售终端的客户拦截工作，大量因“简一”而选择“大理石瓷砖”的消费者最终都会购买“超耐磨大理石瓷砖”，“简一”投放大量广告所产生的客流量会被“大角鹿”拦截获取。即使现在“简一”已经不提“大理石瓷砖”了，只要投放广告，消费者仍然认为“简一＝大理石瓷砖”，如果“简一”彻底放弃了对“大理石瓷砖”品类的占领，那么“大角鹿”就很有可能会取而代之，这就是“让竞争对手为我所用”的战略营销智慧！

005 将大对手引入狭小空间

斯巴达300勇士之所以能够挡住50万波斯大军的进攻，让波斯大军以2万人死伤的代价才夺取温泉关，是因为战争是在一个非常狭小的空间展开的，在这个狭小的隘口，不利于大规模军队展开作战，才给斯巴达勇士提供了对抗波斯大军的有利条件。

在市场营销的“战场”上，这个狭小空间指什么？一般很容易把这个狭小空间理解成“局部市场”，在一个省份、一个城市，甚至在一个城市的某个区开展营销活动，这就是大家通常所理解的“狭小空间”。如果是在战争中，这个“狭小空间”的定义肯定是地理概念；但在市场营销中，这个“狭小空间”通常存在于消费者的心智中，而非一个地理概念。

“鱼头泡饼”是一种在很多餐饮门店都能吃到的菜，但如果消费者在了解“旺顺阁”后，会优先选择在旺顺阁吃鱼头泡饼，因为旺顺阁主推的、擅长的、专注的就是“鱼头泡饼”。在整个餐饮行业，旺顺阁算不上大品牌，但在“鱼头泡饼”这个细分品类，在消费者的心智中，旺顺阁就等于鱼头泡饼，吃鱼头泡饼的第一选择就是旺顺阁。很多大的餐饮连锁品牌都推出过鱼头泡饼，但都干不过旺顺阁，因为在这个“狭小空间”，旺顺阁已经具备绝对优势。

在巴奴火锅的成长阶段，一边向火锅行业头部品牌“借力”，剑锋直指海底捞，反其道而行之，提出“服务不是我们的特色”，又找到一个“狭小空间”进行坚守——“我们的特色是菌汤和毛肚”。然后又进一步压缩这个“狭小空间”，改为“我们的特色是毛肚”，再后来干脆命名为“巴奴毛肚火锅”。在这个细分的、狭小的竞争空间，头部品牌再有实力也很难“攻进去”，因为巴奴已经牢牢占据了消费者心智中“毛肚火锅”的消费场景。

“徽乡肴”原来有 200 多个菜品，做得不温不火，这相当于在一个非常开阔的大战场与很多竞争对手厮杀。后来专注做“臭鳜鱼”，将菜品精简到 38 道，门店品牌升级为“杨记兴臭鳜鱼”，营业额反而提升了 17%，连锁门店越开越多，成为“臭鳜鱼”细分品类的头部餐饮品牌。

“燕之屋”是燕窝品牌的头部品牌，相比燕之屋，“小鸟鲜燕”属于后起之秀，如果在开阔的大战场与燕之屋进行竞争，小鸟鲜燕并无太大胜算，于是小鸟鲜燕选择进入“专业孕妇燕窝”这一狭小空间，获得了细分领域的竞争主动权。燕之屋的消费人群是综合的、不聚焦的，这是一个全面的大战场，覆盖整个燕窝品类，燕之屋在消费者心智中已经形成“燕之屋 = 燕窝”和“燕之屋碗燕 = 即食燕窝”的认知。小鸟鲜燕如果选择与燕之屋全面竞争，就要在品牌声量上压过对手，还要经过持续的市场投入才能逐渐影响消费者的认知，竞争成本会非常高。如果能够在燕窝这个大品类中“切分”出一个小领地，并且快速占领和控制这个小领地，就可以避免与头部品牌的直接竞争，还能保持在细分领域的领先优势。“孕妇”群体对营养补充品的要求高，消费意愿强，是燕窝产品的重要消费群体，于是小鸟鲜燕从整体品牌高度全力抢占“专业孕妇燕窝”的市场高地，这个领地够细分、够高度。

小鸟鲜燕在定义自己为“专业孕妇燕窝”的同时，也相当于把其他竞品定义为“普通燕窝”，如果竞品想反击，会有很多顾虑，因为竞品已经有了较大的市场基础，很难整体转型去跟小鸟鲜燕抢夺“孕妇燕窝”的细分场景。如果竞品决心整体转型应对小鸟鲜燕，此时“专业孕妇燕窝”的市场高地已经在小鸟鲜燕的控制下，在这个细分领域，即使是头部品牌也很难发挥优势。这就属于典型的“将大对手引入狭小空间”的营销竞争打法，适用于相对弱小的品牌与行业头部品牌的竞争。

006 以小博大的16字战略方针

如果敌军天黑不敢应战，那就训练我军夜间作战的能力；如果敌军依赖平坦的公路，那就强化我军在山地作战的能力；如果敌军不善水战，那就选择在水上与敌军决战。在市场营销的战场上，千万不要想着怎么弥补自己的弱势，而要充分发挥自己的优势。将自身优势发挥到极致，将对手弱势利用到极致，才能游刃有余地应对竞争，在市场上轻松碾压对手。

虎邦辣酱是一个增势迅猛的新兴品牌，其背景不过是山东一家小型的传统辣酱企业，如果不是应用“扬长避短”的战略，且不说与辣酱巨头老干妈竞争，即使是与老干妈之外的诸多辣酱品牌竞争也很难有足够的胜算。在消费品领域，铺市率、品牌声量是硬指标，仅铺市率这一项硬指标，很多中小品牌就很难跟行业巨头抗衡，如果再加上品牌声量这个硬指标，小企业想在大品牌的领地里分一杯羹太难了。虎邦辣酱果断避开了竞品的锋芒，选择不在传统渠道与竞品厮杀，凡是竞品出现的渠道虎邦不进，凡是竞品采用的模式虎邦不用，既然对手都挺厉害的，那就绕开对手走，寻找一个没有对手出现的全新领地，自己当老大。这种战略思维模式有点儿像大自然的生存法则，如果一种动物进入一个现有的食物链，那就要面临被捕杀驱逐的竞争压力，如果选择一个“没有天敌”的环境，就可以舒舒服服地野蛮生长、自由繁衍。

虎邦辣酱要寻找一个“没有天敌”的全新领地，而外卖平台正好符合这个特征。

外卖平台是以餐饮为核心的，并不是传统意义上的零售平台，所以在虎邦进入外卖平台之前，这类平台是没有辣酱品牌规模化入驻的。餐饮是辣酱的主力消费场景，而提供餐饮外卖服务的平台却没有辣酱品牌，如果把外卖平台比作“水域”的话，大部分辣酱品牌都属于“不善水战”的旱鸭子，而虎邦辣酱的团队却恰恰“擅长水战”。虎邦辣酱以“为餐饮门店提供外卖运营服务”为切入口，很快与数万家餐饮门店建立合作关系，这意味着虎邦一下子拥有了数万个销售终端。对于餐饮门店来讲，与虎邦的合作可以解决外卖运营问题，对于消费者来讲，虎邦的小包装辣酱可以解决“满减凑单”问题并满足用餐调味需求。虎邦辣酱不仅是一款受欢迎的辣酱，还成为外卖运营的“辅助工具”，顺理成章地出现在了数万家餐饮门店的外卖终端。

虎邦辣酱充分发挥自身优势，避开竞品擅长的传统销售渠道，以辅助运营的角色带着辣酱产品进入了一个“没有天敌”的全新商业生态环境，一举成为增势迅猛的网红辣酱品牌，这是“扬长避短”战略的经典应用。

当年刘备三顾茅庐请诸葛亮入伙，一场“隆中对”让刘备兴奋不已，激动得泪流满面。“隆中对”到底给刘备分析了什么？又是如何一步步帮助刘备实现“三分天下有其一”的？其实诸葛亮就讲了 16 个字——扬长避短，趋利避害，分清敌我，目标分级。

刘备在请诸葛亮出山的时候，那一番无奈的表达，像极了今天的很多企业家找营销咨询机构时的状态，胸怀天下之志，手无可用之牌，跟竞争对手比，比啥啥不行，简直一无是处，又不甘心放弃理想。当时的刘备跟曹操根本没有可比性——军事实力不行，经济实力不行：论智谋，曹操是一代枭雄，可谓智勇双全；论筹码，曹操挟天子以令诸侯，占尽先机；论军事，曹操兵多将广，旗下人才济济；论财力，曹操所占区域物产丰饶，粮草充足。再看东吴方面，虽然综合实力不及曹魏，但也是兵多将广、粮草充足、人才济济。除了这两大势力，还有很多小军阀，随便拿出来一个都比刘备有实力，就是在这种情况下，刘备却有着“匡扶汉室”的梦想，这可不是生存问题，是要干掉所有竞争对手、实现天下一统的大梦想。刘备为啥自己说着都感觉心里没底？因为眼前的困难太多，自己的家底太薄，对手的实力太强，偏偏自己又不安分，还惦记着“匡扶汉室”的天下大事。

诸葛亮给刘备的战略建议是什么呢？

所谓“扬长避短，趋利避害”，就是让刘备避免正面与强敌发生军事冲突，发挥自身“帝室之胄”的身份优势，逐步获取荆州和益州之地作为基础，高举汉室正统的大旗，将曹操定义为“反贼”，逐步形成统一战线，积蓄力量，看清矛盾，避免冲突，等待机会。

所谓“分清敌我，目标分级”，就是让刘备不要急着讨伐曹魏，而要清楚一点，凡是有利于自己生存发展的，本质上就是“朋友”；凡是分分钟可以把自己灭掉的，本质上就是“敌人”。虽然曹操是逆贼，但如果没有这“逆贼”对东吴构成威胁或一旦东吴降曹，刘备就会失去两大势力对抗形成的生存空间，在这样的情况下，刘备要做的是为自己营造更好的生存和发展空间，而不是急于树敌开战。虽然刘备的目标是“匡扶汉室”，但眼下的迫切需求是先活下来，所以诸葛亮建议刘备分阶段实现目标。第一阶段：活下来，拥有自己的地盘；第二阶段：巩固地盘，团结盟友，形成鼎立局面；第三阶段：等待机会，成就霸业，匡扶汉室。

很多中小企业在开展市场营销活动的时候，对市场存在的“大势”缺少认知和判断，不知道有哪些力可以借，有哪些矛盾可以用，有哪些机会可以抓，只是盲目地按常规程序出产品、铺市场、做促销、砸广告，这种“盲打”的方式成功概率是很低的。每一个看似“偶然”的成功案例都不是偶然的，都是经过精心策划的结果。拿着一份普通的常规地图是找不到宝藏的，拿着一份陈旧的地图是发现不了新大陆的。我们必须学会用更专业的战略眼光来洞察市场，才能比竞争对手更快、更准地找到营销的机会和支点。

CHAPTER 7

第七章

爆款畅销品策划密码

The Secret of Best-selling

001 营销无法被定义

营销是什么？很多专家试图给营销下个定义，却发现只能描述营销的特征，而无法准确定义“营销”。我们知道营销的目的，也知道营销要做哪些事情，但并不知道营销到底是什么，很多营销专家在研究营销到达一定程度后，反而会认为“营销无法被定义”。正如《孙子兵法》所论：“兵无常势，水无常形，能因敌变化而取胜者，谓之神。”营销的理论不断更新迭代，人们不断变换视角研究营销，发现这是一门永无止境的学问，消费需求的变化和市场竞争的驱动在不断推动“营销”进化。营销是商业文明进化的产物，只要商业活动的创新没有停滞，营销的进化就会永不停息。即使像宝洁和可口可乐这样的商业巨头，它们在对营销的认知和实践方面也存在非常大的差异，在很长的一个发展阶段，宝洁的营销活动都是围绕产品展开的，试图与消费者的“理性”进行对话，而可口可乐的营销活动都是围绕情感展开的，坚持与消费者的“感性”进行对话。这些商业巨头之间也不断有人才流动，高端的营销人才把不同的营销理念带给这些巨头，也不断推动营销在这些企业进化。如果营销是有统一标准或定义的，就不会在不同企业的实践中表现出如此大的区别，事实证明，营销无法被定义，我们只能不断破译与营销有关的密码，在通往成功的道路上打开一扇又一扇门，当我们认为自己终于搞明白营销时，一定还有下一扇密码门在等着我们去打开。

002 营销是对消费者感性的诱导

美国很多营销人普遍认为“营销就是诱导消费者爱上自己的产品”，他们用了“诱导”这个词，可见营销不是“推”和“促”的行为，而是“吸引”的行为。爱是什么？爱是一种说不清楚的“喜欢”，能说清楚的都不是真爱。坠入爱河的人们都是“非理性”的，一旦清醒了、看清了，就不再是轰轰烈烈爱的感觉了。人类是自以为理性的“感性动物”，大部分人在追求爱情的时候会有非常明确的择偶标准，当真正爱上一个人的时候，人们普遍认为是对方符合了自己择偶的标准，至少认为理性判断的比例是高于感性认知的，其实这所谓的理性判断也只是感性认知的一部分而已。爱是一种对人或事物产生的超出现实的、具有排他性的感性认知，所谓“情人眼里出西施”，被爱的人可能与西施没有可比性，但爱的力量让情人眼里看到的就是“西施”，这是一种超出现实的感性认知状态。任何人都无法代替别人感受“爱”，你认为坠入爱河的人傻了，当自己坠入爱河时却又感觉自己的头脑特别清醒和理性。我们只能这么解释：人类的理性也是受感性支配的，至少在谈恋爱和购物消费的时候是这样的。

人类历史上只要与“爱”有关的故事，“纯理性”通常都是破坏爱情的负面力量，通常考虑门当户对、家族利益的“父母干涉”，都是将爱情逼迫成悲剧的主要力量。在“爱”这件事儿上，纯理性对抗不了感性，因为这根本就不是一个能由纯理性决策的事情。除了三观相符这些基本条件外，让人类坠入爱河的另一个重要驱动因素应该是“荷尔蒙”，这是人类最不愿意跟“爱”放在一起谈论的话题。一谈到“荷尔蒙”就好像是动物的本能驱使，但爱是伟大而美好的，怎么能说是由荷尔蒙驱使的呢？但如果没有荷尔蒙的“帮助”，那些轰轰烈烈的爱情恐怕都变成类似兄弟友谊了，这种友谊情感与爱情根本不在一个层级。有些电影中的女主角，原来很胖很丑，没人喜欢，后来减肥成功，整形换脸，很快就遇到了自己的白马王子，拥有了令人羡慕的爱情。这种剧情很俗，但也很实际。如果不是荷尔蒙在作怪，为什么“白马王子”要等女主角减肥整形之后才出现？荷尔蒙的影响对爱的产生有很大的驱动作用，这一点我们不得不承认，即使是柏拉图式的爱情，也绝不是纯理性的，“爱”本身就不是一种理性行为。

男孩子从小就喜欢武器，看到酷酷的军装、整齐的军队、壮观的装甲车队就亢奋，这种感觉通常不用教育，很多男性与生俱来就自带这种情感，所以有人说男性的身体内流淌着战争的血液，这就注定和平只是一个“偶然”。我不是好战分子，也希望世界永远和平，我这里讲的是雄性动物的特性，男性骨子里的东西，有些喜好是与生俱来的。“军装一定要帅，这样年轻人才愿意义无反顾地参军”，法西斯头目希特勒在洞察到年轻人这一心理后，要求把德国的军装制作得非常酷，让德国的年轻人为之疯狂，这是希特勒通过军装对德国年轻人的“诱导”。

全世界的女孩子都从小就喜欢鲜艳的色彩、美丽的裙子、精美的首饰，拿到芭比娃娃后爱不释手，看到漂亮的东西就想拥有，与男孩子的喜好截然不同。

无论是男人还是女人，都有着与生俱来的喜好，只要稍加“诱导”就可以产生强大的心理需求和行动力。破解“营销密码”就是要破解消费行为背后的原理，找到有效“诱导”的方法和策略。

所有畅销的消费品都是对消费者“内心渴望”的诱导，不能满足消费者“内心渴望”的消费品注定不会成为爆款畅销品。可口可乐洞察到了消费者内心的渴望。炎热时渴望凉爽，可口可乐就用雪碧给消费者带来透心凉，砰的一声打开，一股冷气冒出，咕咚咕咚喝下，打个嗝，爽！雪碧卖什么？卖的就是这种渴望。无论什么层次的消费者，都无法摆脱“人”的基本属性，总有一些诱惑注定很难抗拒，比如有些香味。有一次我给一家食品企业做咨询辅导，中午一走出办公楼，一股现烤糕点的味道扑鼻而来，我赶忙咽了一大口口水。问客户：厂区也有烘焙店吗？被告知这是香精的味道，不是烘烤糕点的味道。我问他们为什么这个味道跟我平时在烘焙店门口闻到的味道一模一样，厂家告诉我说，那是因为我平时闻到的就是这种香精的味道，这种味道非常具有吸引力，是招揽顾客的最佳“信号”，不用叫卖不用揽客，只要能把味道放出去，就会有消费者不断进店消费，他们管这种方式叫“熏香”。

宝洁公司在洞察到消费者的“内心渴望”后，也开始优化营销策略，从产品营销的局限中走出来，不再受限于产品的配方和功能，而是选择用不同的产品满足消费者内心不同的“渴望”。消费者渴望更有魅力，渴望更出众，渴望更舒适，宝洁公司的产品在为消费者解决问题的基础上，也同时在为消费者带来自信。产品的配方和功能是很容易被竞品模仿的，但如果能让消费者“爱上”自己的产品，即使是出现一样效果的竞品又怎么样？从“爱”的视角来看，做出什么选择从来不是由“功能”决定的。今天宝洁公司所取得的巨大市场成就和打造的一系列长盛不衰的明星产品，得益于他们的营销意识进化和策略调整。

每一代人都会形成自己的审美标准和消费喜好，有时我们会认为这是企业的市场营销行为对消费者引导的结果，但我们又会发现这其实是企业为了迎合新消费人群的喜好而做出的产品创新和优化。到底哪个是真相？这其实是一个双向影响和“纠缠”产生的结果，不是单方面产生的影响。消费者内心渴望什么？他们会喜欢上什么？这是企业从市场营销角度要不断研究和探索的方向。

最近 10 年，汽车、手机、电脑等产品的更新速度非常快，消费者被更新款式的产品吸引着、驱赶着，大家一眼就会喜欢上现在普遍流行的流线型、很酷的汽车外观，而在 20 年前，这种感觉只有豪车才会有。工业设计除了提升了产品的性能，也在不断撩动消费者内心的渴望，当一辆新款的汽车跑上街头的时候，如果大多人都会发自内心“爱上”这款车，那这款车注定会畅销。

十几年前 IBM 的 Think pad 黑色笔记本电脑还是大多数咨询顾问的标配，后来更多品牌的时尚款式不断涌现，新款式笔记本电脑的性能更卓越，外观更酷、更美、更时尚。在这样的情况下，如果我们再把一台传统款式的黑色笔记本电脑放在桌面上作为办公工具，这个装备丝毫不能给我们“加分”，甚至会让客户感觉我们是保守的，这是咨询顾问所不能接受的。

记得有一次，我们和美国客户一起举办营销研讨会，对方用的清一色银白色苹果超薄笔记本电脑，我们用的清一色传统黑色款式的笔记本，这让我们感觉非常尴尬，也被对方视作“念旧”的保守者，这种感觉已经影响到了营销方案的沟通。结束这场活动后，回到公司我立即安排所有的顾问把笔记本电脑都换成最新款的苹果笔记本电脑，相比传递出去“保守”形象，我们更愿意更换时尚的笔记本电脑。对于用惯了 Windows 系统的咨询顾问来讲，重新适应苹果系统是一个痛苦的过程，单纯从产品功能角度来看，很多顾问是不愿意更换电脑的，但大家实际上非常愿意更换电脑，因为这让他们看上去更时尚、更有活力，充满了创新的气息。

我们在集体更换笔记本电脑后，去河北一家企业做咨询辅导，总结会结束后，对方企业的董事长也要求公司把笔记本电脑全部更换成了最新款式的苹果电脑。我们并没有建议客户做什么，是客户自己感觉出了不一样，这种影响是潜移默化的。我们与苹果公司没有业务合作，也无意帮助他们做产品宣传，这一切都是因为苹果的产品设计“诱导”出了消费者内心的渴望。

003 撩动消费者内心的渴望

产品包装和品牌形象到底应该如何升级才能真正撩动消费者的内心？单纯追求设计之美是一种冒险的举动，只有让产品传递的感觉触动消费者的内心，才能真正发挥营销价值。畅销的产品一般都是有较高的颜值的，但这种高颜值并不是简单的美术之美，而是一种让消费者怦然心跳的感觉，抓人眼球、令人难忘、使人信任、让人心动。我们在与大量消费者进行深度沟通和交流的时候，发现他们通过包装读取的信息和获得的决策依据大大超过我们的想象。消费者会通过瞄一眼包装就开始判断一款休闲食品好不好吃、原料是否健康、品牌是否可靠。站在货架前的消费者并不都是食品专业人士，他们很少通过看配料表和计算净重性价比来选购产品，看起来消费者都是那么认真地在选择产品，实际上大脑真正有效工作的部分仍然是感性占主导，产品包装从货架上向消费者传递的瞬间感觉，决定了消费者会不会驻足关注并选购产品。

当消费者要选择购买一瓶芝麻油的时候，他的内心其实是不信任“现代感”的，相反，越是朴实、厚重的产品形象越能瞬间抓住消费者的眼球，如果一款芝麻油产品的包装设计太时尚花哨，反而不利于获得消费者的好感。

大部分消费者在购买婴幼儿配方奶粉的时候，内心是不信任“传统感”的，如果一罐奶粉给消费者的感觉是充满现代感、科技感、国际感的，就容易获得消费者的信任；相反，如果奶粉的包装是大众化、本土化、很朴实的感觉，就可能被消费者排除掉。

如果消费者要购买具有地方特色的、品牌化的农产品，内心是不希望产品包装太夸张的，他们希望的是真实、可靠、天然的感觉，所以即使像“褚橙”这样的知名品牌、爆款产品，在包装上也是追求“朴实无华，天然厚重”的。

一些被认为应该有科技含量的产品，包装不能过于简陋，否则会削弱消费者的信任感。例如有一个纸尿裤品牌，主要想打动爸爸群体，希望传递理性、简约的品牌形象，但包装太简陋了，无论是色彩的选择还是包装元素的整体组合都没有传递足够的信任感，这样的产品太“裸”了，很难把市场做起来。

一些被认为已经过度工业化的产品，消费者渴望这类产品“少一些添加，多一些纯真”，这类产品的包装就应该向简约方向发展。例如酸奶产品，当“简爱”的产品刚上市时，包装看上去太简约了，简约到就像大街上突然出现了一个身着泳装的高挑美女，让人忍不住回头看，这种包装的感觉与简爱推出的“裸酸奶”的概念高度吻合，完全颠覆了传统酸奶包装的风格路线，也满足了消费者对酸奶产品的“内心渴望”。

“仿造感”非常容易传递负面的信息，消费者非常不喜欢被视觉误导，他们希望自己做出的是“聪明的选择”，如果以视觉混淆欺骗了消费者，这样的产品很容易被拉入消费心智黑名单。有一次，我在高铁上买了一瓶与昆仑山 90% 相似的矿泉水，从瓶形到标签的色彩几乎一模一样，售价也基本一样，我潜意识认为这一定是昆仑山矿泉水，喝的时候感觉口感也不错。喝了一半，拿在手里仔细看，才发现跟昆仑山没啥关系，原来是一瓶与昆仑山矿泉水包装高度相似的另一个品牌的矿泉水，这顿时让我心里很不爽，感觉自己被忽悠了。其实我并不在乎喝的水是不是昆仑山矿泉水，因为当时那趟高铁上只卖这一款水，就算是这款水的包装跟昆仑山矿泉水完全不同，我也会购买，而且这款水的口感也确实不错，不会轻易让消费者产生不满。最大的问题就出在包装带有很强的误导性上，当消费者发现自己被误导时，一般都会感觉很不爽，看看互联网上大量针对“山寨产品”的吐槽，就知道大家有多么抵触这种“仿造感”了。

几乎每周都会有企业家把他们的最新产品包装发给我，问我这些包装设计方案怎么样，这其中 99% 的产品包装都存在“硬伤”，一看就知道火不起来，但我通常选择“不回答”，因为这是专业问题，不是个人审美问题，草率回答这类问题是不严谨、不专业的表现。有的企业打造一款成功的产品包装，投入百万元起，耗时半年以上，反复测试修改，经历数十次优化，才投放市场，这样的企业坚持的是“优生优育”原则，产品做成爆款的成功率相对较高，这是一个完整的营销咨询与策划过程。也有很多企业仅花几千块钱设计一款包装，甚至还有企业用印刷厂免费提供的设计，这些包装设计要么是抄袭模仿的，要么是“通版包装”，根本没有灵魂。这就好像随便在大街上找几个普通人，然后问张艺谋“您看哪个能成为明星”，张艺谋最好是装作没听见，如果草率回一句“都没戏”，可能还会被追问“为什么呢？您看他们需要怎么调整才能成为明星呢”，这问题就难为张导了。

一个影视明星不能是太常见的整形脸，一款爆款畅销产品也不能是放在货架上就被埋没的普通形象。我们应该了解一个基本常识，零售终端 80% 以上的销量是由不到 20% 的产品贡献的，也就相当于 80% 以上的产品都注定是不畅销的，这就是现实。如果不能让一款新品在终端“脱颖而出”，再好看的包装设计也是零分。在审核一款产品的包装方案时，要先看视觉冲击力够不够，如果一款产品在货架上即使占据很小的排面也能有很强的视觉冲击力，就算勉强及格，如果感觉弱弱的、普普通通、中规中矩，就得打零分。这就好像选明星，必须要有特点，不能拍了很多影片，观众始终记不住这张脸，这样的艺人就很难火起来。姚晨不算太好看，但嘴大有特点，这从营销角度就一下子赛过了 90% 以上的普通美女。贾玲属于谐星，单一个“胖”就很容易形成高效传播，所以贾玲胖了之后比瘦时更火。王宝强坚持“土到极致”，让包贝尔代替王宝强的角色演“囧系列”电影，虽然也很幽默，但就是出不来那种“土到极致”的搞笑效果。想成为演艺明星或想打造爆款畅销产品，最致命的硬伤就是“没特点”，所以产品包装设计第一法则不是“好看”，而是“抓眼球”，不符合这个标准就是零分。

004 爆款畅销品的包装策略

怎么才能让产品包装“抓眼球”，具备超级视觉冲击力？

第一，开辟全新包装规格。

很多消费者一看到小瓶连排装“易撕封口膜”的乳酸菌饮料，第一反应就是想起“养乐多”，现在有很多品牌生产类似养乐多包装的乳酸菌饮料，消费者习惯于统称之为“养乐多”，这就是产品包装规格创新的效果。

小罐茶也属于独立小罐“易撕封口膜”的包装形式，产品包装形式的创新加上配套的营销理念，让消费者看到这种包装形式第一反应就是想到“小罐茶”，以至于很多茶品牌企业在采用这种包装形式后，被消费者评价为“仿小罐茶”。在消费者的心智中，独立小罐“易撕封口膜”的包装形式已经“专属于”小罐茶品牌，这种对消费心智的占领效果比注册专利保护更有效！

虎邦辣酱也在小包装上下了很大功夫，无论是铁罐装、易撕封口装、袋装产品，大都是“一人食”的包装规格，在满足外卖运营的情况下也给消费者留下了深刻印象。有一款漱口水采用了便携式长条袋装，颠覆了我们以前对漱口水包装的固有印象，一小袋漱口水满足一次漱口需求，即开即用，便于携带，使用方便，这款漱口水也因此备受消费者关注。

不要习惯于传统的包装规格，要敢于创新，打破传统的束缚，站在消费者“便捷性”角度，推出更酷的、更小的、更轻的、更方便的包装，这是让产品包装“抓眼球”的重要思考方向之一。如果站在环保角度，这个建议有点儿不太符合环保观念，建议品牌方尽可能做到营销与环保兼顾，使用环保可降解、可回收的材料，并且结合“环保公益活动”，通过产品包装物的“返航计划”来提高消费者与品牌的互动，营造更强的参与感。

第二，爆款畅销品的超级识别度。

脉动的瓶体特征与独特的宽口设计形成了非常显著的“脉动”独有形象，撕掉脉动的标签，消费者依然可以一眼就看出是“脉动”，距离货架 10 米开外也能知道有没有脉动饮料，这种超高的识别度是以产品包装超强的“抓眼球”能力为基础的。

怎么判断一款产品包装的“抓眼球”能力呢？有些产品包装有效识别距离不足 1 米，消费者往往走近货架也不会关注，这样的产品包装是不合格的。有些产品包装有效识别距离在 3 米以内，消费者在距离货架 3 米以内时可以清晰识别出产品包装，这属于合格但效果一般的产品。合格且效果良好的产品包装，有效识别距离在 5 米左右，消费者在远离货架 5 米距离时就可以准确识别出产品包装。大家都知道正常测视力的距离就是 5 米，视力表上的 E 字符号大小对应着不同的视力等级，产品包装上能放得下的字号大小是有限的，要用有限的字和符号实现 5 米内抓住消费者眼球，这是一项很大的挑战。效果卓越的产品包装也被称为“爆款畅销品包装”，有效识别距离是 10 米开外。一般单手可拿的产品包装距离 10 米开外已经非常不容易引起消费者的注意了，只有借助整体排面、独特色彩和外观形状才能传递产品信息，单个产品上的文字和图案几乎不发挥作用。

“爆款畅销品包装”打破了产品包装内容传播的局限，用整体的产品效果来传递信息并吸引消费者的注意力。我们可以自己做个测试，看看农夫山泉的产品陈列面在 10 米距离是否能被有效识别出来。看到金罐陈列就瞬间想到红牛，看到红罐陈列马上会想到王老吉或加多宝，远远看到绿色瓶体加黄色瓶盖就能想到是雪碧，仅凭瓶形和红色瓶盖就很容易识别出是农夫山泉。百岁山矿泉水上的标签很小，但整体的识别度很高，不用看到“百岁山”三个字，就能轻松识别出是百岁山矿泉水。这些爆款畅销品都具备非常高的识别度，不仅远距离可以一眼识别出来，把这些产品的标签撕掉、名字隐去，仍然会很容易看出是什么产品。

漫威公司在打造英雄人物时，非常关注“显而易见”的识别标志，如果识别度不够，这个人物就很难火起来，电影票房收入也不会很理想。只有让观众瞬间记住并在下一次瞬间想起来，这样的英雄人物形象才能深入人心并具备非常强的传播力。

我们来做个小测试，在脑海中回忆一下雷神的面孔、金刚狼的面孔、蜘蛛侠的面孔、美国队长的面孔……除非是铁杆粉丝，一般观众估计很难记住这些人物的面孔，如果扮演这些角色的演员出现在你面前，大部分人都未必能想起来他们对应的漫威人物角色。

但就在刚才的小测试中，你的脑海里已经出现了他们的形象，虽然不一定非常具体，但雷神的锤子肯定会出现，因为在看电影的时候这个锤子就是雷神的“标志”，不管雷神穿什么服装，锤子一出现，观众就知道这是雷神。金刚狼锋利的金属爪子一定会出现在你的脑海里，因为这是金刚狼的“标志”。蜘蛛侠的形象一定是那一身戴头套的装备，有了这身装备和经典的动作，哪个演员都能成为蜘蛛侠。美国队长很帅，但再帅也无法给观众留下超过那个盾牌的深刻记忆。对一个演员面孔的记忆是“复杂”的，尤其是看国外大片，对其中的演员面孔更不容易识别和记忆。为了让全世界的观众记住美国队长，就必须有一个非常“显而易见”的标志，这个标志就是美国队长的“盾牌”。漫威人物角色的打造也不是都那么成功的，因为有的角色识别度太低了，看起来太普通，没有明显的标志，观众认不出来、记不住、想不起来，这就很难广泛传播。

对于漫威公司来讲，漫威人物就是他们的重要“产品”，一个没有超级识别标志的人物很难火起来，所以漫威公司非常关注“简单的、明显的、独特的识别标志”，让这些人物形象快速打入观众心智。

漫威是“制造”虚拟英雄人物的公司，这些虚拟人物要想真正活着，就必须存在于无数观众的内心世界，让观众认得出、记得住、想得起来，这是漫威人物的生存法则。在营销的世界里有没有“生存法则”呢？在消费品营销的世界里，一款明星产品的生存法则与漫威人物生存法则是一样的，要么让消费者过目难忘，要么在消费者的漠视中消亡！

我们为什么需要营销策划？因为80%以上的产品都是非常普通的面孔，这些产品像极了芸芸众生，默默地出生，想一鸣惊人、受世人瞩目，发现自己仅仅是沧海一粟，想活出自己的精彩，却成为衬托红花的绿叶，然后慢慢失去斗志，退出这场竞赛，接受了自己的普通，也接受了别人的闪耀。

如何突破这种“平庸产品循环怪圈”？如果不找到解决办法，将平庸坚持一万遍，结果还是平庸；如果不升级营销思维，将错误重复一万遍，结果也不会是正确。我遇到过太多具备匠人精神的创业者，在一个细分领域一干就是三四十年，产品真的不错，营销意识却还停留在创业初期，他们日复一日地坚持，却只能勉强维持企业的生存。我也遇到过一些营销意识很超前的创业团队，他们将营销作为事业的核心能力，用别人濒临倒闭的工厂干出属于自己的数十亿元营收。

中国的企业太需要营销意识的觉醒了。中国的企业家羞于谈营销，不管营销做得如何好，在接受媒体采访的时候都闭口不谈营销，他们在内心深处不以营销为荣，认为只有踏踏实实做好产品才是负责任的企业家，好像善于做营销是一件不够光彩的事情。中国的消费市场是一个高度开放的国际化的市场，不管本土企业是不是愿意面对，全世界的消费品都在涌入中国市场，我们面对的是一个充满竞争的消费市场，却没有充分参与竞争的意识和能力，导致中国百姓在衣食住行等方面消费的产品很多都是国外品牌。有人说那是因为我们发展起步晚，产品质量不如国外企业，导致国人更青睐国外品牌，这样的观点又回到了“唯产品论”。如果说一些高精尖产品存在技术差距的话还能理解，那么服装鞋帽、食品饮料、日化洗护这些产品呢？本土企业所生产的产品与国外品牌的产品几乎没有差距，甚至质量超过了国外品牌，但为什么仍旧有很多品类冠军始终是国外品牌？在消费品领域，本土企业与国际巨头之间最大的差距不是产品的差距，而是品牌营销思维的差距。

面对差距，感慨是没用的，最有效的方式就是“先学习，后超越”。要以空杯心态学习发达国家优秀品牌的营销策略，在生产出更好产品的同时，把营销水平提升上来。既做好“价值创造”，也做好“价值传递”，这样的企业才是真正值得尊敬的企业。

营销策划的首要任务就是帮助那些“有好产品”的企业“把产品卖好”，而把产品卖好的关键在于“把看似相同的产品卖出不同来”，如果不能有效区别于竞品，就注定会被埋没。如果不能引起消费者的注意，就注定不会畅销，营销竞争的第一较量就是“争夺注意力”。可以丑，但要丑得出众，可以美，但要美得惊艳，美丑俗雅都不是目的，引起消费者的关注才是目的。营销策划就是让雷神拿上标志性的锤子，让美国队长的盾牌深入人心，让蜘蛛侠拥有令人难忘的战衣，让一款看似普通的产品具备超级识别特征，让消费者看得到、认得出、记得住、想得起。

我们来做一个包装极端破坏试验：把一个空的红牛易拉罐踩扁了、挤成一团铁球，还能不能看出是“红牛”？大部分情况下是能看出来的，除非你把这个红牛罐熔化掉。把一个雪碧或可乐的空的易拉罐用同样的方式做破坏试验，同样也能识别出来。如果一款产品的包装设计太中规中矩，没有特别吸引消费者的特征，稍作破坏就很难被识别出来，甚至在保持包装完整的情况下都不能形成有效识别特征，这样的包装就属于平庸或“无效”的包装。

产品包装的设计不是为了“好看”，而是为了“好卖”。我们在招聘设计人才时，通常会看他们过往的设计作品并通过让他们修改作品来考察其“营销意识”。大部分的设计师都缺少营销意识，在设计产品包装时追求的是“好看”而非“好卖”。从这些设计师手里出来的产品包装就像是符合大众审美的普通服装，而不是雷神的锤子、美国队长的盾牌和蜘蛛侠的战衣，这些产品一看就是“普通大众”而不是“影视巨星”。一个没有鲜明性格特征的设计师是设计不出“性格鲜明”的产品包装的，一个中规中矩的设计师很难胜任爆款畅销品的包装设计工作。

为了能设计出与众不同且带有营销感的产品包装，我们会尽可能包容设计团队的个性并鼓励他们打破一切限制去创作。我们会关注一个设计师的生活状态和性格特征，要确保一款产品包装所传递的性格与创作者的性格是相对吻合的。一些具有挑战性的产品包装设计工作我们会尽可能交给那些不拘一格、观点犀利、充满热情的设计师。一个对营销漠不关心，对时尚消费毫无兴趣，只专注于手头设计工作的“美工”是 Get 不到有关“好卖”的那些点的。产品包装是营销策略的静态表达，最难的不是“设计”，而是有效的“表达”。

爆款畅销品的包装设计有一个“文身原理”。什么是文身原理呢？在美国军队中有很多士兵都有文身，尤其是特种部队的士兵有文身的现象更普遍。这些文身仅仅是为了“看起来更酷”吗？不是的，其实这些文身还有一个非常大的作用就是“身份识别”。美军士兵都有金属材质的“士兵身份牌”，军官也有专属的身份牌，这些身份牌是用于识别阵亡士兵和军官的身份的。但在残酷的战场上，一旦阵亡士兵或军官的“身份牌”丢失，就很难辨别一具受损严重的尸体是什么身份，如果有特殊的文身，就可以通过文身来判断阵亡士兵或军官的身份。这个听起来有点儿血腥，但真实的战场就是这么残酷。

爆款畅销品的包装设计与美国大兵的文身有什么关系呢？普通的产品包装通常“识别点”在品牌名和标志上，一旦把名字和标志隐去或把包装破坏掉，就很难识别出具体是哪个品牌的产品。一款畅销产品的包装往往拥有多角度、多位置、整体性的识别特征，随便露出一个产品的 1/3 甚至更少的比例，都能轻松识别出是什么品牌的产品。不能将产品识别的功能集中在包装的一小部分区域，要尽可能大范围地覆盖，让名称更大更醒目，让产品特征更明显，除了品牌名和标志外，还要有其他元素能传递产品的“身份信息”。

可以在脑海中想象一下，当我们想去买一瓶雪碧的时候，需要看到“雪碧”这两个字才能确认雪碧在货架上的位置吗？当我们想买一瓶百岁山矿泉水的时候，只需扫一眼就知道货架上有没有百岁山，即使是百岁山的产品被其他产品挡住了，只要能露出 1/5，就能快速识别挑选出来。当一个奥利奥的盒子被撕成碎片扔到地上，我们几乎一眼就能看出是奥利奥饼干。畅销产品的包装几乎都符合这个规律，除非有恶意山寨产品干扰视线，正常情况下这些畅销产品都有非常明显的、独特的识别特征。

策划就是要让产品性感起来

据说在人类进化之初，男女性别特征并没有像今天这么明显，男女都在朝着对异性更有吸引力的方向进行进化，才有了今天我们所看到的男女外观特征的差异。究其原因，一种说法是“量子纠缠”的结果，这个太深奥了，我们不去深究。另一种说法是人类自身的“迎合意识”，这种改变直到今天还在继续，男女都在进行自我形象的优化，健身、减肥、整形、化妆，除了自身对美的追求，更多的是站在异性角度在提高自己的魅力和优化自身形象。如果一个地方的男性普遍喜欢胖一些的女性，这个地方的女性就会以胖为美；反之，女孩子们就会以瘦为美。如果一个地方的女性喜欢男性的勇猛彪悍，这个地方就会盛产强壮的猛男；反之，就有可能加速这个地方男性的“女性化倾向”。所谓“性感”，通常是指对异性的吸引力，这种吸引力与理性无关，纯属感性的、本能的力量。在营销领域，如果我们能驾驭“性感”的力量，让产品撩动消费者的内心，产生无法抗拒的诱惑力，这样的产品一定非常火爆畅销。

当一瓶可口可乐从冰柜里拿出来后，冷气凝结成的水珠会让这瓶可乐非常“性感”，这代表“凉爽”，是处于炎热状态的消费者渴望获得的感觉，这种感觉与理性无关，是一种身体本能的冲动。当消费者渴望“甜”，渴望含有气泡的那种“爽”，但又顾忌糖分时，一款“0 糖 0 脂 0 卡”的气泡水就显得格外“性感”，因为这款饮料能满足消费者内心的渴望。这样的一款饮料的包装应该选用什么色彩？用什么包装风格？叫什么名字？选择什么瓶形？这些都是传递产品“性感”信息的重要因素。当消费者选购休闲食品的时候，第一次尝试购买某款产品时是如何判断这款产品“可能好吃”的？90% 以上的判断依据来自产品包装传递的信息，如果一款产品包装让人感觉不够“性感”，就调动不起消费者内心对于“美味”的想象，也就完成不了“首单转化”。再好的产品，如果不能获得更多消费者的“第一次”，也很难成为爆款畅销品。

食品的包装必须把“好吃”表达出来，用视觉刺激影响消费者产生味蕾错觉，这并非一件容易的事情。一家调味品企业生产了一款辣酱，包装采用了简约风格，大比例白底加上辣酱的图案，品牌标志采用的是一个老奶奶的漫画头像，一个戴着老花镜、闭着眼睛、合拢着嘴微笑、看上去已经满嘴没牙、很老的奶奶。这款包装设计就属于典型的“好看”但“不好卖”，看上去包装效果还是挺漂亮的，但从包装上怎么也读不出“好吃”的信息，给人一种衰老、无味、冷淡的感觉，这样的产品与老干妈放在一起，消费者会毫不犹豫地选择老干妈。

005 营销要用有力量的词语

品牌命名、产品命名和人的名字一样可以传递很多信息，我们并不是从封建迷信角度来分析名字的优劣，而是从“词语力量”角度来看名称附带的信息和穿透力。

例如“金尊玉”这个品牌，我们能感受到这个名字的力量感吗？这个名字是静态的，尤其一个“玉”字，传递出一种需要精心呵护的感觉，而没有表达出强大、结实、耐磨的感觉，这个品牌名称本身是缺乏力量感的。“金尊玉”更名为“大角鹿”后，感觉就完全不一样了，“大角鹿”这个词语是动态且充满力量的，大角鹿的“角”是结实耐磨的，整体传递的信息是充满生命力的、强悍的、结实的、耐磨的。词语的力量不是企业单方面赋予的意义，而是这些词语自带的“能量”，这个不是玄学，而是每一个词都会在消费者的心智中产生一种画面和感受。如果一个词语产生的画面是不积极的、没活力的、缺乏力量的，给人的感觉就是“没劲的”，我们就可以判断这个词语自带的“能量”是不够的。如果消费者在听到一个词语后，脑海中立即出现积极的、充满活力的、力量感爆棚的画面，这个词语就是自带强大力量，是我们要优先选用的营销措辞或品牌名称。

再来看一个词语——“英潮辣酱”，消费者在看到“英潮”这个词语后能联想到什么呢？很难产生画面感，这个词没有负面信息，但也没有产生足够的力量，似乎是一个跟辣酱没多大关系的词汇。再看“虎邦辣酱”，消费者在看到“虎邦”这个词语后，通常会联想到很多与老虎有关的画面：形容吃饭的状态有“狼吞虎咽”——吃饭香不香？肯定很香。还有一种状态是“如狼似虎”——够不够猛？够不够有力量？所以“虎邦”这个词语传递的信息是充满力量的，“虎邦辣酱”给人的感觉是“够劲儿”的，这就是词语自身携带能量产生的效果。

不用想喝到饮料的感觉，单说“脉动”这个词语：消费者在看到这个名称后通常产生的感觉都是“运动的、有劲儿的、充满活力的”，似乎听到了强大脉搏的跳动之声，感觉生命的力量在尽情释放。“脉动”这个词语是自带很强大的力量的，虽然属于“造词”，但组合起来感觉能量满满，与产品属性高度吻合。

不用想去屑洗发水的事情，单看“海飞丝”这个词语：“海”给人们的感觉够不够辽阔、天然、清爽？“飞丝”给人的感觉够不够清新、柔顺？“海飞丝”这个组合造词在人们脑海中呈现的画面是“清爽的、动态的、柔顺的”，与去屑的产品功能高度吻合。

不用想补充体力的事情，单看“士力架”这个词语：“士力”与“力士”换了一个顺序，但这并不影响消费者在潜意识中产生“大力士”的联想，这两个字是很有力量的。“架”也是一个自带力量的汉字，能让消费者联想到高架、架桥，是一种强大的“支撑力”。“士力架”这个词语给人带来的感觉与产品强调的“快速补充能量”属性高度一致。你或许会感觉，这就是一个产品名字而已，自己在看到这个名字的时候也没想那么多啊。我们做一个极端的假设，假设有两款类似士力架的功能性巧克力食品，口感、价格和包装规格接近，其中一款产品叫“士力架”，另一款产品叫“弱呆呆”，大家肯定会感觉第二个名字看着很不爽。没有对比就没有落差，以一个有力量的词语命名的产品是会潜移默化地影响消费者的，或许理性的大脑并没有思考太多内容，但感性的大脑已经喜欢上了这个名字。

当人们嘴里说出或喊出“奥利奥”的时候，内心是愉悦的，你可以试一下，这是一个很有意思的发音。网络流行用语“奥利给”就是与奥利奥发音非常接近的，大家用于传达积极的力量，这是一种人造词语，本身没有什么含义，逐渐被赋予了特定的情感和含义。其实今天我们使用的大多数词语刚开始都是“人造”词语——世界上本没有词语，说的人多了，理解的意思一致了，这个词语就形成了。有一些山寨奥利奥的产品，看上去感觉很像，比如“粤利粤”，但你说出来或喊出来的时候，这个词语就没有“奥利奥”那种愉悦感。

每当看到“可口可乐”这个翻译词语，我就在思考：如果是我负责一款国外的饮品进入中国市场，我能想到这么好的产品名称吗？这可是音译的翻译，却把一款碳酸饮料的名字翻译得如此有魅力，堪称完美。你只需看这个名字，内心就能感受到一种按捺不住的喜悦。“可口”是中国部分区域常用的词语，有的地方问饭菜好不好吃，会用“饭菜可口吗？”。即使是不常用这种问法的区域，也能理解“可口”这个词的意思，“可口”是对味道的赞赏，是味蕾感受到的喜悦。“可乐”是人造词，我们常说“可喜可贺”，“可乐”就属于类似的词语，属于与情绪有关的、愉悦的心理感受。“可口可乐”这个名字将产品要传递给消费者的感觉全表达出来了，口感与心情兼顾，读起来就像一个原本就存在的成语，喜感和能量感十足。

“元气森林”这个组合词语也非常有能量。“元气”这个词在日语中使用的频率非常高，元气森林之所以被很多消费者当作日本品牌，除了因为包装风格有些偏日式外，“元气”这个词也发挥了一定作用。在日本可以经常看到以“元气”为主题的各种概念——元气禅、元气小丸子、元气茶、元气早餐。“元气”是一个代表健康的积极词汇，有着满满能量的感觉。日语的汉字比例非常高，中日两国消费者在一些常见词汇上的理解是一致的，很多源自汉语的词语，在日本成为流行用语，被赋予了更多意义。“森林”这个词语在消费者的心智中往往能联想到自然的、氧气充足的画面。“元气＋森林”组合起来，传递给消费者的就是自然、健康、精力充沛、能量满满的感觉。

在给品牌和产品命名的时候，一定要选择自带能量的字和词语，这些词语在广大消费者的心智中已经具备一定的“基础”，容易识别、容易记忆、容易在脑海中产生美好和有力量的“画面”，这样的字或词语形成的品牌和产品名称传播的穿透力强，营销效果会更好。

很多成长型企业在给自己的品牌命名的时候，思考问题的角度不是市场营销，而是情怀或玄学角度。有的企业品牌名称非常有艺术气息，有的很有古文化底蕴，有的则根本看不懂是什么意思，一问才知道是请风水大师根据股东的生辰八字测算出来的。品牌是为市场营销服务的，品牌的最大价值就在于识别和传播，最直接的功能就是促进营销业绩的增长，如果不具备这些基础功能，品牌的价值就很难得到释放。站在市场营销角度，建议在进行品牌命名的时候尽可能选择有能量的字和词语，同时力争这些词语所传递的感觉和产品的特质高度吻合。符合这个基本原则的品牌更容易进入消费者的心智，形成一种看不见但非常强大的营销驱动力。

006 营销要善于使用强大形象

古代帝王为了增强自己的权威性，以龙为图腾，将不怒自威的强大形象应用到建筑、装饰、龙袍、器皿、文书等各种载体上，无处不在地宣告皇权至高无上、不可违逆。为了提升官府的权威性，各级官员的官袍上也有各种祥禽瑞兽，各级衙门从门口到大堂也可看到代表权威的瑞兽。法律的“法”字就是一种代表权威公正的独角神兽，主司人间的司法公正，本质上是法治精神的一种形象表达，也代表着人们对公平公正的美好追求。古人特别擅长使用强大形象来表达权威和美好的文化寓意，这种表达方式非常形象而具体，以非常直接生动的方式影响了受众的心理，这样的表达方式在今天的市场营销活动中也仍然有很大的借鉴价值。

我们一起来看一下“强大形象”在品牌营销方面的应用：

华尔街牛成为华尔街的重要标志之一，看到这只特定形象和姿势的铜牛，人们一下子就能想到华尔街，这只铜牛已经成为代表财富和牛市的“吉祥物”。

先不用想功能饮料的话题，只看“红牛”这个词，就能感觉到这是一只力量爆棚状态下的“牛”，不管这只牛是浑身通红还是红了眼，总之这种状态的牛要么是发了火，要么是着了魔，力量被充分调动了出来，有一种势不可当的强大冲击力。大部分消费者都有这样一个常识，斗牛士通常会拿一块红布来斗牛，牛对红色会产生攻击性，在红色的刺激下，一头牛会突然像被施了魔法一样横冲直撞，这种状态的牛力大无比、精力充沛。“红”字和“牛”字组合在一起会产生神奇的“化学反应”，“黑牛、黄牛、花牛”给人的感觉可能都是憨厚、温驯的，但“红牛”给人的感觉是充满力量和战斗力的。“红牛”功能饮料的标志中有两头牛，两头充满力量的红牛对战的形态把这种力量感表达到了极致。红牛通过塑造强大的形象诠释了产品的功能属性，品牌名称和标志都很有力量，这是对“强大形象”应用的成功典范。

再看“东鹏特饮”这个组合词语，还有对应的“强大形象”：“大鹏”是一种存在于神话传说世界的神鸟，样子有些像现实世界的雄鹰，但“鹏”的体积、战斗力要远超“雄鹰”。我们看《逍遥游》里关于“鹏”的描述：“北冥有鱼，其名为鲲。鲲之大，不知其几千里也。化而为鸟，其名为鹏。鹏之背，不知其几千里也，怒而飞，其翼若垂天之云。”这里描述的“鹏”不仅个头大，而且有脾气，在不同版本的神话传说中战斗力都是超强的，庄子一句“怒而飞，其翼若垂天之云”把鹏的形象刻画得非常传神。“东鹏”这个词在消费者的潜意识中会被释义为“东方的大鹏”或“东海的大鹏”，表示勇猛有力而又充满正义。“特饮”一词也用得非常好，会让消费者感觉这不是一款普通的饮料，而是能带来能量的特殊饮料。在完成命名后，东鹏特饮在整个瓶体上非常突出地使用了金色大鹏鸟的形象，这可是战斗力爆棚的神鸟形象，能量级别非常高。东鹏特饮的品牌名称和标志都很有力量，与红牛一样，这也是对“强大形象”应用的成功案例。

再看“公牛”这个词语：NBA有公牛队，公牛也是一种很有力量的“强大形象”。公牛和红牛都很有力量，但两个词语传递的“力量”是不相同的。红牛传递的是一种被激发、被挑战之后所释放出来的“非理性力量”，这种力量是“动态的”和“感性的”。公牛是有性别特征的，在大自然界，一个动物群落中，雄性动物的形象是强大有力的，这种强大力量不是用来随意打斗，而是用来保护族群安全的，所以“公牛”这个词语传递的是一种理性的、安全的“强大形象”。公牛的这种理性和安全的“强大形象”与公牛插座的“安全”特质正好吻合，在公牛重新定位“安全插座”之前，其实“公牛”已经有了这样的心智认知基础，当定位“公牛安全插座”后，这个强大的形象正好与产品特质合二为一，堪称完美。

大角鹿超耐磨大理石瓷砖使用了“大角鹿”的强大形象，即好战、有力、结实、耐磨，关键是大角鹿使用的标志是让一头大角鹿用角去磨一棵树，树皮都被磨掉了，可见这只大角鹿的角有多耐磨。这个标志非常生动形象，对产品特质的“表达”非常到位。

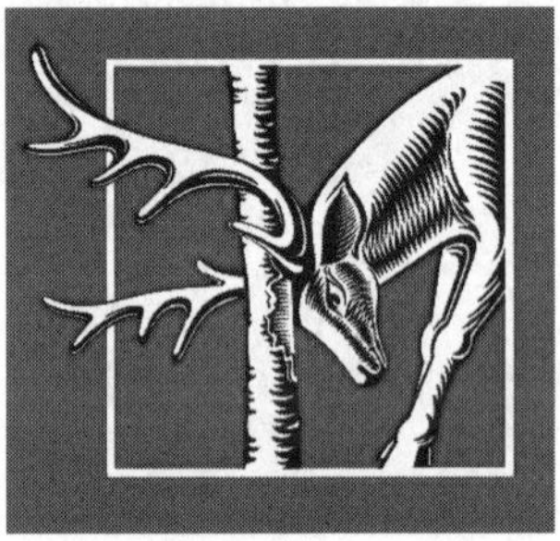

虎邦辣酱的包装上是非常显眼的“猛虎头像”，一看就很有力量，让消费者瞬间就来了精神，吃饭更香，充满活力。这不正是虎邦辣酱产品要传递给消费者的信息吗？

在使用这些源自大自然的“强大形象”作为品牌标志时，一定要注意“化学反应”的文字组合原则，要选择匹配的字进行组词，即使是造词，也要考虑组合出来的新词到底会传递出一种怎样

的力量和形象。有些词汇看起来很有力量，但塑造的形象整体感觉还不够强大，例如乐虎。老虎给人的感觉是威猛的，我们听说过“生龙活虎”，但很少听说关于老虎快乐情绪描述的词汇和场景，如果一只老虎很快乐、很可爱，大部分消费者会联想到“猫”，不发威的老虎就像一只大猫，所以“乐”字和“虎”字的组合产生的化学反应不是正向的，而是互相抵消的。“乐虎”这个词语的能量感与“红牛”和“东鹏特饮”相比是有很大差距的。

“战马”的整体形象够强大吗？第一感觉还是挺强悍的，但越品越感觉跟“红牛”不在一个能量级别。这是为什么呢？因为“战马”是被人束缚的力量，而“红牛”是不被人掌控的力量。“战马”本身并不勇猛，是驾驭战马的战士勇猛，战马的特性不是狂野力量的爆发，而是一种基于纪律性和配合度的“理性力量”，这种力量是受压制的、被约束的。“红牛”的形象与“战马”不一样，是一种令人畏惧的、狂野力量的爆发，这种力量是不受压制和约束的。“战”是有力量的汉字，“马”也是有力量的形象，“战马”也是存在具体含义的词语，但作为一款功能饮品的名称，与“红牛”却存在很大差距。“战马”的力量感不如“野马”，因为“野马”传递的是一种未被驯化的狂野力量。其实围绕“马”的形象有很多词语可以传递比“战马”更强大的力量，名称词语越有力量，品牌传播的穿透力越强！

强大的形象不一定局限于飞禽猛兽，一个强大的人物或动作也能传递“强大形象”，例如真功夫的标志。李小龙是享誉世界的影视巨星，也是很强大的实战格斗家，他的形象和经典动作都自带强大能量。真功夫在品牌形象升级后才开始启用“真功夫”这个品牌名称。“功夫”一词本身给消费者传递的感觉就是有力量的、强大的，“真功夫”又进一步提升了这种力量感，这是一个能量级别很高的词语。如何把“真功夫”塑造成一个具体形象呢？在美国，李小龙就是“中国功夫”的代名词，是他让美国甚至全世界开始流行“功夫热”，此时只要出现一个朦胧的、模糊的轮廓摆出一个李小龙截拳道的动作，再加上“真功夫——全球华人餐饮连锁”的文字旁白，大部分消费者都会在潜意识中认为“这就是李小龙”。于是真功夫开始同步启用了一个“疑似李小龙”的功夫人物形象，取得了非常不错的品牌传播和市场营销效果。

这个功夫人物形象的影响力和穿透力非常强大，既解释了“真功夫”的含义，又塑造了“全球华人餐饮连锁”的国际化形象，但也正是因为这个形象的应用让“真功夫餐饮”一度陷入与李小龙后人的法律纠纷。虽然很多消费者都认为“这是李小龙”，但从法律层面上又很难确定“这就是李小龙”，所以一直存在很多争议。如果不存在这种纠纷和争议，仅从市场营销角度来看，这个功夫人物形象的应用也属于“强大形象”的成功案例。

为了不引起纠纷和误解，还有一种方式就是创造一个属于企业自己的“强大人物形象”，比如“威猛先生”。威猛先生是一家经营清洁类产品的企业，是美国庄臣公司旗下品牌。威猛先生的清洁产品主要应用于厨房、厕所、浴室等污渍的清除，因为除污对象是环境物体，通常污渍还比较顽固，消费者在使用这类产品的时候是希望“猛一些”的，“猛”代表强力有效，只有强力有效才能清理得更干净、干活更省劲儿。为了更形象地传递“威猛先生”的形象，威猛先生打造了一个类似“超人”的动漫人物形象，这个人物形象强壮、高大、帅气、很酷、懂科学、擅长帮助人们解决去污清洁问题，简直就是精通去污技术的“超人”。“威猛先生”的名字和形象都很强大，这种强大的形象非常容易带给消费者信心，人格化的品牌也很容易与消费者建立起信任感，威猛先生对“强大形象”的应用是成功的。

除了飞禽猛兽、功夫人物，还有没有更好的元素来塑造“强大形象”，而且是不容易引起法律纠纷和争议的方法？让我们再来看两个案例。

兵器的形象是自带很强的力量的，因为兵器代表着“战斗”，即使是静态的兵器也很容易传递出动态的战斗力。从审美和画面联想角度，“冷兵器”要比现代武器更容易融入品牌设计，例如盾牌的形象常用来传递与“安全、保护”有关的信息，宝剑的形象常用来传递与“强力、有效、犀利”有关的信息，舒肤佳和滴露就在品牌营销中很好地应用了这两种冷兵器的形象。

舒肤佳的英文名称是Safeguard，有“护卫者、保护、捍卫”等含义，这个英文单词与舒肤佳“对抗致病菌”的产品属性高度吻合，可以很直接地表达品牌含义。在翻译成中文的时候，采取的是音译，选择了“舒肤佳”三个汉字。这三个汉字组成的词汇所传递的感觉是比较温和的，“舒”字会让消费者想到“舒服、舒适”等感觉，“肤”会让消费者想到这款产品是与皮肤有关的用品，“佳”传递的是“好的、优良的、上等的”的感觉，三个字组合形成的词汇给消费者的感觉是“这是一款会让皮肤很舒服的洗护产品”，完全没有表达出“Safeguard”的意思，这个音译的效果相比“可口可乐”就差很多了。那如何解决这种“力量感不足”的问题呢？当文字不能传递力量的时候，就要用“强大形象”来补充力量，舒肤佳选择了用“盾牌”来表达强大的“防护力量”。舒肤佳的“盾牌”也是经过优化提升的，以前的盾牌是五边形，而且看起来比较“柔和”，这个盾牌虽然能增加力量感，但是仍然感觉不够强大。目前舒肤佳已将标志改为“三角形盾牌”，这种盾牌给人的感觉更灵活、更犀利、更有力量，将舒肤佳“对抗致病菌”的安全健康防护形象塑造得非常到位，这是对盾牌形象应用的成功典范。

优化前　　　　优化后

滴露选择用一把向下的“剑”来诠释产品在专业除菌方面的“力量”，给消费者带来一种专业、可靠、有效的“除菌产品”形象。滴露标识所使用的这把剑就像是皇家卫队的佩剑，如英国皇家卫队保护皇室安全一样，滴露用专业除菌效果保护着消费者的健康和安全。这把剑的形象与“英国皇室御用产品”形成呼应和相互印证，既传递了产品的强大力量，又衬托了品牌的不凡背景，是非常成功的应用。

007 符号营销的原理和神奇力量

在这个世界上有很多超越“语言”的信息传递方式，这些信息打破了文字和语言的沟通障碍，很容易引起人与人之间的共鸣，音乐、图画、表情就具备这样的信息传递功能。当一位法国朋友给你讲述一个动人的爱情故事的时候，如果你不熟悉法语，很可能全程一句也听不懂，也就很难感受到那份感动。如果他用一首钢琴曲或小提琴曲来表达这个动人的故事，即使全程没有一句话，听众不管来自哪个国家，讲哪种语言，在音乐的影响下，无须语言讲解，内心都会被深深感动。我们听歌曲时，更多的是被音乐的旋律所影响，可能全程都没注意歌词，却能感受到歌曲想要表达的情绪。我们听纯音乐，除了音符的跳动，本来就没有语言的描述，来自不同国家、不同文化背景的听众却能产生一样的感受。有人说，音乐才是全世界真正共同的“语言”，无须翻译、无须解释、无须详细描述，瞬间就能将人带入状态，而且一种旋律一旦在脑海中驻留，可能一辈子也不会忘记。音乐对人的影响无须经过理性的左半脑，对音乐的感受无须推理判断，直接就可以调动情绪，在脑海中形成画面，这是一种“声音符号”。

文字和语言对人的影响是间接的，大脑先要处理这些信息，然后才能在脑海中形成画面并进一步产生心理感受。例如，在炎热的夏天，有人对你讲“冰天雪地”，可能不会马上缓解你的炎热感觉，但如果让你带上 VR 眼镜，马上进入“冰天雪地”并听着北风呼呼的声音，此时你可能会马上起一身鸡皮疙瘩，瞬间感觉凉爽了很多。前者是语言刺激，人需要在大脑中“翻译”语言，脑海中的画面形成过程缓慢，甚至因为受到实际环境的影响而很难在大脑中形成另一个画面；后者是画面和声音刺激，无须经过“翻译”过程就可以直接影响大脑并产生“身临其境”的感受。

以旅游广告为例，有效的广告一定是站在游客视角，在广告中描述他们需要的感觉，类似泡温泉时的享受、在古城喝茶的悠闲、在海边沐浴阳光的那份轻松、在山顶迎接日出的那份激动、在沙漠尽情驰骋的那份豪迈。人们需要的不是一趟旅行，而是期待换一种环境去感受内心的渴望，哪个地方能满足这种渴望，哪个地方就会成为他们向往的旅行目的地。如果只是“大广角、大叙事”的风格，从高空俯瞰景区，各种镜头一闪而过，最后来一句“大美 ××× 欢迎您”，这样的广告看起来很美、很壮观，但却会让全国很多景区变得同质化。好山好水的地方有很多，有古城的地方有很多，海滨城市也有很多，每个地方都有当地的美食，各种游乐设施项目更是同质化严重，所以千万不要“宏观叙事”，而是要以游客视角展示一种到达旅游目的地之后的状态，撩动游客内心中对“美好生活”的渴望，让他们真正向往这个地方。

所谓符号营销，就是区别于抽象信息传播的方式，采用具体的画面、声音来直接影响消费者的“心理感受甚至生理感受”。“符号”是一种古老的信息载体和交流方式，在文字出现之前，人类的祖先就开始尝试在山洞里的岩壁上作画来记录和表达他们的思想，声音也是优先于文字的交流方式。远古人类已经开始出现对超自然力量的崇拜，并将抽象的超自然力量以图腾画像的具体形象表现出来，相比难以解释清楚的各种推理，一个摆在眼前的神秘而强大的神像更能快速让大家心生敬畏并形成一致的信仰。

符号营销并不局限于设计一个很有创意的品牌标识，而是追求用更简单直白的方式将最关键的信息直接“送达”消费者的大脑。仲景香菇酱采用了一个“采蘑菇的小姑娘”作为品牌的核心形象，虽然消费者理性的左半脑知道这么大产量的香菇酱，肯定不是一个“采蘑菇的小姑娘”采的蘑菇，但这并不影响消费者感性的右半脑对天然淳朴画面的想象，“采蘑菇的小姑娘”存在于消费者的感性右半脑中。

任何一家规范的企业都无法虚构产品的原料来源和采集方式，但可以通过打造一个“符号”来用非语言的方式讲述一个“无字”的故事。消费者看到了，也想到了，认为这是真实存在的，但实际上企业什么也没有说，只是展示了一个营销“符号”而已。

“非语言表述”比“语言表述”更自由，“非语言表述”一般不会违反广告法，因为看似暗示了很多信息，实际上又什么也没说。如果把“非语言表述”暗示的信息用“语言表述”出来，会受到很多限制，还有很多潜在风险。一款主打护眼功能的食品，因为不是保健品和药品，不能直接讲功效，就在包装上很显眼的位置印上了一个小型“视力表”。这个小型视力表没有任何实用价值，目的就是让消费者一看就认为这款产品是有护眼功能的。产品包装上只字不提与眼睛有关的内容，但这么一个视力表的“符号”，就让很多消费者果断认为这是一款“护眼”功能食品。

“儿童营养全粉”是一个区别于配方奶粉的产品概念，主要用于儿童开始吃主食后的营养补充。某知名品牌推出的“儿童营养全粉”销量非常好，很多消费者都认为这款产品有利于孩子身高发育，但产品包装上根本就没有表述与长身高有关的功能。但这款“儿童营养全粉”的包装上有一个长颈鹿的形象，而且长颈鹿的脖子上还有表示身高的刻度，一看就是给孩子测量身高用的。这个长颈鹿的形象广泛出现在幼儿园、儿童体检中心、高铁站、地铁站等环境中，很容易就会让消费者将这个“符号”与“身高”关联起来。

视力表、测身高的卡通长颈鹿，这些都属于深入消费者心智的“符号”，代表非常具体的含义，将这些元素巧妙地应用到产品包装上，就可以产生很强烈的“功能暗示”，相当于很直接地讲“功效”，但实际上又什么也没说，这就是“符号营销”的神奇之处。

真正的“符号营销”不是做一个大 logo，而是要用具象表达来代替抽象表达，用直接表达来代替间接表达，将无法用文字表达的东西用“符号”巧妙表达，将复杂的表达方式变得简单直接，让产品直击需求，让品牌深入人心，这是打造爆款畅销品的有效策略和途径。

CHAPTER 8

第八章

场景占领营销发力点

The Secret of Best-selling

001 场景占领是对营销规律的总结

很多人批判中国的营销界喜欢造概念，各种营销理念五花八门。那么“场景占领”是属于“人造概念”还是“营销规律”？如果一个营销理念是人为“创造”出来的，就会有很大的局限性，看上去似乎能自圆其说，但并不能穿透市场现象直击营销本质，会有一种牵强附会的感觉。如果一个营销理念是经过大量实践案例剖析总结后“发现”的规律，这个规律就具备普遍适用性，并不是一种自圆其说的理论表述，而是一种市场现象和营销本质的“规律性总结”，是经得起反复验证的“定律”。我们只是用“场景占领”这四个字来给这个“定律”进行了命名，相信未来会有更好的名字来称呼这个“营销定律”，但目前最好的方式是用一个通俗易懂的名字来讲述这个规律，这样才有利于这个营销理念的快速普及。

一个营销理念从影响认知到实操落地最好的路径就是“公式化”，公式不是万能的，却是一种非常有效的落地应用工具。如果没有这个工具，营销就会又回到“直觉和创意”的玄学原点，这非常不利于营销决策的科学化和精准化。我和我的团队在经过多年的摸索总结和反复论证，决定使用五个操作步骤来给“场景占领”营销决策做一个流程，并为每一个环节定义操作标准，为了便于理解和传播，我们又用 5 个以字母 R 开头的英文单词分别代表 5 个环节，总称为“5R 营销模型”。我们并非为了其他目的而造概念，一切都是为了让问题变得简单易懂，让一种营销理念能真正得到广泛的推广和应用。

002 营销需要严谨的科学精神

我始终坚信营销是一门科学，不应该存在太多的未知点和不可控的部分，对于科学的研究和探索就要有科学精神，要追求本质和真相，而不能掩盖事实、故弄玄虚地将问题复杂化，这是有违科学精神的。《三国演义》中诸葛亮的很多“神机妙算”都带有玄学色彩，是很多不可知的智慧和巧合的戏剧性结果，这就不是科学，所以姜维复制不了诸葛亮，失去诸葛军师的蜀国最后被魏国所灭。可能是小说的作者为了戏剧化效果吧，将一些军事战例进行了神秘化，对其中一些人物也进行了神化，这种神秘化和神化会让小说很精彩，但同时也掩盖了很多“规律和常识”。军事学院可以拿《孙子兵法》作为教材进行学习，但不能拿《三国演义》作为教材。前者要比后者枯燥，因为讲的都是规律，属于军事决策科学范畴的知识；后者要比前者精彩，因为讲的是“戏”，属于文艺戏剧创作层面的作品。

很多企业家和市场营销负责人喜欢看“营销传奇故事”，并误认为这就是“营销案例”，这是不利于对营销这门科学的学习的，因为很多“营销传奇故事”都是演义的产物，不是事实真相，很多关键要素和问题被隐藏了，看完会让人心潮澎湃，但是对于营销决策的帮助不大，甚至会误导决策。有人说，失去科学视角的“营销传奇故事”都是有毒的心灵鸡汤，这个评价有一定的道理。

我们看到过太多这样的营销策划案例讲述，一个成功的营销策略实施后，获得了非常不错的市场反馈，在总结复盘时，企业决策人或营销策划人会做出类似这样的总结：“在毫无头绪的情况下，我盯着产品苦苦思考，好几天的时间就像在黑夜里摸爬前进，突然灵光乍现，一个非常绝妙的想法产生了……”这就属于玄学和演义形式的总结，听着挺精彩的，但关键的营销决策细节和方法都被隐藏了，一个“灵光乍现”让营销从科学变成了玄学。一些智库专家在总结战争的时候，也习惯于将大量的篇幅用于描述英雄事迹和战斗意志，更侧重于精神和文化层面的总结。美国人在两次海湾战争结束后，都有长达数百万文字的总结报告，内容大部分都是对问题和细节的总结，他们追求的是力争让每次战争的经验都能帮助下一次战争，这不是纪实文学，而是军事科学。在中国的营销界，也应该树立“科学导向”的风气，少一些“传奇色彩”，多一些“科学严谨”，少一些“灵光乍现”，多一些“方法工具”。

003 营销就是对心智场景的争夺

“场景占领”不是一个“起点”，而是一种“目标和状态”。我们要传递的核心思想不是“场景占领可以帮你做什么”，而是“为了实现场景占领，你要怎么做”，这是一个以结果为导向的营销策划体系，不是以理念为导向的营销理论。很多营销理念是“起点思维”，强调某个起点是通往成功的最佳选择，但成功的目标和状态是什么？这个并没有明确的标准。很多企业的营销战略是模糊的，营销策略是杂乱的，营销的发力点是不断改变的，虽然这些企业很清楚战略聚焦和单点击穿的重要性，但为什么战略和策略实际上却是杂乱无章的呢？很多企业不知道自己的营销战略是否正确，不知道自己的营销策略是否有效，这就会导致战略缺乏定力，不能很好地坚持聚焦、一点突破。“场景占领”是营销战略目标，同时也是营销策略的实施目的，当我们真正理解“场景占领”的价值和意义后，就会调动所有经营资源全力聚焦抢占消费者心智场景，这样才能有效击穿市场，达成预期的市场目标。

市场营销是一个泛概念，不同的企业所处的发展阶段不同，具备的经营资源不同，面对的竞争环境不同，实现市场营销目标的策略和路径就有很大区别。我们所面临的市场看似风平浪静，其实底下都是暗流涌动，看得见的是节日促销活动现场的激烈争夺，看不见的是那些平静的购物过程中各种产品对消费者注意力的吸引。营销主战场不在销售终端，而在消费者的大脑中，这已经是越来越普及的常识。

当一种新产品问世后，站在产品角度是“新”的，站在消费场景角度看可能就不是新的，这种新产品只有“挤进”消费者的生活，与一种高频出现的生活或工作场景结合起来，才算真正走进了消费者的心智中，也只有这样才能有机会在市场上占据一席之地。也有很多很常见的产品，已经以一种传统的方式在市场上存在了很久，人们已经习惯了它们的存在，这些产品在人们的生活中扮演着“可有可无”的角色，没有占领一个高频的场景，这就不算真正走进消费者的生活。走进消费者的视线范围内，不代表进入消费者的心智中。

还有一些产品，已经处于品类没落期，在消费者的观念中已经属于不健康的、不新潮的产品，经营这些产品的企业面临的是消费场景重塑的挑战。如何换一个场景让产品更受欢迎？如何“扬长避短”地将产品的优势充分发挥出来？这需要在消费场景上下功夫，即使是可以通过产品创新来满足新的消费需求，也要集中占领一个消费场景，这样才能保持业绩的持续或实现业绩强势增长。

不管是市场培育阶段，还是市场成熟阶段，抑或是市场衰退阶段，场景占领都是非常重要且有效的营销战略。从场景构建到场景聚焦，从场景强化到场景重塑，这是应对不同阶段营销问题的有效举措。

004 营销竞争的“攻守道”

我们在看一个营销策略是否成功的时候，不要被一个企业的规模大小或市场占有率大小所迷惑。很多人习惯性地认为市场占有率高的企业所采取的营销策略就是正确的，市场占有率低的企业所制订的营销策略就是有问题的，这样看问题的角度是不科学的。在看一个营销策略的时候，要判断这个策略的有效性，就要看策略对竞争格局的影响和对消费者的影响。如果一个营销策略的制订有效抢占了竞品的市场份额，让更多消费者开始选择自己的产品，扩大了市场占有率，这样的营销策略就是有效的、专业的。有效的营销策略并不一定能彻底扭转竞争格局，可能行业老大还是行业老大，但老大的增长放缓了，市场份额比重降低了，与此同时，应用营销策略的一方增长提速了，市场份额扩大了，这就意味着营销策略是有效的。

通常行业老大会反制对手，阻止这种抢占市场份额的行为，如果行业老大制订的营销策略不能有效压制对手，也不能保持自己原有的增长率，就说明营销策略的有效性不如竞争对手。处于防守状态的企业和处于进攻状态的企业在营销策略的选择上是有差异的；同样处于进攻状态，有能力发动大规模正面进攻的企业和只能发起局部的、侧面进攻的企业在营销策略的选择上也是不一样的。还有一些更小的企业，没有能力发起一定规模的进攻，就只能先壮大自己的力量，用更灵活的方式在竞品力量薄弱的市场寻找机会。

在酱油市场有 A 股上市三巨头，分别是海天、厨邦（中炬高新）和千禾，在这三大巨头的竞争中，不同量级的营销策略发挥了不同的作用，值得我们借鉴。

先说海天，应该算是中国酱油第一股，处于行业老大地位，其他酱油品牌要想实现大的发展，就必须面临与行业老大的竞争，我们先看厨邦与海天的竞争。

任何行业都有内幕，也都有本行业的一些基本常识，这些内幕和常识对于消费者来讲可能都是“秘密”，就像乳制品行业的常温奶和低温奶、啤酒行业的工业啤酒和精酿啤酒等，很多消费者可能根本不清楚这其中的区别。有些行业内幕可以揭，有些行业内幕是不能揭的，因为整个行业是一个大生态，有些内幕一揭，整个行业都会受到负面影响。在制订营销策略的时候，企业不能充当行业愣头青和大炮的角色，要在不破坏行业大生态的前提下进行营销决策，饭要吃，锅不能砸。

稳妥的营销策略通常是塑造自我价值，但不去揭露行业问题。

比如酱油行业可能存在的添加焦糖色素的问题，这种靠“添加”获得的“酱色”其实是对消费者视觉的一种误导，消费者需要的是原汁原味的“酱油”，不是“色素”。但在生产酱油、葡萄酒、啤酒等产品的过程中，为了让产品的颜色更好看，添加焦糖色素已经是一种见怪不怪的行业内幕，这对企业来讲是“常识”，对消费者来讲就是“内幕”。所谓行业内幕，就是行内人都知道，外行人基本都不知道的事情。

再比如很多果味饮料是以糖、甜味剂、酸味剂和食用香精为原料调制而成的，水果味道也是由香精调配出来的，这是饮料行业的“常识”，但在消费者的认知中，果味饮料就是用水果汁做成的，这就构成了“行内”和“行外”两种截然不同的认知。几乎没有哪个行业是不存在内幕的，揭露内幕的营销打法容易涉嫌不正当竞争，也容易杀敌一千自损八百，这就对处于进攻状态的企业提出了更高的要求——攻击点要准确，营销效果要好，但不能引发行业负面反应。

在进攻策略的选择上，厨邦采取的是用“酿造场景”来定义产品的天然品质。在消费者的认知中将酱油产品划分为“纯酿造酱油”和“工业酱油”，消费者肯定希望自己买到的酱油是纯酿造的。什么场景最容易跟“酿造”关联起来？了解手工制作酱油的人都知道酿造酱油的过程中有一个必不可少的环节就是“晒酱饼子”，小时候我很喜欢吃姥姥自家酿的酱油，但最不愿意闻到“晒酱饼子”的味道，那种味道太浓烈了，不太好闻。真正的酿造酱油必须经过“晒”的工艺，这个环节急不得，必须晒足了时间，才能出来酱油的香味儿，这个虽然是常识，但很多消费者并不知道，这就构成了“内幕”属性。厨邦酱油选择率先占领最能代表酿造酱油特征的“场景”，就是“晒”，“晒足 180 天”成为酱油行业第一个将酿造场景搬出来做营销亮点的案例。厨邦酱油对这个酿造场景的占领效果非常好，在消费者的心智中形成了“真正酿造酱油”的认知，如果说“真正酿造酱油”是一种形容化的表述，“晒足 180 天”就是对“真正酿造”的一种场景化表述，这种营销穿透力非常强。

厨邦酱油的市场份额扩大必然会影响行业老大的市场份额，作为酱油第一股的海天必然要采取营销反制措施。从海天采取的营销反制策略来看，明显剑锋直指厨邦酱油，犯了营销竞争的大忌。我们看到，海天在一段时期内分别采用了“真正晒出来的好酱油”和“不仅晒足 180 天哦”的宣传语，看似是对厨邦的直接反击，实则无形中帮助厨邦打了广告。因为“晒足 180 天”的场景已经被厨邦强势占领了，消费者一看到“晒”的场景就想到厨邦，在争夺消费者心智的较量中，文字是苍白的，场景是有力的，“文字表述”是干不过“场景画面”的。

海天作为行业老大、酱油第一股，在反制竞品的策略制订上是不够精准有效的。处于“防守”状态的行业老大在反制竞品时，千万不要让消费者看出这种反制的“痕迹”，否则非但达不到营销竞争目的，还会将广告流量“送给”竞品。“真正晒出来的好酱油”是想将竞品定义成“假晒”，这个很难，消费者反而会看出明显的“模仿”痕迹。在消费者的认知中是不管什么市值和市场占有率的，只要一个品牌模仿另一个，在消费者的心智中“被模仿者”的品牌势能就会快速压过“模仿者”，所以这个竞争策略是有问题的。

“不仅晒足 180 天哦”这个表达方式更模糊，在给竞品打广告的同时，也拉低了自身品牌势能，是不可取的营销反制策略。从海天所采取的营销策略来看，其营销决策团队已经被竞品的营销策略给牵制和影响了，一直试图在消费者的心智中与竞品争夺“晒出来的酱油”这一特性，而竞品厨邦又非常强势地保持对这个场景的控制，这相当于孙悟空跳进流沙河，有实力也打不过沙悟净。

005 弱时借力，强时竞争

在《西游记》中，孙悟空、猪八戒在流沙河与沙悟净对战，有一个经典的叫阵对话，猪八戒对沙悟净说：“有本事你上来呀！”沙悟净对猪八戒和孙悟空说：“有本事你们下来啊！”这三位都是高手，为什么在此时互相叫骂而不直接开战？因为进入流沙河后，更有利于沙悟净作战，上岸后沙悟净就不占优势了，反而更有利于孙悟空和猪八戒作战，经过几个回合的较量，他们都已经意识到了这一点，所以宁可相互对骂，也不轻易被对方激怒而进入自己不擅长的“场景”。将对手引诱到自己的“地盘”再开战，这是最明智的竞争策略，千万不要贸然进入对手已经苦心经营很久的“地盘”。影响消费者购买行为的因素有很多，在“反击对手”时要尽量避开与竞品雷同的营销策略，这样反击成功的可能性才会更大。

营销有点儿像品牌方与消费者之间的恋爱，如果有两位男士在同时追求一位美女，这两位男士谁把心思用来研究女方的喜好，谁的成功可能性就大，谁把心思用在“情敌”身上，谁失败的可能性就大。例如某一天，其中一个男士送了女方一束鲜花，美女非常开心，另一位男士看到了，竞争策略直接对标“情敌”，也给女方买了一束鲜花，而且花束更大、更漂亮，这样做有效吗？不能说一点儿用没有，但从竞争策略角度来看，这样反而会提升女方对第一位送花男士的好感度，第一位送花的人是“用心”

行为，第二位送花的人是“模仿”行为，给人的感觉完全不一样。

处于“防守态势”的行业老大品牌，要想达到更好的“竞争”效果，不能轻易模仿竞品的营销策略。东鹏特饮为什么使用了跟红牛原来的广告语几乎一模一样的内容？这不是“模仿”吗？

首先，东鹏特饮在开发市场的初期与红牛的市场占有率相差非常大，两者不属于势均力敌的直接竞争关系，东鹏特饮的策略是向老大品牌借力。

其次，东鹏特饮作为新进入的竞争者，只要能在红牛的市场份额中分一杯羹就是成功的，并不需要直接压制或超越老大品牌。

最后，也是最关键的因素，东鹏特饮之所以坚持使用“累了困了，喝东鹏特饮”，是因为红牛放弃了这个场景，相当于沙悟净离开了流沙河，新的进入者就可以放心占领这个地方了。

假设一种情况，如果是东鹏特饮率先占领了“累了困了”这个场景，对红牛形成了竞争压力，红牛就不能反过来跟东鹏特饮争抢这个场景。老二老三可以模仿老大的营销策略，老大不可以反过来模仿老二老三的营销策略，前者叫“借力借势”，后者叫“给竞品抬轿子”。

“大角鹿”和“简一”之间的关系就类似“东鹏特饮”和“红牛”之间的关系，在简一炒热“大理石瓷砖”这个品类后，大角鹿打出“超耐磨大理石瓷砖”的概念，这属于很直接的“品牌借力和品类借势”。在大角鹿对简一构成竞争压力后，作为大理石瓷砖品类的老大品牌，简一就不能再反过来直接跟大角鹿叫板，如果简一打出“简一大理石瓷砖，不只是超耐磨”或者“真正超耐磨大理石瓷砖”，这些都会间接推动大角鹿品牌的快速发展。在市场营销的世界，当老大是不容易的，只能被动挨打，还不能轻易还击，还击打错了牌，就很有可能把竞品捧成“老大”。人们常说“光脚的不怕穿鞋的”，就是这个道理。小品牌的每一次“进攻”都是对的，顶多是效果不理想，大品牌的每一次“防守”就不一定是对的，一旦失误就会丢城失地。大品牌还很难主动向对手发起“进攻”，因为根本就不知道“对手”在哪里，一旦“进攻”错了，就可能反而提高了小品牌的影响力。

006 “短链反应”对抗“长链反应”

我们回到酱油巨头的竞争话题上来，就在海天和厨邦争抢“晒酱油”的场景时，“千禾”开始悄悄抢占酱油市场的“小高地”，围绕“头道原香，零添加”开始快速攻城略地。“晒足 180 天”其实是一种比较含蓄的表达方式，在消费者的大脑中形成的是“长链反应”，只有对酱油的酿造工艺有了解的消费者，才知道“晒足 180 天”是代表自然酿造，自然酿造的好处就是无须添加，这样的酱油更健康、更美味。“千禾”要想跳出厨邦酱油所划定的“晒”圈儿，就不能再在“晒”字上做文章，不仅要避开“晒足 180 天”的原话，还要尽可能避开与“晒”字有关的任何场景，这样才能保持营销策略的独立性，避免“给竞品抬轿子”。“晒”是最能体现酱油自然酿造工艺的关键环节，除了这个特征，还有什么比“晒”的表述更能体现酱油的自然酿造属性呢？跳出这个圈儿的最有效方式就是将“长链反应”转化为“短链反应”。

厨邦酱油的营销逻辑是：因为生产工艺是晒的，所以酱油是自然酿造的。比这个逻辑更直接的是：如果酱油是自然酿造的，应该具备什么特征。“自然酿造的酱油无须添加”，颜色、味道都应该是自然酿造过程中的“产物”，哪怕是经过了“晒”的工艺，如果产品有添加，也不能算是“纯自然酿造”。“零添加”这个特征在消费者心智中产生的反应是更直接的，比“晒”的工艺更能体现酱油的“自然酿造”特征。“纯自然酿造”酱油是肯定要经过“晒”的过程的，但经过“晒”环节的酱油未必就是“纯自然酿造”的，也有可能会在最终环节出现“添加”，所以“晒”对于“纯自然酿造”来说，是一个“必要不充分”条件。“零添加”和“纯自然酿造”之间的关系是互为“充分必要条件”，两者几乎是同义词，所以“零添加”比“晒”更能直接表达“纯自然酿造”的特征。

接下来我们用 5R 营销模型对“千禾”的营销策略进行推导展示。

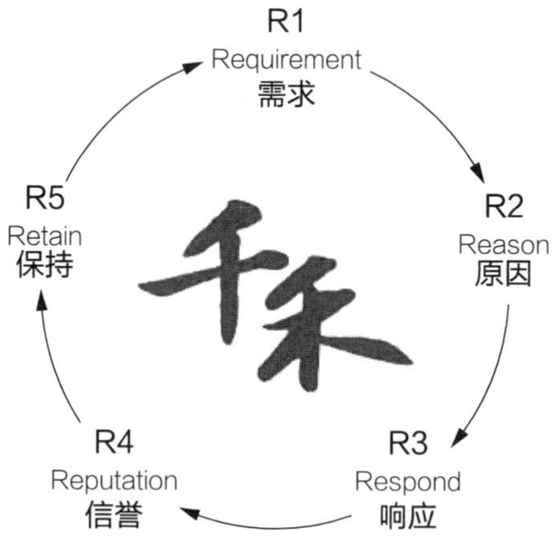

R1：Requirement（需求），是指消费者需要什么样的产品和服务。

在酱油消费赛道，消费者不喜欢“工业化产品”，更喜欢“自然酿造产品”，这种消费偏好的背后是对食品安全和健康的追求，同时也反映了消费者对各种“添加剂”的担忧、焦虑和排斥。在中国，酱油的普及度很高，属于生活刚需产品，消费者需要味道更好的酱油、更健康的酱油、纯天然酿造的酱油，哪个品牌更能代表“天然酿造”，就会更受消费者欢迎。

R2：Reason（原因），是指消费者产生购买需求的驱动因素。

酱油属于基础调味品，是相对刚需产品，这类产品的购买驱动因素就是“做饭”，我们不用考虑这个购买需求的驱动问题，这是广泛存在的刚性需求。在酱油这个品类的营销策略制订过程中，更多的是要考虑消费者的“选择”驱动因素，研究是什么在影响和左右消费者的“选择”。随着消费者健康养生观念的普遍提升，大家在消费基础调味品的时候对“价格”越来越不敏感，同时开始越来越关注“品质和健康”，要想满足消费者对健康和品质生活的追求，就不能再提供普通的酱油，而是要找到既能代表“健康”又能代表“高品质”的消费驱动因素，重塑全新的消费场景和产品形象。

R3：Respond（响应），是指企业如何满足消费者的需求。

在消费者的心智中，“添加剂”是“不健康”的代名词，“纯自然酿造”的酱油是不需要添加剂的，无论这种添加剂是“天然的”还是“化学的”，只要“有添加”就不够“自然”，这是和“健康”对立的问题，只有为消费者解决这个问题，才能满足消费者对“健康”的需求。

什么是更好的酱油？酿造酱油的原料基本一样，如何体现一款酱油的“高品质”呢？只有让消费者感知到酱油的成本是高的，品质不同于普通酱油，才能满足消费者对“高品质”的追求，同时接受较高的产品定价。“千禾”用“零添加”来诠释产品的“自然酿造”，满足消费者对“健康”的追求，用“头道原香”来告诉消费者，千禾的酱油更好吃，因为只用头道酱油。“只用头道酱油”成本自然要高出普通酱油，以此来满足消费者对“高品质”的追求，同时将产品的定价也适度提高，更符合高端品牌定位。

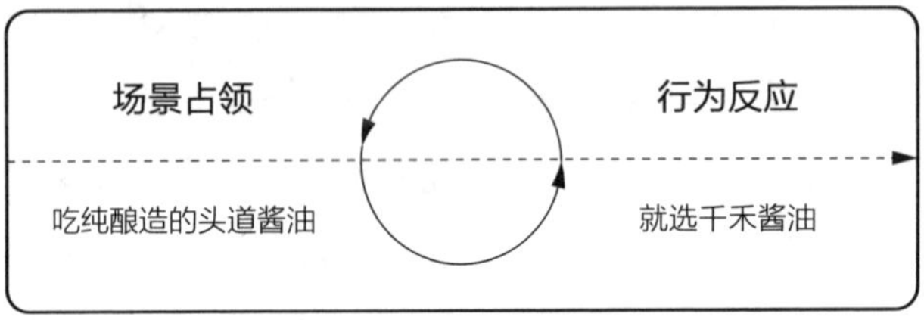

R4：Reputation（信誉），是指消费者为什么接受和认可这个品牌。

不同于海天“真正晒出来的好酱油”和厨邦“晒足 180 天”这样的形容词模式的广告语，千禾直接将品牌与“零添加”标签进行捆绑，让消费者形成一个整体的品牌认知——“千禾只做高端健康酱油”“千禾酱油就是零添加”，用“零添加”的标准定义了“千禾”品牌，让消费者更容易接受和认同。

“千禾”的整体产品形象塑造策略和酸奶品类的“简爱”非常接近，走的都是高识别度的简约风，与品牌所传递的“零添加”特质高度吻合，很容易影响消费者心智。

千禾将白酒的“年份理念”引入酱油产品中，推出 180 天、280 天、380 天、3 年窖酿等不同酿造时间的

产品，这个策略实现了对竞品“晒足180天”的竞争防御体系的“突防”。该策略给消费者的感觉是“千禾”的产品至少是“180天”的标准，至于这个180天是具体哪个环节用的时间其实已经不重要了，消费者是不会深究这些技术问题的。

以上这些营销策略有效树立了千禾高端酱油的品牌形象，明确划定了与竞品区隔保护范围，对品牌深入消费者心智有直接促进作用。

R5：Retain（保持），是指如何保持良好而稳定的消费关系。

在对“零添加”高端健康酱油消费场景的占领和控制上，千禾还有很长的路要走。如何让一瓶酱油体现对家人健康的关怀？如何用千禾品牌体现高品质的生活状态？目前千禾开启了一个不错的营销局面，但未来必然会出现越来越多的竞品挤入“零添加酱油”的细分赛场进行竞争，一旦产品同质化，竞争的焦点就会转向“场景细分”，场景占领仍然是营销竞争的核心策略。

通过以上关于“千禾”营销策略的推导。我们不难发现，相比海天和厨邦正在使用的营销策略，千禾的营销策略已经升级到了一个新的水平。任何行业的营销都是在不断进化的，不管是防守一方，还是进攻一方，都不会保持太久的僵持平衡状态，“营销如逆水行舟，不进则退”。

007　营销进攻的最狠策略

我们再看“简一大理石瓷砖”。简一是一手炒火“大理石瓷砖”的企业，“大理石瓷砖”是瓷砖领域增长迅猛的新品类。简一之所以能快速占领市场成为大理石瓷砖第一品牌，与“场景占领”营销策略有着密切的联系，正是通过精准的“场景占领”实现了快速的发展。简一在较长的一个时期一直使用“高档装修，不用大理石，就用简一大理石瓷砖”，我们来看这个策略是如何帮助简一占领有效的消费场景的。

首先看产品概念——“大理石瓷砖”。什么是大理石瓷砖？根据“不用大理石，就用简一大理石瓷砖”，大理石瓷砖是用来替代“大理石”的瓷砖。什么情况下可以用“简一大理石瓷砖”来替代“真正的大理石”？高档装修。由此可见，简一占领的消费场景是“高档装修”，满足的消费需求是“不用大理石，还能装修出大理石的高档效果”，在这样的特定场景下要用“简一大理石瓷砖”。场景清晰了，产品价值清晰了，大理石瓷砖的概念也宣传出去了，简一很快占领了“不用大理石，还要高档装修效果”的消费场景。

后来，在简一发展到一定阶段后，可能是认为自己已经是大理石瓷砖品类的第一品牌了，没有必要再强调“简一大理石瓷砖”了，开始将广告语修改为“高档装修不用大理石，就用简一”。

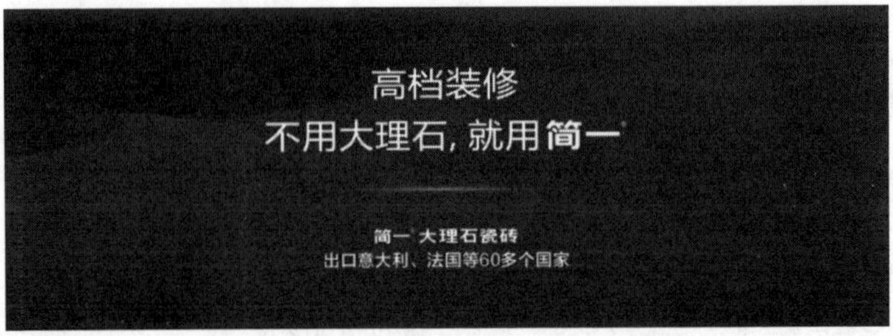

这个调整让简一的广告看起来更简约了，替代“大理石”的不再是“简一大理石瓷砖”，而是“简一”。从品牌定位角度，这个有一定的积极意义，突出了“简一”的品牌，但从营销角度，这相当于放松了对“大理石瓷砖”品类的控制。“简一”不再突出“大理石瓷砖”，就给其他品牌占据这个品类提供了可能性，从营销层面看，这实属一步险棋。我为什么强调以营销为导向的“内核逻辑”，因为如果内核逻辑变了，看问题的视角变了，做决策的参考权重就会发生变化。

一边是品类开创者放松对“大理石瓷砖”的品类控制，一边是竞争对手重新定义“大理石瓷砖”，推出“超耐磨大理石瓷砖”。通过“简一”多年的广告投入和宣传引导，“大理石瓷砖”已经成为一个成熟品类，已经有很多消费者开始主动找“大理石瓷砖”。此时，大角鹿推出“超耐磨大理石瓷砖”，这是一步狠棋，逼得简一左右为难，如果继续宣传“大理石瓷砖”等于在为竞品打广告，如果弱化“大理石瓷砖”就相当于将这个品类的消费心智资源让给竞品。

从大角鹿这一步狠棋可以看出，能制订出这样的策略绝非单一的“定位”逻辑，而是有很明显的“营销内核逻辑”。在“营销方法论”配合下，企业往往是步步狠棋，因为市场是现实而残酷的，营销是专业而严谨的，缺乏“营销内核逻辑”支持的决策往往是步步险棋，甚至会因决策失误酿成大错。

在一家定位咨询机构的辅导下，简一继续“优化”品牌定位，最新的广告语改为“高档装修用简一”，看似“消费场景”还是“高档装修”，实际上这个场景已经开始变得模糊了。“高档装修”是一个模糊的形容词，没有明确的界定标准，跟“装修用简一”的实际营销作用区别不大，属于口号型广告语。什么时候用简一？高档装修。简一是什么？不知道。为什么用简一？不知道。什么是高档装修？没说清楚。曾经的“简一”代表大理石瓷砖，告诉消费者“简一”是用来替代大理石做高端装修的，有大理石的效果才是高档装修，曾经支持简一走向辉煌业绩的“场景占领”营销策略被精简聚焦的品牌定位给“简没了”。

简一在整个瓷砖行业一开始处于“进攻”状态，但在成为大理石瓷砖头部品牌后，就不得不转入“防守”状态。大角鹿作为“进攻方”，所使用的营销策略让简一进入两难的尴尬境地。

接下来，我们进一步详解大角鹿的营销策略。对于本书的读者来讲，大部分更关心“进攻策略”，在成为头部品牌之后才会更关心“防守策略”，大角鹿就是非常有代表性的“进攻方”，让我们用5R视角进行更深入的解读。

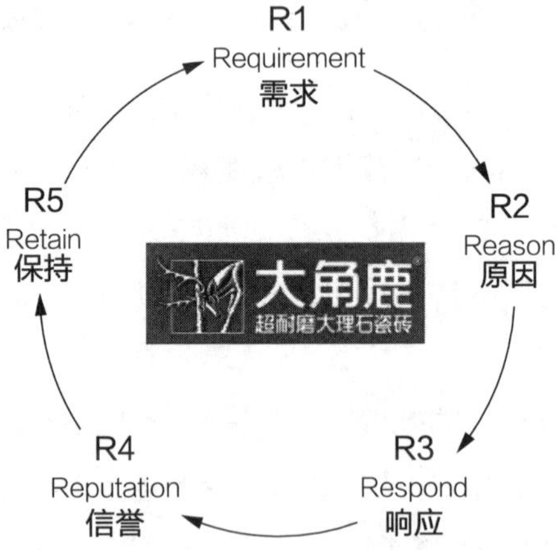

R1：Requirement（需求），是指消费者需要什么样的产品和服务。

大理石瓷砖是一个增速非常快的新品类，这是瓷砖行业一个非常强势的新增长点，越来越多的消费者开始选择使用大理石瓷砖。虽然大理石瓷砖有代表性品牌，但这个品类目前并没有确定的标准。如果要买大理石瓷砖，哪种才是好的？哪个品牌的大理石瓷砖更好？这些“选择标准和依据”还没有在消费者的心智中形成。在大理石瓷砖品类的快速成长阶段，消费者需要“更好的大理石瓷砖”，需要“性价比更高的大理石瓷砖”。

R2：Reason（原因），是指消费者产生购买需求的驱动因素。

购买大理石瓷砖的驱动因素是“装修效果更高档”，如何在这个基础驱动因素的基础上叠加一种“更准确”的驱动因素？消费者希望自己购买的瓷砖是高端的、美观的，而且希望这种美观的感觉能保持得越久越好，什么状态是大理石瓷砖最好的状态？当然是新的瓷砖是最好的状态。不管是什么瓷砖，用得越久，表面磨损越严重，磨损到一定程度就不好看了。大理石瓷砖毕竟不是真的大理石，所以也会磨损变旧，这是瓷砖消费的一大痛点。如果能有一款“更耐磨”的大理石瓷砖，可以保持更长时间的“新”状态，一定可以打动很多消费者。

R3：Respond（响应），是指企业如何满足消费者的需求。

根据消费者在购买瓷砖方面存在的普遍顾虑和痛点，大角鹿推出拥有专利技术的“超耐磨大理石瓷砖”，将大理石瓷砖这个大品类划分为了“超耐磨大理石瓷砖”和“普通大理石瓷砖”两大阵营，采用营销竞争的“进攻策略”，将最强势的竞品、大理石瓷砖的头部品牌给定义成了“普通大理石瓷砖”。处于“防守状态”的简一因为品牌声量最大，不能直接回击反制对手，在营销策略的选择上只能继续保持防守状态，这就等于被动接受了“超耐磨大理石瓷砖”的出现和存在。“超耐磨”的产品属性满足了消费者对瓷砖品质的追求。“真正的大理石”相比普通瓷砖有两大特性：一个是看起来更高档，这是视觉感官价值；另一个是耐磨损，因为大理石的表面是打磨抛光出来的效果，不是依靠表面釉层的效果。大理石表面看着不够亮了，来一次抛光养护马上就会焕然一新，但瓷砖不行，一旦表面磨损，就很难再恢复。如果“大理石瓷砖”能做到视觉效果逼真并且“超耐磨”，那基本上就具备了“真大理石”的特性，除了不能按照大理石的养护方式进行抛光，在磨损之前跟真的大理石效果一样。在视觉效果都很逼真的情况下，“耐磨”就成了消费者选购大理石瓷砖的关键考量因素，大角鹿决定从这个角度引导和满足消费者的需求。

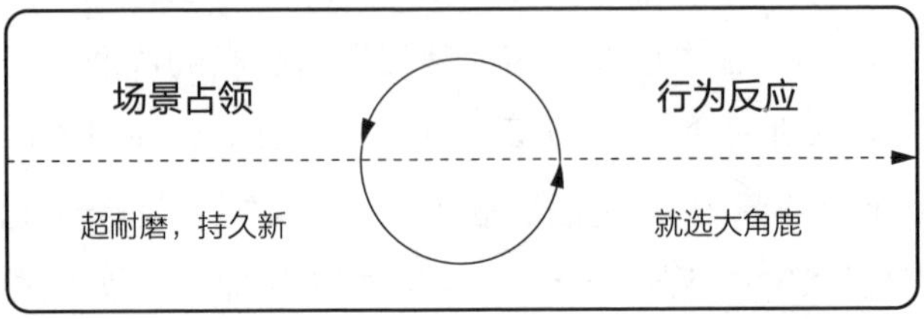

R4：Reputation（信誉），是指消费者为什么接受和认可这个品牌。

在品牌信任度的建立方面，大角鹿采取了三大措施：

一是直接将大角鹿品牌定义为“超耐磨大理石瓷砖”，而不是作为产品卖点宣传。

二是提出“钻石釉”的概念，消费者看到“钻石”就很容易想到“坚硬”，强化了对“超耐磨”的认知。配合“钻石釉”的概念，又增加消费利益点“超耐磨，持久新”，让消费者很容易就能认知到“超耐磨”带来的好处。

三是将获得的国家技术专利号放在“钻石釉”概念的下方，增加这个概念的可信度。

以上三大措施向消费者传递了准确的品牌定位、清晰的产品概念、权威的信任背书，让消费者更容易接受和认可大角鹿品牌。

R5：Retain（保持），是指如何保持良好而稳定的消费关系。

大角鹿如果想保持良好而稳定的消费关系，应该不断强化在消费者心智中的“超耐磨”品牌形象，要让消费者不断确认“大角鹿超耐磨大理石瓷砖”不只是一个品牌概念，而是真的“超耐磨”，这种产品优势是由关键核心技术决定的……大角鹿只有在消费者的心智中形成这样的独特而强大的认知，才能强势占领“超耐磨，持久新”的心智场景。这样不仅有利于抢占头部品牌的市场份额，还有利于形成“超耐磨大理石瓷砖”的品牌护城河，防止其他品牌使用“超耐磨”概念参与竞争。

008 好的营销就要“说人话”

近些年，酸奶市场的竞争非常激烈，各种新概念层出不穷，一度流行一种“特仑苏式”的产品概念策划手法，产品名称诸如“安慕希”“莫斯利安”“开啡尔”，这些名字都很奇怪，单独看名字根本难以理解是什么意思，也不知道这些名字是来自少数民族语言还是外语音译，即使不断解释名字的含义，消费者还是不知道这些名字到底代表什么。为什么把这些产品的策划手法称为“特仑苏式”呢？因为特仑苏是什么意思，消费者也不知道。蒙牛投放的广告只说“不是所有的牛奶都叫特仑苏”，但特仑苏到底代表什么牛奶，没有准确答案，广告的表达也是朦胧的，留下很大的空间供消费者去联想。安慕希、莫斯利安、开啡尔等酸奶产品的策划手法与特仑苏的策划手法非常相似，所以统称为“特仑苏式”。直到“简爱”的出现打破了这种朦胧的酸奶产品策划手法，发现消费者其实更容易被“含义明确”的品牌名称或产品概念所影响，从此酸奶产品的营销策划开始从“神话”回归到“人话”，名字开始让消费者能看得懂了，含义开始明确了，产品价值开始凸显了。

简爱酸奶的整体市场营销部署高度遵循了“场景占领”营销策略，从“裸酸奶”概念的打造，到“父爱配方”和“身体知道”系列产品的策划，简爱的市场营销成长之路就是“场景占领”营销策略的实施之路。如果说简爱的市场发展初期是进攻消费者的“理性左半脑”的话，那么从“父爱配方”和“身体知道”的产品概念推向市场后，简爱已经开始全力进攻消费者的“感性右半脑”。在进攻“左半脑”时，简爱以配料表来打动消费者，提出“裸酸奶”的概念，与各种常见的酸奶形成强烈反差，给消费者的感觉是健康的、纯正的。“左半脑”营销通常围绕产品的特质和卖点展开，用客观的质量、成分等事实来说话，促进消费者以理性思考来做出判断和选择。“右半脑”营销通常围绕消费者的感性来展开，通过引发情感共鸣并占领消费场景，进而促进消费者以感性认知来做出选择。

接下来我们从 5R 营销模型的视角来对简爱酸奶的营销策略进行推导展示。

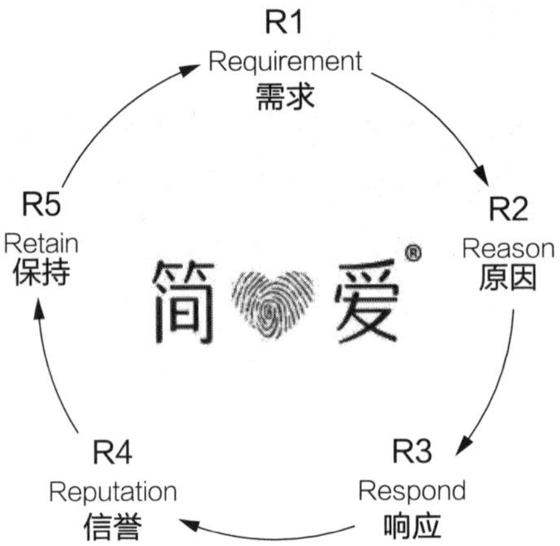

R1：Requirement（需求），是指消费者需要什么样的产品和服务。

酸奶已经是一种非常成熟的品类，具有很庞大的消费人群基数，但市场上关于酸奶的负面信息也非常多，有质疑益生菌实际价值的，有诟病酸奶使用大量添加剂的，甚至有一些文章暗示消费者在酸奶中很可能存在一些令人惊悚的原料，这些原料可能来自废弃的皮鞋等。我记得有一段时间身边很多人都不敢吃各种风味的老酸奶，生怕这些酸奶中有各种添加剂和不健康的成分。当消费者的注意力被引导看酸奶的配料表时，人们发现大部分的酸奶都含有非常多种类的添加剂，吃一份这样的酸奶到底是有益健康还是会危害健康，这种争论和质疑的声音越来越大、越来越普遍。

在消费者的心智中，酸奶本应该是健康的，因为酸奶含有益生菌，可以改善肠道菌群，有利于肠道健康。消费者喜欢吃酸奶，为了健康而吃酸奶，却又发现酸奶中含有很多种添加剂，这些工业化的“酸奶”与人们想象的自然发酵产生的“纯酸奶”有着很大的区别，于是消费者越来越反感酸奶中的添加剂。消费者需要更健康的酸奶产品，他们希望吃到的酸奶是纯正的、没有添加剂的、有益健康的。用一个什么概念最能体现酸奶的自然纯正？“裸”是不加修饰的原生状态，“裸酸奶”就是无任何多余添加的纯正酸奶，于是“简爱裸酸奶”的产品概念横空出世。在简爱的酸奶中，除了必备的基础原料，“其他没了”，这正是消费者所期待的纯正的健康酸奶。

R2：Reason（原因），是指消费者产生购买需求的驱动因素。

“改善肠道菌落，有益身体健康”，这是消费者购买酸奶的“理性驱动因素”，但实际上，“口感好，解油腻，感觉爽”才是直接驱动消费者购买酸奶产品的重要因素，这是“感性驱动因素”。吃多了，“吃一份酸奶防止长胖”，这属于理性驱动还是感性驱动呢？这是消费者自认为理性的“感性驱动因素”。酸奶不是普通的休闲食品，而是一种自带健康概念的功能性食品，既能满足消费者补充益生菌的需求，还能具备休闲食品的口感吸引力。消费者需要真正健康的纯正酸奶，而非加入一堆添加剂的工业化酸奶，满足消费者对健康纯正酸奶的需求是一种非常强大的驱动力量。

R3：Respond（响应），是指企业如何满足消费者的需求。

“简爱”一改行业内的习惯性做法，将酸奶品类拉回到最核心的、朴实的原点，让酸奶就是酸奶，回归本质。酸奶就应该是乳原料和乳酸菌发酵的产物，越简单越接近酸奶的本质，越简单越能满足消费者对健康的追求。让酸奶不再是一种吃起来“像酸奶”的风味零食，而是回归到酸奶本来就应该具备的特质。“生牛乳、乳酸菌，其他没了”“生牛乳、糖、乳酸菌其他没了”，从“简爱”的配料表“表述方式”就可以看出，其核心优势在于“简单”，也正是这种“简单”吸引了消费者。“简爱”通过为消费者提供纯正的、健康的、配料极其简单的“裸酸奶”，满足了消费者对健康酸奶的消费需求。

消费者购买酸奶的驱动因素是“感性与理性”的组合，既要健康无负担，又要口感好，所以简爱在推出无蔗糖裸酸奶后，又相继推出一系列各种口味的、更好吃的酸奶产品，这样才能抓住酸奶产品的主力消费人群，让大家以更愉悦的心情享受酸奶带来的健康和美味。

“父爱配方”与简爱的品牌故事正好吻合。父爱相比母爱是更简单的、理性的，“简爱”就像是父亲对孩子的爱，不加修饰，简简单单，却呵护了孩子的健康和安全，这是从家长情感角度来定义的一款更适合孩子吃的健康酸奶。“身体知道”是从益生菌改善肠道菌群的功能角度来定义的一款功能性酸奶，这是对细分消费需求的响应和满足。

“简爱”是从产品角度入手进行市场营销，在初步获得消费者认可后，又及时进行了各种消费场景的占领，这是培养核心消费群体购买习惯并产生可持续市场业绩的关键营销举措。“简爱”为什么要进行场景占领？因为酸奶市场的产品已经非常细分，有提高免疫力的、改善肠道菌群的，也有体重管理的、风味佐餐的……酸奶市场早已经不是一个粗放的市场，仅靠产品“健康纯正”的卖点很难获得更大的市场份额，只有实现对关键场景的占领，才能从产品优势升级为品牌认知优势，从产品卖点驱动升级为消费场景驱动，这样的市场业绩增长后劲儿才更足！

婴幼儿配方奶粉和辅食在消费者的心智中是对“安全和健康”的要求最高的，如果一个品牌所生产的酸奶是适合婴幼儿的，相当于在安全和健康标准方面实现了“登顶”，这不仅有利于家长为孩子选购简爱酸奶，更有利于塑造整个简爱品牌的“安全健康形象”。大家都知道，宝宝出生的第一口奶最好是母乳，没有比母乳更好的营养了，再好的奶粉也无法替代母乳的价值。简爱将自己的产品“父爱配方”定义成“孩子的第一口酸奶”，“配方”二字很容易让消费者联想到“婴幼儿配方奶粉”，“孩子的第一口酸奶”又上升到了一个全新的高度，占领了“家长给孩子选购酸奶产品”的场景，这是非常具有竞争力的营销策略。

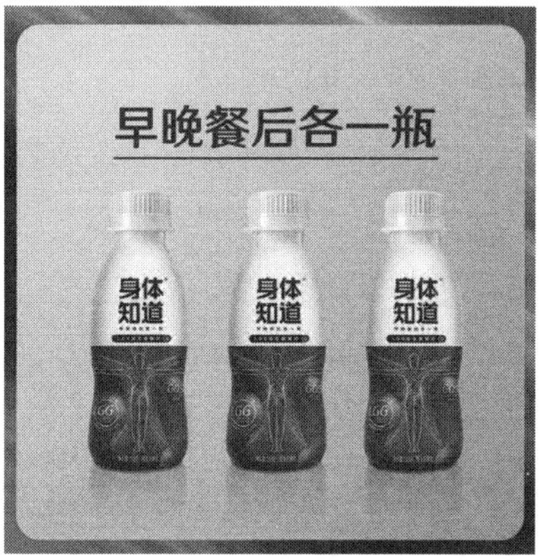

在简爱“身体知道”产品营销策略的制订上，设定了“早晚餐后各一瓶”的消费场景，将产品与早餐和晚餐的场景进行深度绑定，在功能上满足消费者对改善肠道菌群和控制体重的需求。

场景占领营销策略提倡将产品与高频出现的场景进行深度捆绑，这些场景可以是“困了累了、不在状态、怕上火、经常用脑”等，也可以是“吃多了、吃腻了、饭后”等。简爱“身体知道”产品与“早晚餐”场景进行了绑定，但“早晚餐”是一种日常生活场景，并不是一种“需求”场景，这种场景占领的有效性还远远不够。“长途开车、熬夜加班”是一种经常可见的场景，但“困了累了”才是真正有效的“需求”场景。简爱“身体知道”产品找到了场景的方向，但还没有占领以需求为导向的有效场景，需要进一步的策略优化和提升。

R4：Reputation（信誉），是指消费者为什么接受和认可这个品牌。

简爱“给自己家人和孩子做一杯安心好奶”的品牌故事比较“传统”，因为有很多品牌故事都是以创始人对自己家人和孩子的爱为视角来讲述创业动机的，但这种传统的品牌故事也有好处，就是非常接地气，消费者听得懂，也容易产生情感共鸣。从第一杯简爱酸奶诞生起，简爱配方标准就是生牛乳、糖、乳酸菌，其他没了。配料表中“其他没了”是一个很大的表述亮点，很好地诠释了“简爱”的品牌特质，“因为至爱，所以至简，用至简传递至爱”，只含该有的基础配料，没有任何不该出现的添加，这就是非常容易打动消费者的亮点。简爱率先推出“裸酸奶”的概念，很好地总结了“零添加”和“至简配方”的酸奶产品特点，有效获得了消费者的关注和认可。

简爱在产品包装上也追求“至简”，形成了非常有代表性的包装风格，色彩很轻很淡，留白比例非常大，选用字体也比较秀气，整体没有太厚重的设计元素。简爱“身体知道”产品的包装在升级后加大了蓝色的深度和比重，其他产品仍然保持“极简主义”的包装风格，与“简爱”二字所传递的感觉高度匹配。

两个红手印组成一个红色的“爱心”，这是简爱在品牌标志设计上值得一提的亮点。在消费者的心智中，“红手印”代表承诺，两个红手印组成一颗“爱心”代表“爱的承诺”，这个用红色手印构成的爱心形成了简爱很有承诺感的品牌标志，表示“至简只因至爱”，有利于消费者对品牌的接受和认可。

R5：Retain（保持），是指如何保持良好而稳定的消费关系。

在“良好而稳定的消费关系”保持方面，简爱所采取的公益品牌传播活动相对还不够丰富。非正式的品牌公关活动是强化消费者对品牌认知的非常有效的方式，也是在占领一个消费场景后，用于强化产品与场景之间关联的有效方式。简爱所实施的部分公益品牌传播活动还是紧扣主题的，在活动的有效性上也不错。例如简爱将0蔗糖系产品融入超模的“私享0糖餐单”，通过活动让大家参与体验0蔗糖酸奶调配出的各种“控糖控卡”美食，做到美食与健康兼顾。这是非常精准的品牌传播活动，在引起消费者关注、参与和传播分享的同时，也强化了简爱“控糖控卡”的品牌形象，促进了简爱酸奶与消费者日常餐饮的深度结合，无形中提高了消费复购频次。

在让消费者体验通过运动消耗掉一定大卡热量的感受活动现场，参与者通过 30 秒的运动感受消灭 3.5 大卡热量的感觉，然后工作人员告诉大家，一杯简爱 0 蔗糖酸奶相比普通酸奶会减少约 8 克糖的摄入，这相当于在动感单车上 5 分钟的运动量才能消耗掉的热量，从而让参与者形成深刻印象，更加理解简爱 0 蔗糖或低糖酸奶的价值和意义。

类似这样的公益活动加上活动内容在社交媒体上的广泛传播，都会让品牌获得大量的正向关注和积极的口碑评价，这是品牌保持良好而稳定的消费关系的高效营销举措。

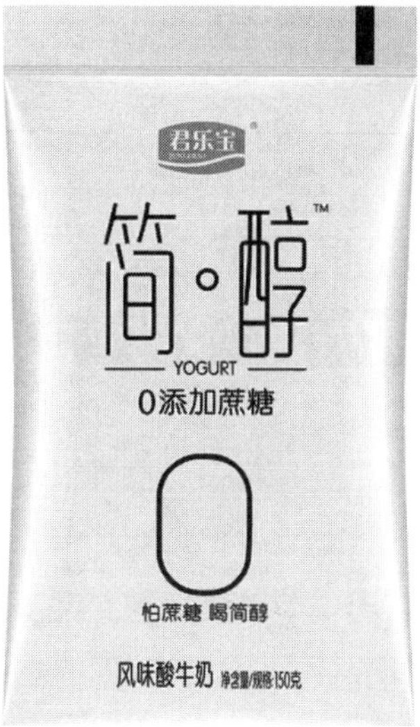

在简爱酸奶推向市场后，0 添加酸奶赛道被逐渐炒热，2017 年君乐宝乳业也开始推出 0 添加蔗糖的酸奶产品“简醇”，抓住“控糖控卡”的消费潮流实现了快速成长。

“简醇”和“简爱”有很多相似之处，是“简”字辈酸奶品牌的两个优秀代表，但产品本质上还是有区别的。不同于简爱酸奶“其他没了”的至简配料表，简醇强调的是“0 添加蔗糖”，而非“0 添加”。注意这个营销措辞，“0 添加蔗糖”和“0 蔗糖”是不是一个意思？有区别，前者表示没有人为添加蔗糖，后者表示产品根本不含蔗糖。

简醇“0 添加蔗糖”这个概念用得非常巧妙，在包装上一个大大的“0”，下面标注“0 添加蔗糖”，给消费者的传递的直观感觉就是“0 添加”，而不仅仅是“0 蔗糖”，这个概念既严谨不违规，又有营销层面的认知暗示作用，一举多得。

“简醇”产品的推出代表着君乐宝在酸奶营销赛道的一次巨大进步，一是及时抓住了消费趋势，二是产品概念更能精准迎合消费需求，这是简醇酸奶成为0蔗糖酸奶销量领先品牌的关键因素。

在简爱酸奶和简醇酸奶高速成长的背后，是一个全新的消费时代的到来。在此之前是营养补充的时代，消费者不关心“不含什么”，只关心“多含什么”，所以食品饮料的营销更多的是在强调“富含 ×× 成分，更有营养，更易吸收……”。在进入“简时代”后，消费者开始不关心“多含什么”，反而关心“不含什么”，强调“0糖0脂0卡0添加”等“不含”的概念，变得更容易吸引和打动消费者。

现在已经有更多的“简系”产品进入市场，其实关键的不是名字里是否含有“简”字，而是要精准迎合消费者对“控糖控卡，轻负担”的追求。一些不以“简”字命名的产品也一样有机会在这个赛道跑出优异成绩，气泡水品类的“元气森林”和酱油品类的“千禾”就是很好的“简系选手”。

009 换个场景打造超级爆品

山楂汁也是一个相对成熟的品类，但在很长的一个市场发展阶段都没有出现可以代表整个品类的突出品牌，在消费者追求“控糖控卡，轻负担”的时代，山楂汁是一个比较尴尬的品类。山楂具有开胃解腻的作用，常见的山楂产品有山楂卷、山楂片、山楂条等山楂休闲食品，也有含山楂的保健品，有的人喜欢吃山楂，有的人因为想开胃解腻而吃山楂。市场上曾经出现过一些围绕“开胃”主题的山楂饮品，有一定的销量但整体业绩增长不是很乐观，原因是“开胃”并不是年轻人普遍存在的痛点和需求点，而恰恰年轻人才是瓶装饮料消费的主力人群。

在“控制体重”成为年轻人普遍需求的时代，他们需要的不是“开胃”，而是“不胖”，他们想尽各种办法少吃一点，又在不小心多吃后想尽各种办法“不长胖”，“想吃”和“不想长胖”才是年轻消费群体的矛盾心理和需求痛点。

如果将“山楂饮品”的消费场景设置在“吃饭前”，那势必会让消费者因为“开胃”而多吃，吃多了就会长胖，长胖就会带来烦恼，这是消费者所不愿意接受的。如果想要“山楂饮品”流行起来，就要满足消费者对“控制体重”的需求，或者是满足“多吃饭后，减少心理负担”的需求，总之，要么帮助消费者减轻身体负担，要么帮助消费者减轻心理负担。

冠芳旗下的“山楂树下”改变了山楂饮品的消费场景，通过重新设定场景，将山楂树下设定为“饭后饮品”。饭前喝山楂汁可能会因为开胃而增加饭量，饭后喝山楂汁的意义是什么呢？饭后喝山楂汁也开胃，会感觉吃饱的肚子不撑了，给消费者的直观感觉就是“消化食物快”。这样能控制体重吗？不知道。能减轻心理负担吗？肯定能。按照这个思路和原理，我们一起通过5R营销模型来对“山楂树下”的营销策略进行推导展示。

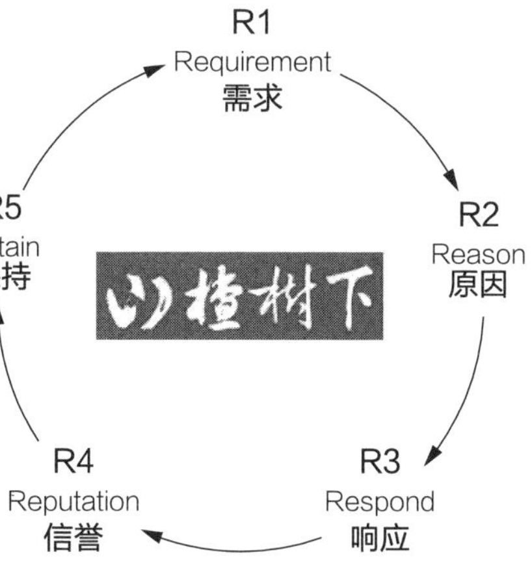

R1：Requirement（需求），是指消费者需要什么样的产品和服务。

消费者不再需要一款可以“开胃”的饮品，因为“开胃”意味着“能吃”，“能吃”意味着“长胖”。在物质生活极大丰富的消费时代，“长胖”是一种普遍存在的痛点，“控制体重”反而成为一种普遍的需求。要想成为一款畅销产品，“山楂树下”就要想办法打破“山楂”在消费者心智中的传统认知局限，不能再主攻“饭前开胃”的消费场景，而要迎合消费者对“控制体重，减轻负担”的需求。

R2：Reason（原因），是指消费者产生购买需求的驱动因素。

在消费者的原有认知中，山楂饮品的价值就是开胃解油腻，没胃口时、感觉太腻吃不动时，山楂饮品可以帮助消费者有更好的胃口。随着消费观念和健康观念的转变，“拥有更好胃口”对山楂饮品的消费驱动力在严重减弱。只有赋予山楂饮品新的价值和意义，找到更强劲的消费驱动因素，才能重新激活消费者对山楂饮品的购买积极性。在营销的世界里“认知”比“真相”更重要，要想实现整个品类的营销突破，就要赋予山楂饮品一个全新的价值，既符合山楂的特性，又能满足消费者对“控制体重和减轻负担”的需求。

R3：Respond（响应），是指企业如何满足消费者的需求。

对山楂树下的消费场景进行重新定义，不再围绕“开胃”，也不是在饭前饮用，而是定义为“饭后，感觉吃多了，来一瓶”。江中健胃消食片的消费场景是“吃多了不消化，饭后嚼一嚼”，这是明显针对“健胃消食”需求的。山楂树下是普通饮品，不是药品，也不是保健品，不能太明确地强调具体功能，既要合规合法，又要吸引更多的消费者，就只能积极“暗示”，不能明说。这个情况类似六个核桃的“经常用脑，多喝六个核桃”，不能直接强调“补脑益智功能”，但可以通过“场景占领”来积极暗示消费者。

山楂树下如果要赋予山楂饮品“高频复购”的属性，就要占领一个有效的消费场景，不直接讲产品功能，又能有效暗示功能，而且要解决客户的痛点问题。在物资匮乏的时代，最大的痛点是“吃饱肚子的问题”，在物质生活极大丰富的时代，消费者的痛点是“因吃得太多而产生的负担”。在吃的方面，人们面临的主要矛盾是“吃得少会饿和吃得太多又担心长胖”的心理矛盾，针对这个矛盾，“山楂树下”提出“山楂树下，多吃不怕”的主张，将山楂饮品的消费场景设定为“吃多了，怕长胖”。

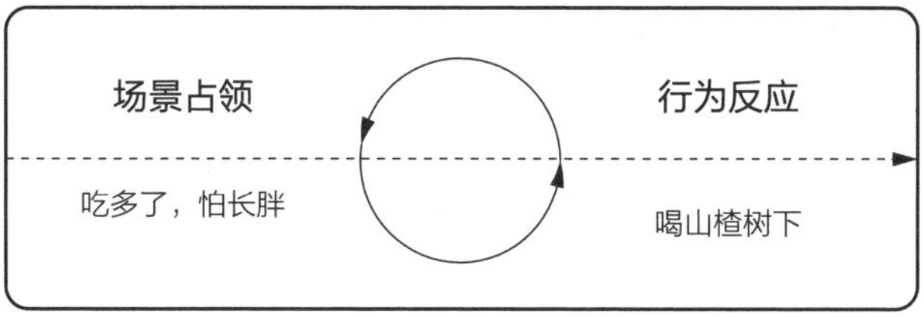

这是一种心理补偿型的消费场景设定模式，又称“后悔药模式”，吃多了不想长胖、熬夜了又想健康、放纵了又想养生，“即时满足的本能”和“延时满足的理性”之间永远有不可调节的矛盾，这些矛盾中就蕴藏着很多营销机会。

R4：Reputation（信誉），是指消费者为什么接受和认可这个品牌。

类似六个核桃率先占领“经常用脑”的场景，山楂树下率先占领了“多吃不怕”的场景，“率先占领消费者心智”是获得消费者接受和认可的关键原因。山楂树下强调“鲜果制造，不添加防腐剂”虽然是一大亮点，但并不构成关键竞争优势。率先提出一个解决消费者痛点的主张并将这个主张与高频次出现的场景进行结合，这才是“山楂树下”被消费者接受和认可的关键原因。

R5：Retain（保持），是指如何保持良好而稳定的消费关系。

一个成功的购买主张和有效的消费场景可以通过“进攻”消费者的右半脑来快速影响很多消费者，但如果想持续保持良好而稳定的消费关系，还需要不断强化场景占领，让消费者认知到自身购买行为的正确性。“山楂树下，多吃不怕”带有很强的暗示性，消费者需要更多的信息来验证对这句话的理解，保持“暗示”的有效性。“山楂树下”邀请关晓彤作为形象代言人，而关晓彤在身材体重管理和饮食自律方面正好具有很好的人设，这进一步强化了“山楂树下，多吃不怕”与“身材体重管理”的关联。如果想持续保持山楂树下对“吃多了，怕长胖”这一场景的占领，就要不断强化与身材体重管理相关的引导暗示，将产品与模特大赛、减肥励志等节目或活动进行深度融合，用非广告的传播方式不断影响消费者的心智，进而保持良好而稳定的消费关系。

010 刚需场景带来高频消费

口香糖的最大价值就是清新口气，但并不是所有的人都需要清新口气，因为人们在大部分情况下是不知道自己的口腔有异味儿的。在社交活动中，经常能遇到口腔异味儿很重的人，将对方熏得连连后退，自己却不知道什么原因。现在的口香糖有各种口味，已经可以做得非常好吃，但如果消费者仅仅是因为爱吃口香糖而购买口香糖，这个不属于“刚需消费”，也就很难产生高频次消费，必须让更多的消费者意识到口腔异味是一个严重的问题。在什么情况下，口腔异味会产生烦恼和负面影响？保持一定距离的普通社交通常不会受到口腔异味的影响，亲密的关系通常最容易感受到对方的口腔异味。面对亲密的人，在亲密的时刻，虽然经过精心准备，看似一切都很完美，但因为口腔异味，可能会马上影响亲密的氛围，在这样的场景下，“口腔异味”就成了一种痛点，“让口气保持清新”成为一种迫切需求。

接下来我们通过 5R 营销模型来对箭牌糖果旗下主打品牌之一“绿箭口香糖”的营销策略进行推导展示。

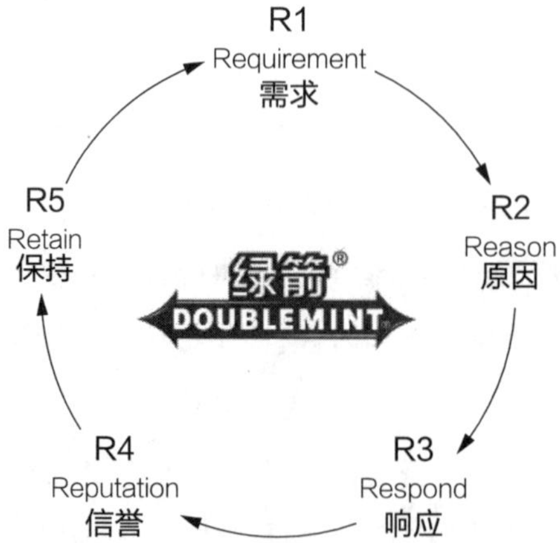

R1：Requirement（需求），是指消费者需要什么样的产品和服务。

如果不是意识到口腔异味的问题，消费者需要口香糖吗？消费者需要的不是口香糖，而是解决口腔异味问题，让消费者获得清新的口气，这才是口香糖的价值。

R2：Reason（原因），是指消费者产生购买需求的驱动因素。

消费者为什么希望自己的口气是清新的？因为不希望难闻的口气让对方感觉不舒服。消费者最在乎谁的感受？当然是关系亲密的人。人们在与亲密的人进行亲密接触时，往往希望自己是充满魅力的、有吸引力的，难闻的口气会让自己的魅力大打折扣甚至直接影响亲密的互动。真正驱动消费者购买口香糖的关键因素不是口香糖的味道，也不是清新的口气，而是“自信和魅力”。

R3：Respond（响应），是指企业如何满足消费者的需求。

绿箭口香糖将产品的价值设定为“你我更亲近”“亲密时刻”的必备产品，有绿箭口香糖，口气更清新，你我更亲近。绿箭并不是在卖口香糖，而是在为人们的亲密时刻解决难堪问题，倡导一种口气清新的亲密关系。

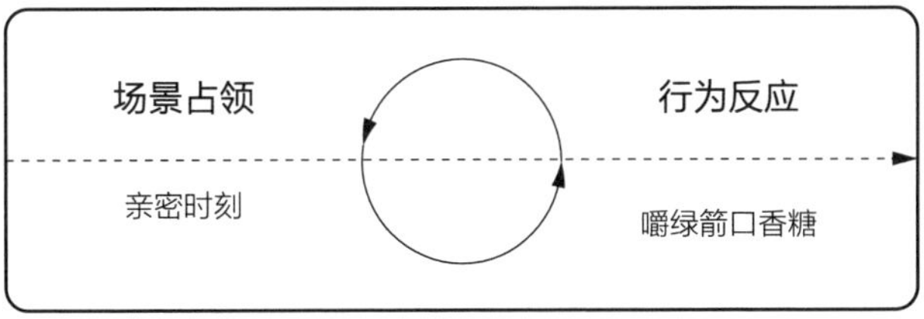

R4：Reputation（信誉），是指消费者为什么接受和认可这个品牌。

绿箭不断聚焦“亲密”场景，打出“清新口气，你我更亲近”的主张，让绿箭品牌有效占领“亲密社交”的场景。绿箭产品采用“新绿色”，就像春天刚长出的新鲜树叶的颜色，给人一种天然“清新”的感觉。绿箭品牌标识使用了一个双向箭头的“符号”，就像清新的口气在双向传递，拉近彼此的距离，形象诠释了“绿箭”的含义。绿箭不断强化口香糖的“社交功能”，拉近距离、充满魅力、清新自然，这已经超出了口香糖的基本功能，在这样的营销策略引导下，很多消费者开始习惯于随身携带绿箭口香糖，除了自己嚼，也分享给身边的朋友。消费者之所以接受和认可绿箭品牌，是因为绿箭在消费者心智中代表“清新口气和亲密关系”，这是场景占领的价值体现。

R5：Retain（保持），是指如何保持良好而稳定的消费关系。

越来越多的消费者开始认识到口香糖的好处——清新口气、保护牙齿、保持口腔卫生、训练咬肌等，口香糖已经成为一种非常成熟的品类，消费群体越来越庞大，其中年轻消费者占据了较大比重。随着口香糖消费的普及，也带来了一些负面影响，其中影响最大的就是“环保”问题，随口吐掉的口香糖造成了很严重的环境污染。这些被随口吐掉的口香糖可能粘在行人的鞋底，可能粘在汽车的轮胎上，也可能因为粘住一只小鸟或被其他野生动物吞下而造成其死亡。公园的草地上、路边的树干上、公共场合的座椅上都有可能暗藏着一团嚼过的口香糖，这不仅让人感到心理不适，更会让口香糖品类受到负面影响，进而冲击到口香糖的头部品牌。

试想一下，如果这种污染环境的问题得不到解决，当大家看到一个人在公共场合嚼口香糖时，马上就会产生负面印象，这种负面情绪的蔓延会严重影响人们对口香糖的看法。在一些影视作品中，口香糖成为一种“反派道具”，一些年轻的反派人物出现时，嘴里通常会嚼着口香糖，然后一边说话一边嚼，或者突然把嘴里的口香糖直接吐出去，来表现反派人物的狂妄和低素质。这些“黑化”口香糖形象的信息都是非常不利于口香糖整个品类营销的，如果整个品类受到影响，首先冲击的就是市场份额最大的头部品牌。作为头部品牌，不仅要为自己的品牌进行“公关”，更要为整个品类进行“公关”，这样才能保持良好而稳定的消费关系。

绿箭只是箭牌糖果旗下的一个产品品牌，其他还有黄箭、白箭、益达、劲浪等多个产品品牌，为口香糖消费者树立良好的形象既有利于绿箭的市场营销，也有利于促进兄弟品牌的营销业绩提升。

绿箭品牌曾携手“绿箭亲近大使”周迅，在全国开展了“一声你好，亲近中国”全民亲近活动，号召大家说“你好”，让彼此更亲近。活动形式包括全国“绿箭亲近营”路演、网上说“你好”视频征集、“绿箭亲近课堂”等。这次的品牌公关传播活动覆盖了全国主要省（自治区、直辖市）1000多家超市连锁店，其中在71个城市进行的“绿箭亲近营”路演吸引了超过60万人热情参与亲近互动游戏，活动期间，网站访问量达到2.38亿次。

一般企业在策划品牌公关活动的时候通常会比较关注有效的信息触达和人群覆盖，这相当于把品牌公关活动当成了普通的硬性广告。品牌公关活动如果策划到位，不仅可以低成本触达更多消费者，还能在消费者的心智中产生“硬广所无法产生”的影响力。绿箭赋予了口香糖“亲近”的社交属性，将“亲近秘诀”定义为“口气清新，真诚待人，微笑常在”，给口香糖的消费者塑造了一个真诚的、善意的、阳光的、高素质的形象。打造绿箭亲近课堂，让小朋友们参与到公益活动中来，不仅有利于培养新一代消费群体，还能强化绿箭阳光健康的品牌形象，一举多得。致力于让消费者自觉嚼口香糖、分享口香糖、自豪地嚼口香糖，是“箭牌”对整个口香糖品类的积极贡献。

“亲近”主题的品牌公关活动取得了非常好的市场反馈，但是仍然没有解决口香糖所带来的“环境污染”问题，如果这个问题不能解决，就无法真正消除人们对“口香糖”的负面印象。

2002 年，由一千余人组成的庞大队伍从 9 月起便在天安门广场上驻扎下来，经过 1 个月的时间，在消耗了 4000 余把铁刷、2000 余把铁铲和 3 吨的专用清洗剂后，终于清除了天安门广场上的 80 余万块口香糖残胶，足见口香糖对环境的污染危害。在这些残胶中，有 80% 以上是箭牌的口香糖产品遗留物，这个事件对整个口香糖品类和箭牌公司都造成了极大的负面影响。

很多人都知道新加坡是一个严格控烟的国家，但不知道新加坡在 1992 年就颁布了针对口香糖的进口和销售禁令，在新加坡走私口香糖是犯罪行为，会被处以 1 年的监禁和最高 1 万美元的罚款。

还有一些国家和地区虽然不像新加坡这么严格，但也明令禁止在特定公共场所嚼食口香糖，以避免带来环境污染。由此可见，口香糖并不是一直保持着健康阳光的形象，也难怪在一些影视作品中将口香糖作为反派人物的“辅助道具”。

口香糖造成环境污染的原因和香烟还不太一样。香烟对环境的污染有两种形式：第一种是抽烟过程中的二手烟污染，这个直接危害周围人群，所以要控烟；第二种是随地丢弃的烟头，这个是人的素质和习惯问题造成的。香烟的第一种污染很难避免，所以只能在一些公共场所禁止吸烟或设置专用的吸烟室，但香烟的第二种污染是可以避免的，只要人们的素质提高，养成良好的卫生习惯，不要随意丢弃烟头，就能避免这种污染。

口香糖不存在第一种污染表现，主要是因为随意吐掉而造成的污染，这是人的素质和习惯问题，如果大家都能将嚼过的口香糖包好再扔进垃圾桶，这种污染问题就能解决。作为口香糖的头部品牌，箭牌必须在提升消费者环保意识方面有积极的行动，只有人们的环保意识提升了，养成好的习惯了，才能有效消除口香糖带来的负面影响。如果口香糖的环境污染问题迟迟得不到解决，就很有可能促使更多的国家和地区出台禁令，这对于口香糖整个品类的打击是毁灭性的。看似锦上添花的环保公益活动，实际上是口香糖头部品牌的“必需性投入”，公益不是“务虚”，而是换一种方式来解决市场问题和实现经营目标。

箭牌糖果公司非常重视在环保类公益活动上的投入，包括选拔和培养“箭牌环保小卫士”、举办环保创意大赛、开展“包好不乱丢，共创新社区”环保袋派发活动等，推动人们的环保意识提升和良好习惯的养成。这些活动不仅有效减少了口香糖带来的环境污染问题，还正向树立了箭牌绿色、环保、负责的企业形象，很好地促进了箭牌与消费者之间积极关系的建立和强化。

011 场景要具体，价值要聚焦

益达口香糖是箭牌继“绿箭”之后发展最为迅猛的产品系列，为箭牌公司的市场业绩做出了非常重要的贡献。箭牌有那么多的口香糖品牌，为什么偏偏只有“益达”异军突起，发展最为迅猛？很多不清楚“益达”和“绿箭”之间关系的消费者，误认为两者是竞争对手，感觉是益达的快速发展抢占了绿箭的市场份额。虽然同一家企业的不同产品系列之间也存在竞争，但这种竞争都是为了企业的整体市场利益和目标，与对外的竞争是不一样的。益达相比绿箭，在场景占领营销策略的应用方面更加务实而精准，绿箭是占领“亲近场景”，益达则全力抢占“餐后场景”。消费者一天三顿饭，这个场景出现的频次要远高于“亲近时刻”，如果能将益达与一日三餐结合起来，无疑是一个高频刚需的消费场景。

益达的营销策略相比绿箭有哪些升级？为什么说益达在场景占领上更加务实而精准？接下来我们通过 5R 营销模型来对箭牌旗下另一主力品牌益达口香糖的营销策略进行推导展示。

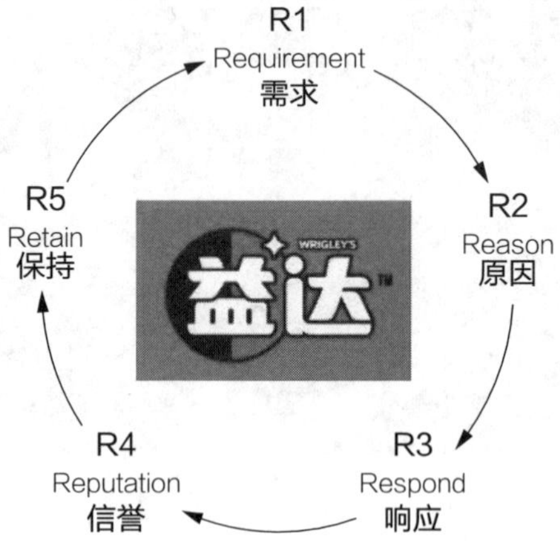

R1：Requirement（需求），是指消费者需要什么样的产品和服务。

在消费需求的挖掘上，益达比绿箭更进一步。绿箭的消费需求逻辑是“为了亲近，要保持口气清新，所以要嚼绿箭口香糖”，这个逻辑将口香糖的消费局限为“自己消费”，价值聚焦为“清新口气”。试想一下，如果突然有人给你一块绿箭口香糖，你的第一反应是什么？你会想：会不会是因为对方闻到了自己的口气有异味儿？这个就比较尴尬了。大家自己嚼口香糖倒是不尴尬，目的是照顾别人的感受，保持口气清新，如果主动给别人口香糖就有点儿别扭了，因为绿箭的消费场景设置是“对自己的要求”，亲近时刻保持自己的口气清新，而不是一种关爱和分享的场景。益达再次挖掘需求，发现“分享”的价值，将“对自己的要求”升级为“对亲人和朋友的关心”，让分享口香糖变成一种习惯。不仅如此，益达还将“清新口气”的需求升级到“保护牙齿”的需求，让“弱需求”变成了“强需求”，开辟出不同于普通口香糖的营销新战场。

R2：Reason（原因），是指消费者产生购买需求的驱动因素。

要打破“亲近”场景的局限，就要找到更高频次的驱动因素，让口香糖成为一种必备品，而且促进更多的消费者养成嚼口香糖的好习惯。吃完饭就会产生食物残渣，有残渣就会产生异味儿，既不利于口腔和牙齿健康，也不利于社交，这就是“痛点”。益达将产品功能定位于“吃完喝完”后的口腔卫生，这就不是口气是否清新的问题了，这是“基础需求”，跟刷牙的道理一样，吃完东西，要么漱口，要么刷牙，要么嚼口香糖，这三种选择中最方便且文雅的方式当属“嚼口香糖”。漱口和刷牙都不方便，也不能进行分享，嚼口香糖很方便，而且可以分享。“吃完喝完”是场景，想“口腔卫生”是驱动因素，如果再加上“情感”因素的驱动，就会让分享口香糖变得更加自然。

R3：Respond（响应），是指企业如何满足消费者的需求。

益达将消费场景设定为“吃完喝完嚼益达”，这非常直观地定义了益达的产品功能，即用来在“吃完喝完”后保持口腔卫生和健康。

在告诉消费者“什么时候嚼”之后，益达又告诉消费者“一次嚼几粒”，这个细节非常有意思，如果不说“两粒一起嚼”或“饭后嚼两粒”，很多消费者一般就是一次嚼一粒。当益达告诉大家是“嚼两粒”后，大部分的消费者都开始习惯于一次“嚼两粒”。嚼几粒是消费者的习惯问题，可以是一粒，可以是两粒，也可以是三粒，为什么益达偏偏要定个“两粒”的标准？是因为有这么一个小细节：当大家自己吃自己的口香糖时，会随手拿出两粒或三粒，当别人拿出口香糖分享时，就不好意思拿太多，一般都是接过一粒。如果是 5 个人一起分享“益达”，在没有“两粒”标准的情况下，可能会总计嚼 5 粒，如果有了“两粒”的标准，消耗量就会加倍，总计会嚼掉 10 粒口香糖。这个习惯一旦养成，市场上消耗口香糖的速度就会加倍，直接促进销售业绩的上升。当品牌方提倡“嚼两粒”之后，大家在分享口香糖时就会潜意识拿两粒，因为这是大家统一的“标准”，不会觉得不好意思。在益达的广告中，女士刚要提醒男士，男士抢先回答“我知道，要两粒一起嚼”，这就是对消费建议和用量标准的强化。“吃完喝完嚼益达”逐渐演变为“1 顿美餐，2 粒益达，1 个笑容”等更具体的消费场景和建议，在不知不觉的信息渗透和暗示下，消费者开始按照益达的建议在饭后嚼两粒益达。

大家应该关注过牙膏的广告，几乎所有的牙膏广告画面中在往牙刷上挤牙膏时都会“挤满整个牙刷”，实际上挤一半的用量就足够了，但通过这些广告画面的宣传，消费者还是在不知不觉中受到了影响，刷牙时习惯挤满牙膏，潜意识认为这就是标准，就应该挤满。相比“把牙膏口半径扩大一毫米”这样的行为，在产品使用场景上的“标准用量暗示”会更加有效，而且不会让消费者反感。

在精准聚焦“吃完喝完”的消费场景后，如何促进消费者主动分享口香糖？消除分享口香糖的尴尬，不等于消费者就一定会主动分享，还要给消费者一个“分享的理由”。益达从情感角度提出“关爱牙齿　更关心你”的主张，作为对“吃完喝完嚼益达”的补充，在功能性场景的基础上增加了情感和分享属性。“吃完喝完嚼益达”是对牙齿的关爱，“让对方也嚼两粒”是表达一种关心，前者表达“为什么要嚼益达”，后者表达“为什么要分享益达”。

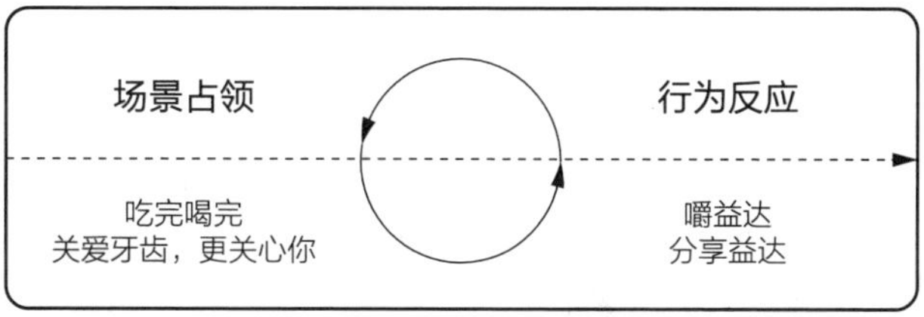

R4：Reputation（信誉），是指消费者为什么接受和认可这个品牌。

益达是箭牌公司在美国推出的第一款“无糖口香糖”，这款产品主打的功能是“保护牙齿，防止蛀牙”，在正式推向市场 5 年后就跃居全球无糖口香糖第一品牌。益达的营销策略并没有延续口香糖的老套路，而是独树一帜地开辟了“功能性口香糖”的全新营销线路。益达的营销策略更像是在“卖防蛀牙的牙膏”，例如“益达”的木糖醇无糖口香糖的防龋齿作用得到了世界牙科联盟（FDI）的认同：“嚼无糖口香糖，如箭牌公司的‘益达’，可以刺激唾液分泌，中和菌斑酸，帮助防止蛀牙。”“益达”还得到了中华口腔医学会（CSA）检测评价：“益达无糖口香糖不含蔗糖，咀嚼后可以增加唾液流量，减少唾液酸度，有助预防龋齿。”通过这一系列的营销策略和品牌公关策略可以看出，益达不是在卖一款“清新口气”的普通口香糖，而是在为消费者提供“保护牙齿”的解决方案，这就实现了与传统口香糖品牌的“差异化”，更容易获得消费者的接受和认可。

R5：Retain（保持），是指如何保持良好而稳定的消费关系。

不同于绿箭品牌公关所走的环保主线，益达更倾向于口腔健康和保护牙齿的品牌公关方向，坚持致力于向大众推广口腔健康知识，通过各种形式的公益活动来促进国民口腔健康问题的改善，帮助人们养成正确的口腔健康习惯。例如益达与中华口腔医学会合作，通过“9·20”全国爱牙日发起“你的牙力，我助益”的公益活动，号召大众共同为贫困地区儿童补上缺失的口腔健康教育和口腔清洁工具。消费者在参与公益活动的过程中，还可以了解早晚刷牙、餐后咀嚼无糖口香糖及清洁口腔等口腔保健知识，强化消费者对益达品牌的认知。益达还通过与高露洁的跨品牌联动，一同为贫困地区的孩子们制作“牙力及时守护包”，守护包里有益达无糖口香糖、《爱牙总动员》知识画册、高露洁牙膏和漱口水，在为贫困地区孩子们送上爱心的同时，也很好地树立了自身在口腔健康领域的专业形象。

益达还非常重视公益广告的拍摄，从情感角度、科普角度拍了大量的公益广告，这些广告的自传播性很强，在高效提升益达品牌曝光度的同时，也为益达树立了非常好的社会形象，促进了良好消费关系的稳定。

012 专业的营销表达更有说服力

专业的营销表达一定要追求“一句顶一万句”，用最简单的内容来传递最有说服力的信息。同样是有好产品，如果靠老板滔滔不绝地讲 2 个小时，听众才说“好”，这就不是专业的营销表达，这种表达的效率不够，不利于复制传播和驱动市场整体发展。通过一句话、一个画面，在短短几秒钟内将消费者的理性判断和感性认知全都调动起来，让大家说“好”，这才是专业营销表达，这种表达效率高，可以快速复制传播，进而有力推动市场整体发展。

领先的营销战略和有效的营销策略最终都要落实到“表达”上，表达的对象是消费者，表达的目的是促进消费者的选择和购买。营销的表达并不局限于广告，一款产品的包装本身就是最直接的营销表达，其次才是各种形式的广告、销售终端的宣传品、促销策略和话术等。一款平庸的包装，一支低效的广告，一场失败的促销，本质上都是营销表达的专业水准不够所导致的。营销的表达有很多种风格，有的很专业，有的很朦胧，有的很震撼，有的很温和，不同品类的产品需要不同的营销表达风格，但都要符合消费者的认知和偏好。如果营销的表达过于专业，只有业内人士才能懂，而大部分消费者却不知所云，这样的表达就有问题。如果营销的表达很美、很抽象，消费者被内容所吸引却不愿意去购买产品，这样的表达就属于无效表达。

世界上最动人的情话不是“我爱你”，而是在不同的场景下让对方感受到“我爱你”。有一个非常动人的爱情故事，一对夫妇携手走过了一生，男人一辈子没有说出那句“我爱你”，却演绎了最美的爱情故事。求婚时说“相信我”，生活中说“辛苦了”，孤独时说“还有我”，病床之侧说“我在呢”，生命弥留之际说“等着我”。一个故事中没有出现一句“我爱你”，却每一句都很好地传递了真爱，讲述了“执子之手，与子偕老”的美好一生，这些话相比“我爱你”更有力量、更深入人心，这就是“有效表达”。在《喜剧之王》这部电影中，让张柏芝喜极而泣的不是“我爱你”，而是周星驰那句“我养你”，一字之差，后者更是一份厚重的人生承诺。当多年后张柏芝重新回顾这部经典作品时，仍然被这句“我养你”感动得落泪，因为对于女人来讲，“我爱你”可能是来自荷尔蒙的力量，而“我养你”却是发自内心的告白，最难遇到的是后者。

如何把话说到“人心”里，这是一门学问。如何让营销信息快速进入消费者的“心智”中，则更专业。成功的品牌在市场营销中非常重视“有效表达”，追求用一句话“勾起消费者内心的渴望”。例如“三棵树”的营销表达就非常精准有效，“装修后多长时间住新家？三棵树，马上住！”“三棵树健康⁺，8 小时净味住新家”。接下来我们通过 5R 营销模型来对“三棵树”的营销策略进行推导展示。

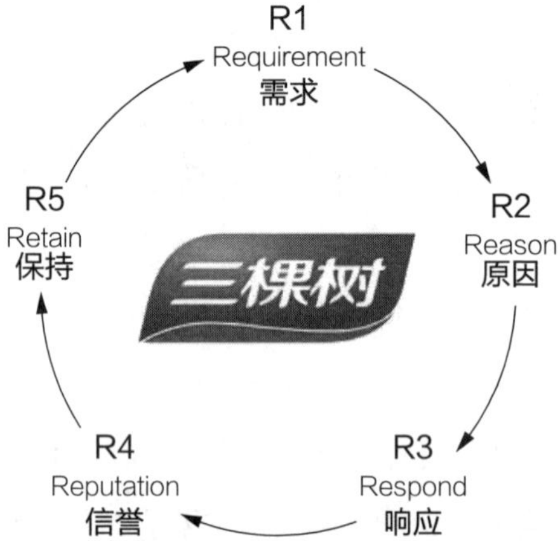

R1：Requirement（需求），是指消费者需要什么样的产品和服务。

担心装修后的污染问题已经成为广大消费者的“心病”，关于装修污染的危害已经成为大众认知的常识，加上各种家居品牌、空气治理品牌、家电品牌和各路媒体的不断炒作，人们对于装修后的污染问题已经开始从“担心”到“焦虑”，再到“恐惧”了。消费者需要真正健康安全的装修材料，尤其是涂料，在消费者的认知和常识中，“漆”是最容易产生污染的，但又是装修中必不可少的材料，选择健康安全的“漆”是解决装修污染问题的“关键”。什么样的“漆”是真正健康安全的？各种新概念层出不穷，号称绿色环保的产品越来越多，可是消费者心里仍然是不放心，这种对装修污染的“集体焦虑”已经形成一种消费痛点和强烈需求，也催生这个行业不断涌现新概念、新产品。

R2：Reason（原因），是指消费者产生购买需求的驱动因素。

当越来越多的涂料品牌开始强调自己的产品“绿色环保无污染”的时候，就需要找到一个全新有效的“表达”角度，不用“绿色环保无污染”等常用的形容词，而用另一种表达方式来更好地表达产品“健康安全”的优势特质。有效的营销表达追求的是消费者的“心理认同”，关键不在于“说了什么”，而在于消费者能“想到什么”和“相信什么”。面对雷同化的产品卖点表达，消费者会逐渐产生麻木心理，平庸的营销信息很难挤进消费者的心智，格式化的语言无法让人心动，只有洞察到消费者内心真正的渴望，才能用最简单的语言撩动消费者的心扉。

消费者在选择涂料产品的时候，所顾虑的是污染危害，所期待的是健康安全。如果一款涂料会产生污染危害，意味着装修或刷新后要等待很长时间才能入住；反之，如果一款涂料是健康安全的，意味着无须长时间等待，很快就可以入住。“是否可以马上入住”是衡量一款涂料是否健康安全的有效角度，需要等待的时间越短，说明涂料本身含有的有害物质越少，从这个角度就可以发掘出更有效的“营销表达”，这是促进消费者做出购买决策的有力驱动因素。

R3：Respond（响应），是指企业如何满足消费者的需求。

一方面，三棵树注册“马上住”作为公司旗下的家装服务品牌，主打“健康环保，快速入住”的服务优势，将“三棵树”品牌和“马上住”进行强连接，让消费者在看到“三棵树”时就瞬间想到“马上住”。另一方面，三棵树打造健康安全产品新概念，推出“鲜呼吸净味墙面漆”，提出“8 小时净味住新家”的主张，同时打造 BB 漆系列产品，强化“三棵树”对健康涂料心智场景的占领。

“马上住”既是一句很有吸引力的广告语，又是三棵树旗下的家装服务品牌，这个操作很有亮点，既保护了“三棵树，马上住”的广告语，又获得了“马上住”广告词的使用权利。

“8 小时净味住新家”是对“马上住”的一个标准化的解释，给“马上住”定了一个“8 小时”的标准，即“马上住”不是几分钟就可以入住，而是 8 小时之后。

三棵树如何实现让消费者“马上住”？从产品角度，三棵树有“鲜呼吸净味墙面漆”，正是因为产品追求极致的健康标准，才能让消费者实现“8 小时净味住新家”，在影响消费者感性半脑的同时又说服了消费者的理性半脑，满足了消费者对“健康漆”的追求。

R4：Reputation（信誉），是指消费者为什么接受和认可这个品牌。

三棵树精准聚焦“健康漆”细分领域，不断发掘和细化健康漆的标准，持续强化在健康漆领域的品牌影响力，推出“鲜呼吸”“净味”“三棵树健康$^{+}$”“食品接触级配方”“儿童健康宝”“BB 漆”等产品概念，全力抢占“健康漆”消费心智场景。在企业标准方面，三棵树制订《三棵树健康$^{+}$水性涂料标准》；在执行国标方面，三棵树围绕《儿童房装饰用内墙涂料》国家标准进行产品研发与生产；同时三棵树还积极争取欧盟、美国等相关认证，给消费者一种“权威背书，信任叠加”的品牌信赖感。

大多数消费者在选择一个品牌的时候，是不喜欢过于复杂的判断过程的，他们喜欢“简单”，希望有“捷径”，这是普遍存在的心理。不要试图通过专业的术语和复杂的技术参数来打动消费者，而是要用形象的、直观的信息和符号来影响消费者，例如各种权威认证、权威奖项和权威排行榜数据等。三棵树通过简单直观的各种认证和标准在消费者心智中树立了良好可信的品牌形象，使三棵树“健康漆”的定位深入人心，让更多消费者愿意接受和认可了“三棵树”品牌。

R5：Retain（保持），是指如何保持良好而稳定的消费关系。

三棵树一直将环保公益作为重点的品牌公关方向，关注植树绿化，关注空气质量，关注生态环境的持续改善，这已经形成三棵树的品牌人格。涂料油漆行业通常在人们的心目中属于污染环境的行业，其产品也会被认为是带有污染危害的，这是长期以来形成的认知定势。三棵树提出“健康漆”的概念，“健康”就是指不能对人体有害，自然对环境也应该是无害的，这是要扭转人们对整个行业的认知。

如果一家企业长期致力于“生态环境的改善”，尤其重视空气质量的改善，就会逐渐树立起“绿色健康”的企业形象。在消费者的认知里，一家有社会责任感的“绿色健康企业”一定会生产“绿色健康产品”，三棵树的品牌公关策略是与品牌定位紧密结合的。基于这样的品牌公关原则，三棵树在 2022 年成为北京冬奥会和冬残奥会的“官方涂料独家供应商”，并邀请北京冬奥会自由式滑雪女子大跳台金牌得主谷爱凌作为品牌代言人，一系列的品牌营销策略都是在进一步强化三棵树在“健康漆”赛道的场景控制力。正向良好的品牌形象，精准有效的场景占领，这是三棵树与消费者之间保持稳定消费关系的关键。

013 营销就要“独辟蹊径”

营销的最大挑战在于“超越竞争”，营销策划最大的挑战在于“独辟蹊径”。童鞋品类的竞争非常激烈，各大品牌纷纷入场，有专业做童鞋的品牌，也有做专业运动品牌的企业推出童鞋童装细分品牌。家长们在给孩子购买鞋的时候，已经习惯了常规的“品牌参考依据”，孩子们也主动向家长提要求买“名牌”，没有一定品牌声量的企业，很难在中高端童鞋市场分得一杯羹。可就是在如此激烈的赛道中，一个“独辟蹊径”的童鞋品牌悄悄地成长了起来，绕开传统童鞋品牌的消费场景，打破童鞋的常规营销模式，实现了强势的增长。

接下来我们通过 5R 营销模型来对“江博士 · 健康鞋”的营销策略进行推导展示。

R1：Requirement（需求），是指消费者需要什么样的产品和服务。

童鞋的购买付费方是“家长”，购买参与方是“孩子”，“舒适度”和“品牌知名度”是两大决策依据。孩子的名牌意识其实是家长引导和培养起来的，对于儿童阶段的孩子来讲，与其说他们喜欢穿名牌，不如说是家长希望通过让孩子穿名牌来满足自己的心理需求。在关于孩子的消费方面，家长总是希望给孩子“最好的”，这是一种普遍心理。如果能给家长一个“更有力”的选择理由，这个选择理由比“名牌”更有说服力，更能体现家长对孩子的重视和爱，那么就能促进更多的家长做出新的选择。在童鞋的消费方面，家长并不是一定需要“名牌”，而是需要表达自己对孩子的那份至高至纯的爱。爱孩子的家长都希望孩子健康茁壮成长，有一个更美好的未来，不管是吃的、穿的、用的，还是接受的教育，都是以这种“爱”为基础和原则的。

R2：Reason（原因），是指消费者产生购买需求的驱动因素。

当所有的童鞋都大同小异、款式差不多时，家长通常会选择给孩子购买名牌鞋，因为消费者相信“一分价钱一分货”，名牌鞋贵一些，就一定会更舒服，对孩子的成长更有好处，穿出去也体面。如果此时出现一款“特殊”的鞋，不是以款式时尚为追求，而是以“健康”为追求，让孩子穿着更舒适，更利于足部发育，更健康，这款鞋对于普通鞋来讲，就构成了“降维打击”。

江博士·健康鞋就通过全新的品类定义，将童鞋品类划分为“健康鞋”和“普通鞋”两大类，从此，童鞋品牌有了新的划分方式。当家长为孩子购买一双“江博士·健康鞋”时，他们的决策依据是“这个品牌的童鞋更有利于孩子健康成长”，瞬间就超越了“品牌知名度”的竞争维度。作为家长，可能是第一次听说“江博士健康鞋”，但内心对孩子健康的关注是超越“品牌和款式”的，这个消费驱动因素更强劲有力。

R3：Respond（响应），是指企业如何满足消费者的需求。

“江博士”虽然也有成人鞋，但经营重点还是童鞋，在童鞋的打造方面，“江博士”不断研究孩子的不同成长阶段的需求、问题和痛点，通过鞋和鞋垫的设计来解决这些问题和痛点，满足孩子们的成长需求。例如，江博士推出“婴儿步前鞋”“幼儿学步鞋”“幼儿稳步鞋”“儿童配垫 ABC”等产品。4 ~ 13 岁是儿童足部发育的黄金时期，这个阶段的孩子足底脂肪开始减少，足弓逐渐成形。但由于足部发育未成熟，容易出现如扁平足、后足外翻等情况。每个孩子的足弓扁平程度及后足外翻幅度都会有所不同，“江博士”会建议消费者在买鞋前先验脚，根据孩子不同的足部情况推荐合适的鞋垫。“江博士”卖的不是“鞋”，而是通过“鞋和鞋垫”来为不同年龄阶段的孩子足部健康发育和成长提供有效的解决方案，这是建立在产品基础上的“服务价值”，是品牌溢价的支撑点。

R4：Reputation（信誉），是指消费者为什么接受和认可这个品牌。

“江博士”秉持“买鞋前，先验脚”的理念，教育消费者关注足脊健康，为消费者提供科学可靠的健康鞋和护足产品，创立验脚配垫服务，为大众足脊健康保驾护航。在“江博士·健康鞋”的专卖店，可以感受到与其他鞋类专卖店不同的购物体验，其中“验脚”环节是一大亮点。每家店都有一台看上去很有科技感的“验脚”设备，消费者可以先站上去检测自己的足部健康情况，现场就能在显示屏上看到一份“报告”。店员会根据检测报告来为消费者选购的鞋进行“配垫”，以确保消费者有更好的“舒适度”体验。从零售服务角度，这台“验脚”设备很好地完成了“体验式营销”；从品牌营销角度，这台“验脚”设备的作用是强化对“健康鞋”消费场景的占领和控制。如果没有这台设备，没有不同的鞋垫，“江博士健康鞋”就很难满足不同足部情况的消费者穿鞋需求。如果所有的鞋都是批量化生产的、一样的产品，购买的过程也普普通通，健康鞋的概念就很难深入人心。从品类定义、品牌定位，再到产品研发、产品组合，最后到门店消费体验，“江博士”实现了对“买鞋前，先验脚”这一健康鞋消费场景的强势占领和控制，这是获得消费者接受和认可的关键。

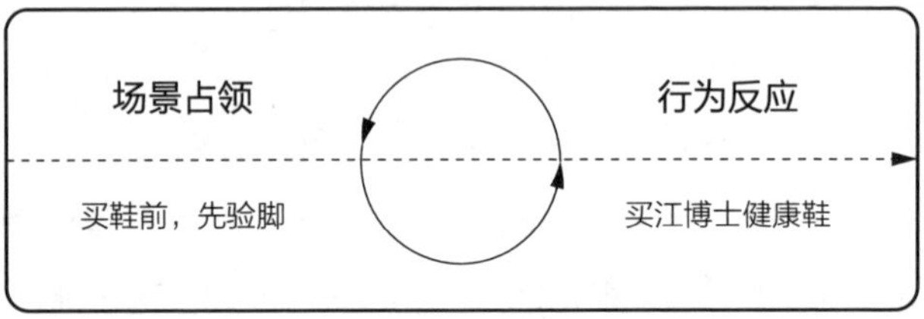

R5：Retain（保持），是指如何保持良好而稳定的消费关系。

持续与大学研究机构进行合作，研究足脊健康和康复。一方面将研究成果用于产品研发，推出专利创新产品，增强产品的核心竞争力；另一方面通过科普方式进行足脊健康知识的教育和传播，为终端消费人群提供免费的“验脚”服务。“江博士・健康鞋”在品牌公关传播方面一直很务实，研究成果与市场营销之间的转化衔接也比较紧密，终端销售执行也比较高效而规范，从而能够长期保持良好而稳定的消费关系。

从益达口香糖到三棵树健康漆，再到江博士・健康鞋，我们可以发现这么一个营销规律：在陷入红海竞争的成熟品类中，通过占领一个有效的细分场景，就可以快速摆脱和超越竞争，开辟属于自己的全新赛道。益达通过占领“护齿场景”开辟了“无糖口香糖赛道”、三棵树通过占领“马上住场景”开辟了“净味健康漆赛道”、江博士通过占领“验脚买鞋场景”开辟了“健康鞋赛道”。

后　记

必须给这本书暂时画个句号，不能再写下去了，因为我和我的团队要把大量的时间投入市场营销的实践中，在帮助客户实现市场目标的过程中，不断验证“场景占领”营销理论的有效性和 5R 营销策划模型的实战价值。

在写后记时，我仍然认为这本书还有太多的内容需要补充，还有很多成功案例需要剖析，同时，我也不断提醒自己，不要为了写书而写书，把“场景占领”的营销观点讲清楚，把“5R 营销模型”的方法论说明白，帮助读者厘清思路、消除疑惑、解决问题，才是创作这本书的目的。

这本书并非一气呵成的，中间有几次我都感觉都要放弃了，尤其是在写了近 10 万字的时候，我的合作伙伴 Jessica 看了书稿，给我泼了一盆冷水，说内容与她的预期差距很大，这一句评价意味着我要重新开始思考整本书的内容结构，数万字的内容就这样被大幅删除了。

营销人都有着自己个性的一面，在洋洋洒洒表达自己观点的时候，难免掺杂个人的偏见和情绪，当我把其中一部分书稿给我的合作伙伴 Simon 教授看的时候，他说书稿的内容从营销角度看很有价值，但他感受到了我的情绪。Simon 说一位资深的营销顾问不应该是情绪化的，尤其是在对一些营销案例发表不同观点时，客观中肯的态度会更容易赢得尊重。我赶紧对整个书稿进行了检查，发现确实存在这个问题，我喜欢挑战营销难题，但不喜欢偏激的行为和言论，然而，我在书稿里的一些表达方式显得有些偏激了，于是，我又因此删除和修改了两三万字的内容。

我一直强调让合作伙伴“多批评，找问题”，尽管在反复地推倒重来的过程中，我的内心也是渴望得到鼓励和认可的，但直到定稿，我们团队内部还在对书稿内容进行“拍砖”，所以这是一本不完美的著作，至少还不能代表我们团队的真正水平。

估计这本书出版后，挨骂是必然的，为此我内心非常忐忑。但我可以自豪地说，这是一本含金量足够的营销著作，绝不是一块“注水猪肉”。在本书最终定稿的过程中，我将部分书稿发给了一部分甲方客户，让他们也“拍拍砖”，大家说内容干货足够，很实用，一个章节的内容就够价值了，一看就是用心在总结营销心得，不是注水的“广告书”。这些话也许是在鼓励我，但正是因为这些话，让我有勇气给这本书暂时画一个句号，将其分享给广大读者朋友。

如果您在读完这本书后发现收获不大，除了心里骂几句外，也可以进入沃顿倍力官网（www.win001.cn），我们会在网站上持续发布最新营销观点和案例解析，应该能给您带来更多价值。如果您在读完这本书后，感觉内容还可以，也可以进入沃顿倍力官网（www.win001.cn），我们会定期举办学习交流活动，欢迎您参与活动并获得更多高价值资源。

本书经过了反复删减修改，仍然存在很多问题，但虽不完美，也力求能给每一位读者带来有价值的启发。

地球是圆的，世界并不大，我们有缘终能相聚。

希望有一天，我们能在一起深度探索营销的奥秘，共同创造市场奇迹！

陈向航

2022 年 2 月 20 日